유아세례 설명서

유아세례 설명서

초판 1쇄 발행 2023년 1월 11일
초판 2쇄 인쇄 2024년 9월 27일
발행인 이기룡
지은이 조약돌
발행처 도서출판 생명의 양식
등록번호 서울 제22-1443호(1998년 11월 3일)
주소 06593 서울시 서초구 고무래로 10-5(반포동)
전화 02-533-2182
팩스 02-533-2185
홈페이지 www.edpck.org
디자인 CROSS-765
ISBN 979-11-6166-190-2 (03230)

책값은 뒤표지에 있습니다.
이 책은 저작권법에 의해 보호를 받는 출판물입니다.
출판사의 서면 허락이 없이는 무단 전재와 복제를 금합니다.

유아세례부터 입교까지 하나님 자녀로 양육하기

유아세례 설명서

조약돌 지음

생명의 양식
THE BREAD OF LIFE

목차

추천사 6
들어서며 9
유아세례 예식문 15

1부 유아세례 교인이 된다는 것

1장 유아세례의 필수성 33
유아세례는 필수인가? | 선택이 아닌 필수 | 유아세례에 대한 다른 의견들 |
죄와 비참 가운데 있는 유아 | 물과 성령으로 거듭나야 할 존재

2장 언약 안에 있는 자녀 59
유아세례의 근거 | 아담과 그리스도 | 아브라함과 맺은 언약 | 베드로의 설교

3장 언약의 표와 인 79
신약의 성례인 세례 | 은혜 언약을 표시하고 인치는 것

4장 삼위 하나님의 약속 91
삼위 하나님이 베푸시는 약속과 위로 | 교회의 하나 됨을 이루는 유아세례

5장 성실한 교회의 일원 111
언약의 의무인 사랑 | 하나님을 경외하는 삶

6장 입교 전까지 보호와 양육 129
자녀에게 복음을 전해야 한다 | 자녀들이 그리스도인다운 삶을 살도록 한다 |
보호와 양육을 함께하는 유아세례 | 유아세례의 효력이 빛날 때

2부 유아세례 교인의 성장과 양육

7장 유아세례 교인 교육의 핵심 149
하나님께 영광을 돌리는 자녀양육 | 올바른 방향을 설정하기 | 6가지 핵심 원칙 |
입교 전 세례 교육의 내용

8장 성경의 위대한 이야기를 많이 들려주기 163
가정에서 성경을 배우는 방법 | 성경 읽어주는 방법 | 교회 공과 활용법

9장 요리문답을 통해 입교 준비하기 179
요리문답을 배우는 최고의 방법 | 반복과 암송이 길이다 |
하이델베르크와 소요리문답 이용하기

10장 교회 역사를 통해 배우는 하나님의 일하심 197
교회 역사를 통한 교육 | 경건 생활을 통한 교육

11장 기도를 가르치고 함께 기도하기 211
기도를 가르치라 | 예수님이 알려주신 기도의 순서 | 기도문을 활용한 기도 훈련 |
기도회를 통한 기도 훈련

12장 선악을 구분하는 생활 훈련 225
선한 것과 악한 것을 구분하는 생활 습관 | 선한 것에 순종하고 악한 것에 불순종하게 하라

13장 가정예배 절대 사수하기 239
예배자로 준비시키기 | 자녀들을 구원으로 이끄는 기회 | 가정 경건회의 구체적인 제안

14장 성경적이고 올바른 징계 247
인격을 존중하면서 징계하기 | 순종에는 기쁨을 불순종에는 고통을 |
훈육의 방법을 선택하자

마치며 255
감사의 글 260

부록 1. 유아세례 준비 매뉴얼 265
부록 2. 성경과 요리문답을 이용한 입교 교육 매뉴얼 272
부록 3. 꼬마 요리문답 274

추천사

하나님께서 창조의 질서를 따라 제정하신 기관인 가정은 경건한 후손을 번성케 하는 일차적인 책임이 있다. 따라서 부모는 자녀를 바른 신앙교육으로 양육하여 경건한 후손으로 길러내야 할 중요한 사명이 있다(말 2:15). 저자는 신앙교육의 첫걸음이자 하나님의 선물인 유아세례가 왜 오늘날 가볍게 취급되고 있는지 돌아보면서 교회와 성도들이 유아세례의 유익을 제대로 안다면, 유아세례를 그저 기독교 가정의 형식적인 통과 의례 정도가 아닌 신앙교육의 중심이자 출발점으로 삼을 수 있다는 사실을 설득력 있게 제시한다. 나아가 어떻게 유아세례 후 입교 전까지 교회 공동체와 가정이 하나 되어 경건한 언약의 자녀를 양육할 수 있을지 구체적인 내용과 방법 또한 소개한다. 신앙의 귀한 유산이자 의례로서의 유아세례에 대한 신학적이면서 실천적인 통찰을 통해 교리문답을 토대로 오늘날 기독교 가정에서 실천할 수 있는 내용들을 잘 정리하였다. 유아세례에 대한 신학적 근거를 찾고 교회 안에 곧바로 적용하고자 한다면 이보다 명료하고 적실한 책은 없다. 경건한 믿음의 가정에서 하나님의 언약의 자녀들에게 참된 신앙이 전수되기를 기대하며 일독을 권한다.

이동열 교수(합동신학대학원대학교 기독교교육학)

"왜 유아세례를 받는가?"라는 질문에 한국교회 성도들뿐 아니라, 목회자들도 성경과 교회 역사에 비춰 답하지 못하는 경우가 많다. 그래서인지 유아세례는 그저 아이가 태어났을 때 하는 일회성 이벤트로 생각하는 것 같다. 그 의미를 정확하게 알지 못하기 때문에, 언제든 부모가 너키면 받는 것으로 여기거나 받았다고 해도 부모나 자녀 모두 세례의 언약대로 살아가지 못하는 경우가 허다하다. 저자는 성경에 근거해 유아세례가 무엇이며 왜 받아야 하는지를 정확하게 밝히고, 부모와 자녀의 삶에 그 의미가 어떻게 적용되어야 하는지에 대한 실천적인 권면을 준다. 이 책은 유아세례를 앞둔 예비부모뿐 아니라 유아세례 이후부터 입교 전까지 학령기 아이들을 둔 부모들에게도 꼭 필요하다. 저자의 말처럼 유아세례는 세례식으로 끝이 아닌, 유아세례 교인이 입교하여 성찬의 상에 앉을 때까지 지속되는 긴 여정이기 때문이다.

이정규 목사(시광교회)

그리스도인 부모는 자녀가 하나님이 주신 귀한 선물이며, 그의 주인은 삼위 하나님이심을 고백한다. 그 귀한 선물을 하나님의 뜻에 따라 신앙으로 철저히 양육해야 할 책임이 부모에게 있다. 그러나 실제 삶에서 신앙교육에 대한 아름다운 가치가 크게 주목받지 못하고 있는 것은 매우 안타까운 일이 아닐 수 없다. 유아세례와 입교도 마찬가지이다. 신앙교육 안에서 유아세례와 관련된 놀라운 축복과 유익을 알게 된다면 그 누구도 이 일을 미루거나 유예하지 않을 것이다. 이 책은 단순히 유아세례의 성경적 근거 및 신학적 논의를 설명하는 수준을 넘어서, 이 시대 가장 치열한 자녀교육 전쟁에서 그리스도인 부모가 가야 할 바른 길을 온전히 알려주는 데까지 나아가는 달작達作이다. 이 책이 이 시대를 살아가는 모든 그리스도인 부모뿐 아니라 유아세례와 입교에 대한 교육적 의무를 지는 한국교회와 사역자들에게도 필독서가 되리라 생각하고 일독을 권한다.

이현철 교수(고신대학교 기독교교육과)

유아세례는 교회에 주신 가장 아름다운 예식 가운데 하나이다. 겉으로 드러난 예식은 짧고 간소해보일지라도, 그 예식을 떠받치는 신학적인 기초와 목회적 고민은 바다에 잠긴 빙산의 몸통처럼 거대하다. 이 책은 유아세례의 의미와 구체적인 실천을 위한 요긴한 지침을 제공함과 동시에, 그만한 성찰과 진중한 성경적 고민 위에 세워져야 할 가치가 있음을 말하고 있다. 유아세례는 교회가 새로운 생명을 선물로 받는 행복한 잔치요, 내 몸에서 난 자녀를 주의 자녀로 선포하는 신비의 시간이다. 갓 태어난 아이 역시 예수 그리스도의 보혈의 은혜가 필요한 죄인임을 선포하는 묵직한 고백의 시간이요, 입교에 이르기까지 주의 자녀를 잘 양육하겠다는 다짐의 시간이기도 하다. 본서는 우리가 실천하는 유아세례가 어떤 성경적 근거와 신학적인 분별력 위에 서 있는지를 분명하게 드러내고, 실제적인 예식문과 그 의미까지 소개한다. 새로운 성도를 환영하는 교회 최대 잔치인 유아세례식을 더욱 의미있고 풍성하게 만드는 데 좋은 길잡이가 될 이 책을 강력히 추천한다.

채경락 목사(샘물교회)

들어서며

교회에는 신급信級이 있습니다. 처음 듣는 분도 있으실 텐데요. 신급을 신앙의 성숙도나 믿음의 깊이를 평가한 급수로 오해하지 말길 바랍니다. 신급은 우리나라 선교 초기에 선교사들이 '입교 규칙'을 강화하면서 만든 제도입니다. 전도를 받거나 자진하여 교회에 처음 등록하면 원입願入 교인이라 불립니다. 보통, 원입 교인은 일정 기간 새신자 교육을 받은 후에 학습 문답을 거쳐 학습學習 교인 자격을 얻게 됩니다. 학습 교인이 되면, 약 6개월에서 길게는 3년간 세례 교육반에서 본격적인 세례 교육을 받습니다. 그리고 세례 문답을 통해서 공적인 고백을 하고 교회에서 세례를 받습니다. 이 모든 과정의 각 단계를 통틀어서 신급이라 합니다. 만약 누군가 '당신의 신급이 무엇인가요?'라고 묻는다면 어떻게 대답해야 할까요? 내가 학습도, 세례도 받지 않았다면 원입 교인이고, 학습 문답을 통해 학습을 허락받은 후에 세례를 준비하는 사람이면 학습 교인이요, 세례 문답을 통해 공적 신앙고백을 하고 세례를 받았다면 세례 교인이 되는 것입니다.

그런데 좀 애매한 신급이 있습니다. 바로 유아세례 교인입니다. 그리고 입교인입니다. 신급은 주로 학습이나 세례를 받는 사람의 의지와 결정에 따르는 반면, 유아세례는 부모의 결정에 따라 받기 때문입니다.

우리는 보통, 엄마 배 속에서부터 교회를 다닌 사람을 모태신앙인이라고 부릅니다. 교회는 모태신앙으로 태어난 아이에게 유아세례를 베풉니다. 그렇다고 엄마 배 속에서 교회를 다녔기 때문에 세례를 주는 것은 아닙니다. 부모 둘 중 한 명이라도 세례 교인이라면, 그들에게서 태어난 아이는 언약의 자녀임을 표시하는 것으로서 유아세례를 베풉니다. 그렇다 보니 모태신앙인은 유아세례 교인인 경우가 많습니다. 물론 교단에 따라서, 부모의 결단에 따라서 모태신앙인이라도 유아세례를 안 받기도 하고, 모태신앙인이 아니더라도 유아세례를 받기도 합니다. 아무튼, 유아세례는 자신의 의지와 상관없이 부모에 의해 받기 때문에, 아이가 성장하여 자신의 믿음을 고백할 수 있는 나이가 되어 공적인 신앙고백으로 '입교入敎'합니다. 이미 유아세례를 통해서 세례를 받았기에, 의식인 세레모니는 생략하고 교회 앞에 공적 의무와 약속을 서약하는 것으로 간소하게 마치게 됩니다.

제가 세례를 받을 때, 함께 입교한 친구는 저를 부러워했습니다. 그 친구 눈에는 제가 받는 세례가 뭔가 있어 보였거든요. 입교는 신속 간결하게 몇 가지 질문과 대답이 오간 후에 서약식으로 마쳤지만 세례는 달랐습니다. 목사님의 세레모니가 있었습니다. 목사님은 조심스럽게 물이 담긴 그릇을 가져와 머리에 세 번 뿌리면서 의식적 행동을 했습니다. 그리고 간절하게 기도도 했지요. 세례 및 입교식이 있던 날, 친구들은 입교한 아이보다 저를 축하했습니다. 저에게 새로 태어난 제2의 생일이라며 꽃과 선물도 줬습니다. 하지만 입교한 친구는 아무런 관심도 받지 못했습니다.

반면에 저는 유아세례를 받고 입교한 친구가 부러웠습니다. 입교한 친구들은 부모님과 함께 교회를 다녔을 뿐 아니라 어렸을 때부터 성경을 배워서 성경 지식이 상당했습니다. 사도신경, 주기도문, 십계명도 줄줄 외웠습니다. 제 눈에는 그들이 집에서 한다는 가정예배도 신기했습니다. 그런데 아이러니하게도 유아세례를 받은 친구들은 부모님과 같은 교회를 다니고 싶지 않고, 가정예배도 하기 싫다고 했습니다.

세월이 흘러 제가 사역자의 길에 들어서면서 유아세례에 대해 곰곰이 생각하게 되었습니다. 현행 장로교 헌법에 따라 세례와 입교의 나이가 만 14세 이상이다보니 청소년부 사역을 주로 했던 저는 자연스럽게 세례 교육을 할 일이 많았습니다. 교육체계가 잘 잡힌 교회에서는 학습, 세례, 입교 대상자를 선별하여 몇 주 혹은 몇 달간 교육했습니다. 이 과정에서 가장 힘든 일은 교육 자체보다 대상자를 선별하는 일이었습니다. 학습자는 구분이 쉬운데, 입교 대상자를 가려내는 일은 쉽지 않았습니다. 자기가 유아세례자인지, 아닌지를 모르는 경우가 의외로 많았기 때문입니다. 한번은 모태신앙이면 입교 대상자이고, 아니면 세례를 받아야 한다고 했다가 실수를 하기도 했습니다. 모태신앙이지만 부모님이 다니시던 교회의 신학적 입장에 따라서 유아세례를 받지 않거나 혹은 시기를 놓치거나 별 필요성을 느끼지 못해서 유아세례를 받지 않은 경우가 있었습니다.

저는 유아세례를 받은 이들을 보면서 궁금증이 생겼습니다.

'왜 유아세례 교인이 입교할 때, 감동과 감사가 없을까?'

'자신이 유아세례를 받았는지 아닌지를 왜 모를까?'

'유아세례의 유익을 누리지 못한 이유가 무엇일까?'

부모는 세례를 받았음에도 불구하고 자녀에게 유아세례를 주지 않는 모습을 보면서 진지하게 생각해봤습니다.

'왜 그리스도인은 자녀에게 유아세례를 주어야 하고, 아이는 유아세례를 받아야 할까?'

고민의 결과로 몇 가지 생각을 정리할 수 있었습니다.

첫 번째, '유아세례를 받는 부모와 아이의 유익은 무엇일까?'입니다. 우리는 유익에 취약한 사람들입니다. 만약 유아세례가 가지는 유익을 잘 알고 있었다면 혹은 유아세례가 주는 만족이 크다면 소중히 여기고 기억했을 것입니다. 아이들이 자기 생일이나 어린이날을 깜빡하고 지나는 때는 없잖아요. 아무리 돌이켜봐도 유아세례 교인이 받는 유익이 무엇인지 도대체 모르겠다는 것이죠.

두 번째, '유아세례에 대한 교회의 교육이 얼마나 부실하고 연약한가?'입니다. 장로교 헌법에 따르면 한쪽 부모라도 신자면 유아세례는 베풀어집니다.[1] 아이의 회개와 믿음이 동반된 신앙 결단과 상관없이 부모의 믿음의 열매로 진행되지요. 그렇다 보니 학습 기간을 보낸 세례자 교육보다 유아세례 교육을 중요하게 생각하지 않는 경우가 다반사입니다. 심지어 유아세례 교육을 부모 교육으로 대체하거나, 세례 교육과 함께 하는 경우도 허다합니다. 이는 세례 교육 교재에 비해서 유아세례 교육과 관련된 교재가 턱없이 부족한 현실 때문이기도 합니다.

마지막으로 교회에서 세례가 형식적인 껍데기만 남지 않았는지 돌아봐야 합니다. 대부분 교회에서 유아세례식은 어린이 주일 또는 성탄절에 겸사겸사 하는 경우가 많습니다. 이런 현실 속에서 부모는 유아세례를 통해 주시는 삼위 하나님의 약속과 의무와 위로의 확신보다는 귀엽고 사랑스러운 아이에 대한 감상만 도드라집니다. 어떤 부모들은 유아세례를 100일 또는 돌잔치 축하와 비슷하게 생각하는 경우를 심심찮게 볼 수 있습니다.

이 책은 이러한 질문들에 대해 답해가는 과정일 것입니다. 1부에서는 유아세례 교육을 통해서 유아세례에 대한 우리의 자세와 의미 등을 살펴본 후에 바른 자리가 어디인지를 찾도록 하겠습니다. 유아세례가 주는 위로와 유익을 살피고, 교회의 회원으로서 의무와 특권이 무엇인지도 다룰 것입니다. 특별히

---

1. 대한예수교 장로회(고신) 헌법(2011년판) 예배지침 제5장 제21조 (유아세례식) 1. 유아세례의 문답.

교회에서 유아세례 교육을 할 때, 어디에 강조점을 두고 교육해야 할지 다루었습니다. 부록을 참고하면서 교회와 부모가 유아세례를 받기 위한 교육용으로, 혹은 혼자 읽어도 부담이 없도록 했습니다.

2부에서는 유아세례는 유아세례식으로 끝이 아니라 입교 교육을 위한 시작임을 보여줍니다. 유아세례식에서 한 서약대로 교회와 부모, 아이와 교우들이 실제 삶에서 어떤 노력을 해야 하는지 정리해보았습니다. 특별히 제가 교회 아이들을 교육하고 집에서 삼 남매를 양육하면서 실패하고, 도전했던 모든 과정을 담았습니다. 쉽지 않은 과정인만큼 하나님의 은혜가 세례의 의무를 감당하는 부모에게, 훈련을 받는 언약의 자녀에게 한없이 쏟아집니다. 삼위 하나님의 선하신 손길과 인도하심을 계속 경험하길 바랍니다. 유아세례 이후 아이 스스로 교회 앞에 자신의 신앙을 고백하는 입교 때까지를 다루었습니다.

덧붙여, 1부에서는 유아세례 예식문을 해설했습니다. 전체를 다 해설하지 않고 필요한 부분을 발췌하여 사용했습니다. 더 자세한 해설은 유아세례 예식문 해설집인 김헌수 목사님의 『영원한 언약』(성약)을 참고하시길 바랍니다. 이 책에 수록된 예식문은 현재 제가 섬기고 있는 고덕장로교회에서 사용하는 것입니다.

누군가에게는 유아세례 예식문이 낯설지 모르겠습니다. 하지만 예식문을 천천히 살펴보면 친숙한 내용들을 발견할 수 있습니다. 성도로서 교회 안의 세례, 성찬, 임직 및 은퇴식(집사, 장로, 목사 등), 결혼식 등에 참석했을 때, 목사님께서 작은 책을 들고 진행하는 모습을 많이 보았을 것입니다. 장로교의 경우 대부분 예전 예식서[2]를 토대로 교회 예식이 진행됩니다. 예전 예식서의 예

---

2. 대한예수교장로회 고신총회의 경우 헌법의 예배지침에서 제시한 신학과 원칙에 따라 예배의 순서와 예식문을 제시하고 있다. 이 전통은 16세기 종교개혁 당시 루터, 츠빙글리, 부처, 칼빈 등 모든 개혁가가 교회의 회중을 위해 사용한 데서 유래를 찾을 수 있다. 고신의 경우 미국 남 장로교회가 1894년에 예배지

은 종교개혁가들의 예식문을 토대로 만들었습니다. 비록 예식문이 간소화되었으나 정신과 내용은 똑같습니다. 유아세례 예식문은 이미 가지고 있었으나 잘 드러나지 않았고, 우리가 그 내용을 배우지 않았을 뿐입니다.

    유아세례는 교회가 만들어낸 창작물이 아닌 하나님의 명령입니다. 교회 역사는 성경에 나타난 유아세례에 대해 많은 문서를 만들고 전달해주었습니다. 그러므로 유아세례에 대한 바른 교훈을 얻기 위해서는 교회 역사를 통해 정리된 문서의 도움을 받는 것이 좋습니다. 그런 의미에서 종교개혁자들이 성경을 토대로 하여 신앙고백과 요리문답으로 유아세례에 대해 정리한 '유아세례 예식문'은 많은 도움이 됩니다.[3]

침 가운데 예전적 순서를 포함한 것에 따라 교리 표준인 웨스트민스터 신앙고백을 기준으로 1982년과 1999년, 2014년에 별도의 예전 예식서를 만들었다. 이 중에 유아세례는 제2장 성례와 신앙고백에 있다.

3. 전문을 보고자 한다면 다음을 참고하라. 유해무, 『개혁교의학』 (고양: 크리스챤다이제스트, 1997), 653-656.

유아세례 예식문[1]

유아세례식을 시작하겠습니다. 오늘 세례를 받을 ○○○의 부모(믿는 한쪽 부모 포함)와 유아세례식에 참석한 ○○○○교회 교우들은 지금부터 읽어드리는 유아세례 예식문을 주의 깊게 듣고 예식에 동참해주시길 바랍니다. 유아세례는 성경과 신앙고백을 기초로 하여 작성된 예식문을 통해 진행됩니다. 더불어 목사가 서약을 요구하면 겸손과 온유한 마음을 가지고 진실한 태도로 큰 소리로 대답해주시기 바랍니다.

세례의 본질[2]

우리 주 예수 그리스도 안에서 사랑하는 교우 여러분, 세례는 우리 주 예수 그리스도께서 정하신 것입니다. 세례는 우리가 은혜 언약에 대해, 그리스도에게 접붙임을 받았다는 것에 대해, 그리고 그와 함께 연합되었으며, 죄 사함, 부활, 양자 됨, 영생을 얻었다는 확증의 인印입니다. 세례받을 때의 물은 우리의 모든 죄책과 원죄와 자범죄를 용서해주시는 그리스도의 피를 나타내는 의미입니다. 더하여 죄의 지배와 악한 본성의 부패를 거룩하게 하는 그리스도의 영령의 능력도 나타냅니다. 물로 씻고 뿌리면서 세례를 베푸는 것은 그리스도의 공로와 피로 말미암아 수치스러운 죄가 깨끗해졌음을 의미하며, 그리스도의 죽음과 부활의 능력으로 죄 죽임과 죄에서 새 생명으로 일어남을 의미합니다. 이 약속은 믿는 자와 그 자손들에게 주어졌습니다. 교회 안에서 태어난 믿음의 자녀와 그 후손들은 출생과 함께 언약 관계를 맺게 되고 확증의 인에 대한 권리를 가지며, 구약 시대에 아브라함의 자손들과 마찬가지로 복음 아래에서 교회의 외적인 특별한 권리도 갖게 됩니다. 실제로 은혜 언약도 마찬가지입니다. 하나님의 은총과 믿는 자들에 대한 위로도 전보다 더 풍성해집니다. 하나님의 아들 예수 그리스도는 어린아이들이 그의 앞에 나오는 것을 허락하시며 안아주시고 축복하시면서 하나님 나라가 그들을 위해 있다고 말씀하셨습니다. 어린아이들은 세례를 통해 보이는 교회에 엄숙히 받아들여지고 세상 곧 믿지 않는 자들로부터 구별되며, 그리스도인들과 연합됩니다.

세례의 근거

비록 우리 자녀들이 이 모든 것을 이해하지 못한다고 하더라도 자녀들을 세례에서 배제해서는 안 됩니다. 마치 그들이 알지 못하면서도 아담이 받은 정죄에 참여한 것처럼, 그들이 알지 못하여도 그리스도 안에서 은혜로 하나님의 자녀로 입양되었습니다.[3]

왜냐하면, 하나님께서는 모든 믿는 자의 조상인 아브라함에게 "내가 내 언약을 나와 너와 네 대대 후손의 사이에 세워 영원한 언약을 삼고 너와 네 후손의 하나님이 되리라"(창 17:7) 하신 말씀이 우리와 우리의 자녀에게도 주시는 말씀이기 때문입니다.[4] 베드로도 "이 약속은 너희와 너희 자녀와 모든 먼 데 사람 곧 주 우리 하나님이 얼마든지 부르시는 자들에게 하신 것이라"(행 2:39)라고 선포했기 때문입니다.

그러므로 하나님께서는 옛 언약 시대에 아이들에게 할례를 베풀 것을 명령하셨는데, 그것은 언약의 인印이고 믿음의 의에 대한 인입니다.[5] 그리스도께서도 어린아이를 안고 손을 얹어 복을 주셨습니다.[6] 이제 새 언약 시대에는 세례가 할례를 대신하게 되었으므로 아이들도 하나님 나라와 그분의 언약의 상속자로서 세례를 받아야 합니다.[7] 그리고 아이들이 성장하는 동안 부모는 자녀들이 받은 세례가 의미하는 바를 깨달아 알도록 가르쳐야 합니다.[8]

세례의 교훈

우리 주 예수 그리스도 안에서 사랑하는 ○○○○교회 교우 여러분, 거룩한 세례의 교훈은 다음과 같이 요약할 수 있습니다.

첫째, 우리와 우리의 자녀는 죄악 가운데 잉태되고 출생하였습니다. 따라서 본질상 진노의 자녀이며, 거듭나지 않으면 하나님의 나라에 들어갈 수 없습니다.[9] 세례는 이 사실을 우리에게 가르쳐줍니다. 이 예식은 우리의 영혼의 불결함을 나타내어 자기 자신을 미워하게 하고 하나님 앞에서 자신을 낮추게 하며, 정결함과 구원을 우리 밖에서 구하게 합니다.[10]

둘째, 세례는 예수 그리스도께서 우리의 죄를 씻어주심을 표表시하고 인印치는 것입니다. 그러므로 우리는 그리스도의 명령을 따라서 성부와 성자와 성령의 이름으로 세례를 받습니다.[11]

우리가 성부의 이름으로 세례를 받을 때, 성부 하나님께서는 우리와 영원한 은혜의 언약을 맺어주심을 증언하시고 인쳐주십니다. 성부께서는 우리를 그분의 자녀와 상속자로 삼아주시고, 우리에게 모든 좋은 것을 공급해주실 것을 약속하시며, 모든 악을 피하게 해주시거나 합력하여서 선을 이루어주실 것을 약속하십니다.[12]

우리가 성자의 이름으로 세례를 받을 때, 성자 하나님께서는 그분의 보혈로써 우리의 죄를 모두 씻어서 정결케 하시고 우리를 그분의 죽음과 부활에 연합시켜 주심을 약속하십니다. 그러므로 우리는 우리의 죄로부터 자유롭게 되고 하나님 앞에서 의롭다 여김을 받습니다.[13]

우리가 성령의 이름으로 세례를 받을 때, 성령 하나님께서는 이 성례를 통해 그분이 우리 안에 거하시고 우리를 그리스도의 살아있는 지체(肢體)로 만들어주실 것을 확신시켜 주십니다. 또한 우리가 그리스도 안에서 소유한 것을 실제로 누리게 하셔서 죄 사함을 얻고 매일 새로운 삶을 살게 하십니다. 이 일은 우리가 거룩하고 흠이 없이 영원한 생명을 누리면서 택함 받은 무리 가운데 참여할 때까지 계속될 것입니다.[14]

셋째, 모든 언약은 약속과 의무를 포함하고 있습니다. 하나님께서 세례를 통해 새롭게 순종하도록 우리를 부르시고, 우리는 순종할 의무가 있습니다. 우리는 한 분 하나님, 곧 성부·성자·성령 하나님께 붙어 있어야 하며, 그분을 신뢰하고, 우리의 마음과 목숨과 뜻과 힘을 다하여 그분을 사랑해야 합니다. 더하여 우리는 세상을 버리고 우리의 옛 본성을 죽이며 하나님을 경외하는 삶을 살아야 합니다.[15] 때때로 우리가 연약함으로 말미암아 죄에 빠졌다 하더라도, 하나님의 자비를 포기하지 않아야 하며 그냥 죄에 머물러있어도 안 됩니다. 왜냐하면 세례는 하나님께서 우리와 맺으신 영원한 언약의 인이고 온전히 신뢰할 만한 증언이기 때문입니다.[16]

초청

세례 받는 ○○○의 부도는 아이를 안고
앞으로 나와 교우들을 향하여 서도록 합니다.

제정의 말씀 및 교훈

삼위 하나님의 사랑을 받는 ○○○○교회 교우 여러분, ○○○의 부모 여러분! 우리는 세례의 교훈과 근거의 말씀을 들었습니다. 삼위 하나님의 은혜가 여러분에게 함께 하길 바랍니다.

세례 전의 기도

이 성례가 베풀어짐으로 하나님의 영광이 나타나고 우리의 믿음이 굳세어지고 교회가 주의 말씀으로 세워지도록 기도하겠습니다.

전능하고 영원하신 하나님,
주님께서는 주님의 의로우신 심판 가운데 믿지 않고 회개하기를 거부하는 세상을 홍수로 심판하셨으나 믿는 노아와 그의 가족은 주님의 크신 자비로 구원하여 주시고 보존하셨습니다. 주님께서는 강퍅한 바로와 그의 백성은 홍해에 빠뜨리셨으나 주님의 백성 이스라엘은 바다 가운데 내신 마른 땅 위로 걸어 나오게 하심으로써 세례를 미리 보여주셨습니다.

우리를 약속의 언약이 없는 이방인들처럼 버려두지 않으시고, 오히려 하나님의 규례의 특권으로 부르신 주님! 이 시간에 주께서 은혜로 베풀어주신 세례의 규례를 거룩하게 하시고 복 주시옵소서.

이제 주님의 무한하신 자비를 의지하여 기도하오니, 이 자녀 ○○○에게 은혜를 베풀어주셔서 주님의 성령님으로 사랑하시는 아들 그리스도께 접붙여주시기를 간구하옵나이다. 이 ○○○가 세례를 받음으로 그리스도의 죽으심에 함께 장사되고 그리스도와 함께 살아나서 새 생명 가운데서 행하게 하여 주시옵소서.

또한 ○○○가 그리스도를 따를 때, 매일 자기의 십자가를 즐겁게 지고 가게 하여 주시며, 참된 믿음과 견고한 소망과 열렬한 사랑으로 그리스도께 굳게 연합되게 하옵소서. 이 세상의 삶은 계속되는 죽음일 뿐이지만, ○○○가 주님의 약속에서 위로를 받고 이 세상을 살아가게 하여 주옵소서. 마지막 날에 아버지의 아들이신 그리스도의 심판대 앞에 두려움 없이 설 수 있게 하옵소서.

이 세례가 양자 됨, 죄 사함, 중생, 영원한 생명, 그리고 은혜 언약에 있는 다른 모든 약속의 표가 되게 하옵소서. 그리고 ○○○가 그리스도의 죽으심과 부활을 따라, 죄의 실체가 그 안에서 파괴되어 평생 새 생명으로 하나님을 섬기게 하옵소서.

이 모든 것을, 성부와 성령과 더불어 한 하나님이시요, 영원히 살아계시고 영원히 다스리시는 성자 우리 주 예수 그리스도의 이름으로 기도하옵나이다. 아멘.

부모가 하는 서약 문답[17]

언약의 부모여! 세례는 하나님께서 그분의 언약을 우리와 우리 자녀들에게 인 치려고 제정하신 것임을 들었습니다. 하나님의 위대한 자비를 기억하십시오. 주님의 교훈과 훈계 안에서, 말씀의 지식 안에서 자녀를 양육해야 합니다. 여러분과 자녀들을 향한 하나님의 진노와 위험을 ○○○가 깨닫게 하십시오. 당신의 의무를 실천하기 위해서 엄숙한 약속이 필요합니다.

> 세례를 받게 되는 ○○○과 그 부모는 이제 오른손을 들고
> 각각의 질문에 대해 신실하게 서약해주시기 바랍니다.
> 큰 소리로 대답해주시기 바랍니다.

첫째, 여러분은 ○○○가 죄악 중에 잉태되고 출생하여서 모든 비참함을 겪고 심지어 영원한 심판까지 받게 되었으므로, 예수 그리스도의 보혈로 죄 씻음을 받아야 하고 성령의 은혜로 새롭게 되어야 한다는 필요성을 인정하십니까?[18]

답: 예.

둘째, 여러분은 ○○○에 대한 하나님의 언약을 확신하고 자신의 구원을 위하여 진력하는 것과 마찬가지로 이 아이도 주 예수 그리스도의 속죄를 신뢰하므로 구원을 얻을 수 있다는 사실을 인정하면서 신앙적인 양육에 힘쓸 것을 서약하십니까?

답: 예.

셋째, 여러분은 ○○○를 온전히 하나님께 바치고, 겸손한 마음으로 하나님의 은혜를 의지하며 이 아이가 성장함을 따라서 부모로서 친히 경건의 본을 아이에게 보여주고 그를 위하여 기도하며 그와 함께 기도하고, 거룩한 진리의 도를 가르치고 기독교 신앙에 기초한 지식에 따라 주의 교훈과 훈계로 교육하며 만약 그것을 게을리하면, 당신과 당신의 자녀를 향한 하나님의 진노하심의 위험이 있음을 알고 최선을 다하기로 작정하십니까?[19]

답: 예.

교우가 하는 서약 문답[20]

이제 ○○○○교회 교우들에게 질문하겠습니다. 모두 자리에서 일어나 오른손을 들어 큰 목소리로 서약해주시기 바랍니다.

첫째, 여러분들은 언약의 자녀인 ○○○가 육신의 부모인 ○○○과 ○○○씨에게 선물로 허락하신 자녀이지만 동시에 우리 교회에 주신 자녀로서 함께 지체되었음을 믿으십니까?

교우: 예.

둘째, 여러분들은 오늘 세례를 받은 ○○○가 교회에서 자라는 동안, 거룩하신 하나님의 말씀을 통하여 자신의 죄인 됨을 깨닫고 더욱더 그리스도를 알아 그분을 닮아가면서 자신의 입으로 신앙을 고백하여 함께 성찬에 참여할 때까지 쿠모와 함께 도우며 기도와 사랑의 관심을 기울일 것을 서약합니까?

교우: 예.

셋째, 여러분들은 이 아이가 자라는 동안 내 자녀처럼 돌봐야 하는 책임이 있음을 서약하십니까?

교우: 네.

이제 세례를 베풀겠습니다.
○○○과 그 부모는 돌아서 아이를 목사에게 주시기 바랍니다.

세례

예수 그리스도를 구주로 믿는 ○○○씨와 ○○○씨의
언약의 자녀 ○○○에게
내가 성부와 성자와 성령의 이름으로 세례를 주노라. 아멘.[21]

세례 후의 감사 기도

전능하시고 자비로우신 하나님 아버지,

주님은 언약을 지키시고 자비를 베푸시는 데 진실하시고 신실하신 분임을 온전한 감사로 고백합니다. 주님은 선하시고 은혜로우시며, 우리를 주님의 거룩한 백성으로 받아주실 뿐 아니라, 우리의 자녀들까지도 그리스도 안에서 주님의 특별한 사랑의 징표로 확증해 주시기를 기뻐하심에 감사합니다. 주님의 진리와 특별하신 섭리 가운데서 교회의 지속과 성장을 위하여 날마다 주님의 사랑하는 아들의 피로 사신 무한한 은혜의 참여자들을 교회의 품으로 인도하시니 감사합니다.[22]

오늘 유아세례를 받은 ○○○를 주의 성령으로 계속 다스려주시어 ○○○가 믿음과 하나님을 경외하는 가운데서 양육 받게 해주시고 주 예수 그리스도 안에서 자라고 성장하게 하시옵소서. 주께서 우리 모두에게 보이셨던 아버지와 같은 선하심과 자비하심을 ○○○도 깨닫고 고백하게 하시옵소서. ○○○가 우리의 유일한 선생이시고 왕이시며 대제사장이신 예수 그리스도 아래에서 순종하며 살게 하시고, 죄와 마귀와 그의 모든 통치에 대해서는 용감하게 싸우고 승리하게 하시옵소서. 그리하여 ○○○가 주님과 그 아들 예수 그리스도와 성령을, 오직 유일하게 참되신 하나님만을 영원히 찬양하고 높이게 하옵소서.[23] 우리 주 예수 그리스도의 이름으로 기도합니다. 아멘.

공포

우리 주 예수 그리스도를 믿는 ○○○과 ○○○씨의 언약의 자녀 ○○○은 이제 대한예수교장로회 ○○○○교회의 유아세례 교인된 것을 내가 성부와 성자와 성령의 이름으로 공포하노라. 아멘.

축하와 고백

예식이 끝나면 목사는 아이를 안고, 뒤 따르는 부모와 함께 모든 교우들과 인사한다. 이어서 가장 최근에 입교를 하거나 세례를 받은 교우 또는 교회의 연장자 교우가 환영의 글을 낭독하고, 부모는 아이에 대한 감사, 앞으로 신앙으로 지도할 것을 다짐하는 내용으로 화답하면 좋다. 모든 순서가 끝나면 교우들은 아이를 위한 선물을 준비하여 나누도록 한다. 자세한 내용은 부록을 참고하라.

유아세례 예식문 각주

1. 유아세례 예식문(Liturgical Forms)은 도르트교회법을 기초로 한 화란 개혁교회(De Gereformeerde Kerken in Nederland [Vrijgemaakt, 해방], Gereformeerd Kerkboek, 1986)와 캐나다 개혁교회(the Canadian Reformed Churches, Book of Praise, 1984)의 유아세례 예식문과 장로교 신조인 웨스트민스터 신앙고백서 및 대소요리문답과 웨스트민스터 예배모범, 대한예수교장로회 (고신) 예전예식서 등을 기초로 작성하였다. 주로 개혁교회 유아예식문을 바탕으로 웨스트민스터 예배모범, 고신 예전예식서를 첨가하였다. 서약 부분은 고신 예전예식서를 바탕으로 작성하였다.

2. John Walter Ross, 『Confession of Faith: Larger and Shorter Catechism, Withe the Scripture proofs at large: together with The Sum of Saving Knowledge』 (Ross-shire: Inverness, 1983), 382-283. The Directory for The Public Worship of GOD

3. 롬 5:18-19 "그런즉 한 범죄로 많은 사람이 정죄에 이른 것 같이 한 의로운 행위로 말미암아 많은 사람이 의롭다 하심을 받아 생명에 이르렀느니라. 한 사람이 순종하지 아니함으로 많은 사람이 죄인 된 것 같이 한 사람이 순종하심으로 많은 사람이 의인이 되리라."

   롬 9:11 "그 자식들이 아직 나지도 아니하고 무슨 선이나 악을 행하지 아니한 때에 택하심을 따라 되는 하나님의 뜻이 행위로 말미암지 않고 오직 부르시는 이로 말미암아 서게 하려 하사."

4. 시 105:8 "그는 그의 언약 곧 천 대에 걸쳐 명령하신 말씀을 영원히 기억하셨으니."

   고후 1:20 "하나님의 약속은 얼마든지 그리스도 안에서 예가 되니 그런즉 그로 말미암아 우리가 아멘 하여 하나님께 영광을 돌리게 되느니라."

5. 창 17:10-13 "너희 중 남자는 다 할례를 받으라 이것이 나와 너희와 너희 후손 사이에 지킬 내 언약이니라. 너희는 포피를 베어라 이것이 나와 너희 사이의 언약의 표징이니라. 너희의 대대로 모든 남자는 집에서 난 자나 또는 너희 자손이 아니라 이방 사람에게서 돈으로 산 자를 막론하고 난 지 팔 일 만에 할례를 받을 것이라. 너희 집에서 난 자든지 너희 돈으로 산 자든지 할례를 받아야 하리니 이에 내 언약이 너희 살에 있어 영원한 언약이 되려니와."

   롬 4:11, 13 "그가 할례의 표를 받은 것은 무할례시에 믿음으로 된 의를 인친 것이니 이는 무할례자로서 믿는 모든 자의 조상이 되어 그들도 의로 여기심을 얻게 하려 하심이라. 아브라함이나 그 후손에게 세상의 상속자가 되리라고 하신 언약은 율법으로 말미암은 것이 아니요 오직 믿음의 의로 말미암은 것이니라."

6. 막 10:14-16 "예수께서 보시고 노하시어 이르시되 어린 아이들이 내게 오는 것을 용납하고 금하지 말라 하나님의 나라가 이런 자의 것이니라. 내가 진실로 너희에게 이르노니 누구든지 하나님의 나라를 어린 아이와 같이 받들지 않는 자는 결단코 그 곳에 들어가지 못하리라 하시고 그 어

린 아이들을 안고 그들 위에 안수하시고 축복하시니라."

7. 골 2:11-12 "또 그 안에서 너희가 손으로 하지 아니한 할례를 받았으니 곧 육의 몸을 벗는 것이요 그리스도의 할례니라. 너희가 세례로 그리스도와 함께 장사되고 또 죽은 자들 가운데서 그를 일으키신 하나님의 역사를 믿음으로 말미암아 그 안에서 함께 일으키심을 받았느니라."

8. 신 6:6-7 "오늘 내가 네게 명하는 이 말씀을 너는 마음에 새기고 네 자녀에게 부지런히 가르치며 집에 앉았을 때에든지 길을 갈 때에든지 누워 있을 때에든지 일어날 때에든지 이 말씀을 강론할 것이며."

딤후 3:15 "또 어려서부터 성경을 알았나니 성경은 능히 너로 하여금 그리스도 예수 안에 있는 믿음으로 말미암아 구원에 이르는 지혜가 있게 하느니라."

9. 시 51:5 "내가 죄악 중에서 출생하였음이여 어머니가 죄 중에서 나를 잉태하였나이다."

겔 36:25-27 "맑은 물을 너희에게 뿌려서 너희로 정결하게 하되 곧 너희 모든 더러운 것에서와 모든 우상 숭배에서 너희를 정결하게 할 것이며 또 새 영을 너희 속에 두고 새 마음을 너희에게 주되 너희 육신에서 굳은 마음을 제거하고 부드러운 마음을 줄 것이며 또 내 영을 너희 속에 두어 너희로 내 율례를 행하게 하리니 너희가 내 규례를 지켜 행할지라."

요 3:3, 5 "예수께서 대답하여 이르시되 진실로 진실로 네게 이르노니 사람이 거듭나지 아니하면 하나님의 나라를 볼 수 없느니라. 예수께서 대답하시되 진실로 진실로 네게 이르노니 사람이 물과 성령으로 나지 아니하면 하나님의 나라에 들어갈 수 없느니라."

엡 2:3 "전에는 우리도 다 그 가운데서 우리 육체의 욕심을 따라 지내며 육체와 마음의 원하는 것을 하여 다른 이들과 같이 본질상 진노의 자녀이었더니."

10. 행 4:12 "다른 이로써는 구원을 받을 수 없나니 천하 사람 중에 구원을 받을 만한 다른 이름을 우리에게 주신 일이 없음이라 하였더라."

고전 6:11 "너희 중에 이와 같은 자들이 있더니 주 예수 그리스도의 이름과 우리 하나님의 성령 안에서 씻음과 거룩함과 의롭다 하심을 받았느니라."

11. 마 28:19 "그러므로 너희는 가서 모든 민족을 제자로 삼아 아버지와 아들과 성령의 이름으로 세례를 베풀고."

행 22:16 "이제는 왜 주저하느냐 일어나 주의 이름을 불러 세례를 받고 너의 죄를 씻으라 하더라."

12. 창 17:7 "내가 내 언약을 나와 너 및 네 대대 후손 사이에 세워서 영원한 언약을 삼고 너와 네 후손의 하나님이 되리라."

롬 8:15-17, 28 "너희는 다시 무서워하는 종의 영을 받지 아니하고 양자의 영을 받았으므로 우리가 아빠 아버지라고 부르짖느니라. 성령이 친히 우리의 영과 더불어 우리가 하나님의 자녀인 것을 증언하시나니 자녀이면 또한 상속자 곧 하나님의 상속자요 그리스도와 함께 한 상속자니 우리가 그와 함께 영광을 받기 위하여 고난도 함께 받아야 할 것이니라. 우리가 알거니와 하나님을 사랑하는 자 곧 그의 뜻대로 부르심을 입은 자들에게는 모든 것이 합력하여 선을 이루느니라."

13. 행 2:38 "베드로가 이르되 너희가 회개하여 각각 예수 그리스도의 이름으로 세례를 받고 죄 사함을 받으라 그리하면 성령의 선물을 받으리니."

   롬 6:4 "그러므로 우리가 그의 죽으심과 합하여 세례를 받음으로 그와 함께 장사되었나니 이는 아버지의 영광으로 말미암아 그리스도를 죽은 자 가운데서 살리심과 같이 우리로 또한 새 생명 가운데서 행하게 하려 함이라."

   골 2:12 "너희가 세례로 그리스도와 함께 장사되고 또 죽은 자들 가운데서 그를 일으키신 하나님의 역사를 믿음으로 말미암아 그 안에서 함께 일으키심을 받았느니라."

   요일 1:7 "그가 빛 가운데 계신 것 같이 우리도 빛 가운데 행하면 우리가 서로 사귐이 있고 그 아들 예수의 피가 우리를 모든 죄에서 깨끗하게 하실 것이요."

14. 행 26:18 "그 눈을 뜨게 하여 어둠에서 빛으로, 사탄의 권세에서 하나님께로 돌아오게 하고 죄 사함과 나를 믿어 거룩하게 된 무리 가운데서 기업을 얻게 하리라 하더이다."

   롬 8:5 "육신을 따르는 자는 육신의 일을, 영을 따르는 자는 영의 일을 생각하나니."

   고전 6:19 "너희 몸은 너희가 하나님께로부터 받은 바 너희 가운데 계신 성령의 전인 줄을 알지 못하느냐 너희는 너희 자신의 것이 아니라."

   고전 12:12-13 "몸은 하나인데 많은 지체가 있고 몸의 지체가 많으나 한 몸임과 같이 그리스도도 그러하니라. 우리가 유대인이나 헬라인이나 종이나 자유인이나 다 한 성령으로 세례를 받아 한 몸이 되었고 또 다 한 성령을 마시게 하셨느니라."

   엡 1:13 "그 안에서 너희도 진리의 말씀 곧 너희의 구원의 복음을 듣고 그 안에서 또한 믿어 약속의 성령으로 인치심을 받았으니."

   엡 5:27 "자기 앞에 영광스러운 교회로 세우사 티나 주름 잡힌 것이나 이런 것들이 없이 거룩하고 흠이 없게 하려 하심이라."

   딛 3:5 "우리를 구원하시되 우리가 행한 바 의로운 행위로 말미암지 아니하고 오직 그의 긍휼하심을 따라 중생의 씻음과 성령의 새롭게 하심으로 하셨나니."

15. 창 17:1-2 "아브람이 구십구 세 때에 여호와께서 아브람에게 나타나서 그에게 이르시되 나는 전능한 하나님이라 너는 내 앞에서 행하여 완전하라. 내가 내 언약을 나와 너 사이에 두어 너를 크게 번성하게 하리라 하시니."

   시 103:17 "여호와의 인자하심은 자기를 경외하는 자에게 영원부터 영원까지 이르며 그의 의는 자손의 자손에게 이르리니."

   마 22:37 "예수께서 이르시되 네 마음을 다하고 목숨을 다하고 뜻을 다하여 주 너의 하나님을 사랑하라 하셨으니."

   엡 4:22 "너희는 유혹의 욕심을 따라 썩어져 가는 구습을 따르는 옛 사람을 벗어 버리고."

골 3:5-10 "그러므로 땅에 있는 지체를 죽이라 곧 음란과 부정과 사욕과 악한 정욕과 탐심이니 탐심은 우상 숭배니라. 이것들로 말미암아 하나님의 진노가 임하느니라. 너희도 전에 그 가운데 살 때에는 그 가운데서 행하였으나 이제는 너희가 이 모든 것을 벗어 버리라 곧 분함과 노여움과 악의와 비방과 너희 입의 부끄러운 말이라. 너희가 서로 거짓말을 하지 말라 옛 사람과 그 행위를 벗어 버리고 새사람을 입었으니 이는 자기를 창조하신 이의 형상을 따라 지식에까지 새롭게 하심을 입은 자니라."

요일 2:15 "이 세상이나 세상에 있는 것들을 사랑하지 말라 누구든지 세상을 사랑하면 아버지의 사랑이 그 안에 있지 아니하니."

16. 잠 24:16 "대저 의인은 일곱 번 넘어질지라도 다시 일어나려니와 악인은 재앙으로 말미암아 엎드러지느니라."

사 54:10 "산들이 떠나며 언덕들은 옮겨질지라도 나의 자비는 네게서 떠나지 아니하며 나의 화평의 언약은 흔들리지 아니하리라 너를 긍휼히 여기시는 여호와께서 말씀하셨느니라."

롬 6:1-2 "그런즉 우리가 무슨 말을 하리요 은혜를 더하게 하려고 죄에 거하겠느냐. 그럴 수 없느니라 죄에 대하여 죽은 우리가 어찌 그 가운데 더 살리요."

요일 1:9 "만일 우리가 우리 죄를 자백하면 그는 미쁘시고 의로우사 우리 죄를 사하시며 우리를 모든 불의에서 깨끗하게 하실 것이요."

17. 고신예식문과 혼합하여 사용하였다.

18. 시 51:5 "내가 죄악 중에서 출생하였음이여 어머니가 죄 중에서 나를 잉태하였나이다."

고전 7:14 "믿지 아니하는 남편이 아내로 말미암아 거룩하게 되고 믿지 아니하는 아내가 남편으로 말미암아 거룩하게 되나니 그렇지 아니하면 너희 자녀도 깨끗하지 못하니라 그러나 이제 거룩하니라."

엡 5:26 "이는 곧 물로 씻어 말씀으로 깨끗하게 하사 거룩하게 하시고."

19. 신 6:7 "네 자녀에게 부지런히 가르치며 집에 앉았을 때에든지 길을 갈 때에든지 누워 있을 때에든지 일어날 때에든지 이 말씀을 강론할 것이며."

엡 6:4 "또 아비들아 너희 자녀를 노엽게 하지 말고 오직 주의 교훈과 훈계로 양육하라."

20. 고신총회 헌법해설수정위원회,「헌법해설」(서울: 대한예수교장로회 총회출판국, 2108), 88.

21. 마 28:19 "그러므로 너희는 가서 모든 민족을 제자로 삼아 아버지와 아들과 성령의 이름으로 세례를 베풀고."

22. 웨스트민스터 예배모범

23. 고신 예전예식서, 59.

1부
유아세례 교인이 된다는 것

1장 유아세례의 필수성

유아세례는 필수인가?

"유아세례는 꼭 필요할까요?"

이 질문에 성경에서 말하는 올바른 가르침에 따라서 자신 있게 대답할 수 있나요? 그럼 질문을 바꿔보겠습니다.

"유아가 유아세례를 받으면 부모나 아이는 어떤 점이 좋을까요?"

이 질문에 쉽게 답변하지 못했다고 실망하거나 두려워할 필요는 없습니다. 저는 여러분이 정리된 내용으로 말하기 어려울 뿐, 나름의 답은 가지고 있다고 확신합니다. 이번 기회를 통해서 확실하기 정리하면 좋겠지요. 저는 몇 가지를 생각해봤습니다.

첫 번째, 우리는 아이의 출생을 감사하며 기념합니다. 한 아이의 출생은 가정의 큰 복입니다. 아이가 태어난 가정은 그야말로 축제의 한바탕이 벌어집니다. 끊임없는 축하의 행렬, 문자, 각종 SNS 댓글 등 감사의 나눔이 가득합니다. 부모는 50일, 100일, 200일, 300일, 그리고 첫 번째 생일을 특별한 날로 기념합니다. 가족, 친척, 친구를 초대하여 축하하면서 기쁨을 함께 나눕니다. 아이가 태어난 해는 쉼 없이 기념의 연속입니다. 부모는 이 아름답고 신비로우며,

복된 아이의 출생에 하나님의 무한한 축복이 가득하기를 소원하면서 유아세례를 받고자 합니다.

두 번째, 저출산 시대를 살아가는 현대교회의 암울한 현실 때문입니다. 초고령화 사회로 진입하면서 교회학교는 급격하게 감소하여 아이들의 웃음소리를 듣기 어려워졌습니다. 코로나는 교회의 위기를 더 가속했습니다. 유아부로 갈수록 심각해집니다. 이런 상황에서 신자가 낳은 아이는 한 가정의 기쁨을 넘어 교회의 기쁨과 희망이 되었습니다. 교회학교 아이들이 많던 시절, 유아세례는 어린이날, 크리스마스 때 주로 베풀었습니다. 하지만 지금은 상황이 다릅니다. 교회의 미래가 될 아이들이 확 줄었습니다. 이제 교회는 부모가 원하면 언제든지 유아세례를 베풉니다. 부모들도 목사님이 권유하시고 그에 순종하는 마음으로 세례를 받습니다.

세 번째는 아이를 향한 부모의 바람과 기대가 한몫합니다. 문명이 발달하고 의학 기술이 획기적으로 발전하여 인간의 평균수명이 늘어났습니다. 불과 100년 전까지만 해도 어린아이는 면역력과 신체 발달이 완전하지 않아, 각종 질병에 무방비로 노출되면 치료 약이 없는 상태로 사망에 이르는 일이 다반사였습니다.

하지만 지금은 각종 예방접종과 신기술로 희소병이 아닌 이상, 유아사망률은 높지 않습니다. 물론 기술 발달이 아이의 안전을 보장하지는 않습니다. 유아사망률이 낮아졌다고 해서 어린아이들이 안전한 삶을 산다고 할 수 없기 때문입니다. 여전히 아이들 주위에 다양한 위험이 도사리고 있습니다. 각종 안전사고, 교통사고, 여전히 해결하지 못한 다양한 질병 앞에 아이들은 무방비로 노출되어 있습니다. 그러므로 부모는 어리고 약한 아이들이 어른이 될 때까지 안전하고 무사하게 자라기를 바랍니다. 코로나를 겪으면서 이런 바람은 더 커졌습니다. 인간의 노력을 넘어 우리를 사랑으로 보살피시는 하나님께서 안전하게 지키시기를 스원하는 것이죠. 유아세례도 부모의 이런 기원과 바람에서 행해지는 게 아닐까요. 부모는 유아세례를 받은 아이는 하나님이 특별한 간섭으로 아이의 일생을 지키고 보호할 것이라는 강한 확신을 하는 것입니다.

마지막으로 유아세례를 주고자 하는 부모의 열심에 신앙적 열망이 더해집니다. 경건하고 신실한 부모는 죄악 된 세상에 죄인으로 태어난 아이가 구원받고 평안을 누리며 영원한 생명을 얻는 방법은 우리의 유일한 중보자이신 구원자 예수 그리스도에 대한 믿음뿐임을 고백합니다. 내 아이가 예수님을 참되게 믿음으로 하나님 자녀의 신분을 얻어 성령 안에서 화평과 희락, 사랑과 감사, 즐거움과 만족의 삶을 누리길 소원합니다.[1] 세상에서 고난과 격렬한 유혹에 흔들려 하나님의 얼굴의 빛을 보지 못하는 때가 있을지라도, 자기 백성을 끝까지 사랑하시는 하나님의 열심에 따라 믿음의 경주를 해가길 소원합니다. 그러므로 부모는 자신과 함께하신 하나님께서 내 자녀들을 지켜주시고, 인도해주시고, 함께해주시고, 동행해주시기를 바라며 유아세례를 받습니다. 유아세례를 받은 아이들이 부모와 같은 믿음으로 신앙생활을 하고 이 땅의 삶을 마치길 소원합니다.

이상을 요약하면 많은 부모가 자녀들이 유아세례를 받길 원하는 이유는 믿음의 가정에 태어난 아이를 축하하고 기쁨을 나누는 특별한 기념일로써 하나님께서 아이가 자라가는 평생토록 삶의 동반자와 인도자가 되시어 보호해주시고 지켜주시기를 바라는 마음으로 교회의 프로그램과 목사님의 권면에 따라 좋은 일로써 동참하거나, 부모의 경건한 믿음의 고백이 자녀에게도 이어지기를 바라는 소원 때문입니다.

여러분이 생각했던 이유와 비슷한가요? 아니면 또 다른 이유가 있나요?

---

1. 웨스트민스터 신앙고백서 18장 3절.

선택이 아닌 필수

유아세례를 받는 이유가 어느 정도 정리가 되었다면 다른 질문에 답해봅시다.

"유아세례는 누가 받을 수 있을까요?"

"유아세례와 성인 세례의 차이는 무엇일까요?"

"유아세례는 언제까지 받을 수 있을까요?"

이 모든 것을 세세하게 안내하고 규정하는 내용이 있다는 사실을 아시나요? 유아세례 대상자를 정하거나 베푸는 방법이 교회마다 다르지 않을 테니까요. 사실 대부분 부모는 목사가 정해주는 대로, 교회에서 하라는 대로 합니다. 별다른 의심을 하거나 질문하지 않아도 됩니다. 간혹 어떤 교회는 세례 대상자를 모집하면서 주보에 유아세례의 근거를 제시하기도 합니다. 하지만 대부분은 그냥 하던 대로 하는 경우가 많습니다. 그렇다면 유아세례 규정은 어디에 있을까요? 여러분이 속한 교회의 헌법에 있습니다.

저는 대한예수교장로회 고신 측에 속해 있습니다. 고신 헌법에서 유아세례는 제2부 관리표준 예배지침 제5장 성례 제21조 (유아세례식)를 보시면 자세하게 설명되어 있습니다.

1. 유아세례의 문답
2. 유아세례를 위한 권면
3. 유아의 서약
4. 유아세례의 시행
5. 유아세례 공포

또한 유아세례 교인이 성장하여 만 14세 이후에 입교하게 되는 규정은 제6장 신앙고백 제25조 (입교식)에 있습니다.[2] 그리고 유아세례식이 진행되는 절차는 예전예식서에 포함되어 있습니다. 고신의 경우는 고신 예전예식서 제2장 성례와 신앙고백 '5)세례에서 성찬에 이르기까지'에 유아세례식이 실제로 어떻게 진행되는지 잘 설명하고 있습니다.[3] 이런 측면에서 장로교 신자라면 헌법은 반드시 구입해서 공부하면 좋습니다.

다시 질문으로 돌아가서, 유아세례의 대상은 누구인지 살펴보도록 합시다. 유아세례는 유아세례를 받기 원하는 부모가 그 뜻을 목사에게 알리면서 시작합니다. 유아세례 대상이 되는 아이는 나이의 제한이 있고, 신청할 수 있는 부모의 자격이 있습니다.

> 제23조 (교인의 신급별 문답자격) 1. 유아세례문답 대상자는 2세 이하로 하고, 최소한 부모 중 1인이 무흠 세례 고인(입교인)이어야 한다.

세례 교인은 자녀 나이가 만 2세가 되기 전에 유아세례를 받아야 합니다. 그리고 아주 중요한 지침이 있습니다. 유아세례는 선택이 아닙니다. 헌법 제2부 관리표준 예배지침 제5장 성례 제20조(세례식)을 보면 "세례는 그리스도에 대한 믿음과 순종을 고백할 때까지는 유형교회 밖에 있는 어느 누구에게도 베풀어서는 안된다. 그러나 유형교회 회원들의 유아들은 세례를 받아야 한다"라고 명시하고 있습니다. 근거는 웨스트민스터 대교리문답 166문답[4]을 언급

---

2. 대한예수교 장로회(고신) 헌법(2011년판)
3. 대한예수교 장로회 고신 총회, 『예전예식서』 (서울:고신총회, 2015), 54-57.
4. 문: 누구에게 세례를 베풀어야 합니까?
  답: 세례는 그리스도에 대한 믿음과 순종을 고백할 때까지는 보이는 교회 밖에 있고 약속의 언약을 알지 못하는 어느 누구에게도 베풀 수 없습니다(행 2:38 8:26, 37). 다만 부모 두 사람 모두 또는 한 편이

하는데 유아들이 세례를 받아야 하는 이유는 "언약 안에" 있기 때문입니다.

그러므로 신자는 자신의 자녀에 대한 다음의 의무를 갖습니다.

제2부 관리표준 권징조례 제1장 총칙 제7조 (교인의 자녀 관리)
1. 보이는 교회 내에서 출생한 모든 자녀들은 교인이다.
2. 자녀들에게 세례를 받게 하고 교회의 보호 아래 두어 정치와 권징에 복종하도록 양육하여야 한다.
3. 자녀가 성장하면 교회의 모든 의무를 이행하도록 관리하여야 한다.

이렇게 본다면, 장로교 신자 자녀의 유아세례는 부모의 선택이 아니고 신자의 의무입니다. 왜냐하면, 언약의 자녀가 세례를 받아 교회의 보호 아래 두기 위해서입니다. 영적전쟁의 한가운데 있는 우리 자녀들을 안전하게 보호하여 승리의 영광을 누리도록 하기 위함입니다. 그뿐 아니라 교회의 치리에 복종하여 교인으로서 바르게 자라도록 하기 위함입니다. 치리도 보호의 한 종류라는 사실을 잊으면 안 됩니다. 어감상 부정적으로 느껴질 뿐이죠. 죄를 멀리하고 이기는 것, 하나님을 사랑하여 그분께 영광을 돌리게끔 도와주는 것이 치리治理라고 할 수 있습니다. 얼마나 좋은 단어인지요!

앞서 했던 질문들을 총정리해봅시다. 왜 우리 자녀들은 유아세례를 받아야 합니까? 개인의 다양한 이유가 있겠지만 교회는 분명하게 규정하고 있습니다.

세례는 그리스도에 대한 믿음과 순종의 고백이 있어야 하지만 믿는 부모

그리스도에 대한 믿음과 순종을 고백하는 가정의 유아들은 언약 안에 있으므로 그들에게는 세례를 베풀어야 합니다(창 17:7,9; 갈 3:9,14; 골 2:11,12; 행 2:38,39; 롬 4:11,12; 고전 7:14). 웨스트민스터 총회, 『웨스트민스터 대교리문답 노트』, 그책의사람들 역 (경기: 그책의사람들, 2017), 230.

에게 태어난 아이는 "언약 안에" 있으므로 교인으로서 하나님의 명령에 따라 교회의 보호와 양육을 받기 위해, 즉 교인의 권리[5]를 다하기 위하기 위해 일정한 나이가 되면 교회의 모든 의무를 하도록 관리해야 하므로 유아세례를 받아야 합니다.

문장이 길고 복잡해보이지만 간략하게 아래와 같이 정리할 수 있습니다.

"유아세례를 받아야 하는 이유는 언약 백성인 유아들이 교인으로서 권리와 의무들을 수행하기 위함이다."

어떻습니까? 이제 유아세례를 받아야 하는 이유가 정리되셨나요? 아직 완벽하게 정리가 안 되어도 괜찮습니다. 이제부터 저와 함께 각 내용이 가진 의미와 교훈을 하나씩 고찰해나갈 것입니다. 우리 자녀들의 유아세례를 준비하면서 감사와 기쁨이 넘치도록 주님의 은혜를 구하며 나가봅시다. 앞으로 살펴볼 순서는 다음과 같습니다.

첫째, 세례는 믿음과 순종의 고백이 있어야 하지만 유아세례는 믿는 부모에게 태어난 아이가 "언약 안에" 있으므로 베푼다.

둘째, 세례는 오직 삼위 하나님의 명령에 따라 베풀어져야 한다.

셋째, 유아세례를 받은 아이는 교인으로서 교회의 보호 아래 치리와 권징에 복종하도록 양육해야 한다.

---

[5] 제2부 관리표준 제24조 (교인의 권리) 1. 세례 교인은 성찬 참여권과 공동의회 회원권 및 교인으로서의 모든 청구권과 영적 보호를 받을 권리를 가지며, 개체 교회에서 법규에 의한 선거 및 피선거권이 있다. 단, 무단 6개월 이상 본 교회 예배에 참석치 않으면 위 권리를 상실한다. 2. 교인이 노회에 어떤 서류를 제출하고자 하면 당회를 경유하여야 하나, 당회가 이를 거부할 때는 그 이유서를 첨부하여야 한다. 제25조 (교인의 의무) 교인은 공예배(주일예배, 오후예배/저녁예배)와 수요기도회 참여, 헌금(의무헌금인 십일조와 주일헌금 및 성의헌금), 전도(영혼구원을 위하여 헌신), 봉사(교회 내외의 활동을 위한 섬김)와 교회치리에 복종할 의무를 가진다. 대한예수교 장로회(고신) 헌법(2011년판).

넷째, 유아세례를 받은 아이가 자라면서 교회의 모든 의무를 하도록 관리해야 한다.

네 가지 질문을 토대로 언약의 자녀들에게 유아세례를 통해 주시는 하나님의 위로와 유익을 살펴보고, 부모에게 주시는 격려와 사랑의 의무들을 살피도록 하겠습니다. 이 책을 다 읽는 순간까지 삼위 하나님의 한없는 은혜가 당신과 함께하길 바랍니다.

유아세례에 대한 다른 의견들

저는 첫째 아이가 엄마 배 속에 있을 때를 또렷이 기억합니다. 가정에 놀라운 생명이 선물로 주어진 그때의 행복을 떠올려봅니다. 임신 테스트기에 선명하게 그어진 두 빨간줄을 보는 순간, 뭔가 모를 벅차오르는 감동이 있었습니다. 임신 사실을 알기 전까지 아내의 배 속에 무엇이 있는지도 몰랐고, 아무런 변화를 느끼지 못하지만, 새로운 생명이 자라고 있는 것은 확실했습니다. 아내와 함께 초음파를 통하여 아이의 심장 소리를 처음 들었던 그 순간, 그 기쁨은 만끽한 사람만 알 수 있는 신비로운 경험입니다.

임신은 한 남자가 한 여자를 만나 부모를 떠나 한 몸을 이루는 놀라운 기적 이후, 부부가 신비의 연합으로 들어가는 첫 단추입니다. 부부가 결혼을 통해서 한 몸을 이루는 연합은 실제적임에도 불구하고 경험하기 쉽지 않습니다. 반면, 임신과 출산은 부부의 하나 됨을 극대화합니다. 성질과 기질, 생김새와 독특한 버릇까지도 공평하게 물려받는 아이를 보면서 말이죠. 아이는 신비롭게도 부모를, 멀게는 조부모와 형제간까지도 닮습니다. 하루는 제 딸아이가 손을 들고 자는 모습을 보고 기겁했더랬죠. 왜냐하면, 손 들고 자는 건 고역

임에도 불구하고 제가 잘 때마다 취하는 자세니까요. 아내는 둘째의 뒷모습만 보고도 자지러집니다. 어쩜 아빠랑 똑같냐고요. 여러 모로 아이는 하나님의 놀라운 섭리요, 가정에 주신 축복의 선물입니다.

남편과 달리 아내는 임신 과정에서 신비한 경험을 더 많이 합니다. 엄마는 임신 기간 내내 아이와 일체가 됩니다. 생명이 직결되는 호흡과 영양분을 공유합니다. 심지어 감정까지도 공유한다고 알려져 있습니다. 한 몸으로 흡수되지 않으면서 분리된 두 인격체가 한 공간을 점유하면서 일정 시간을 사는 일은 신비 중의 신비입니다. 혈액형이 다른 피를 몸에 수혈받으면 문제가 생기지만, 아이와 엄마는 혈액형이 달라도 한 몸에서 살 수 있습니다. 창조주이신 하나님의 놀라운 일하심이 아니고는 설명할 수 없습니다.

아이는 하나님의 계획하신 시간표에 따라 세상을 향한 힘찬 발짓을 합니다. 아이의 출생은 성장하면서 맞닥뜨리게 될 여러 가지 환란과 고난에 상관없이 큰 기쁨입니다. 가정의 모든 사람은 아이가 건강하고 지혜롭게 자라기를, 가정과 집안에 큰 인물이 되기를 바라며 축복합니다. 믿음의 가정에서는 아이에게 유아세례를 받게 함으로 인생의 모든 과정에서 하나님의 눈동자가 그를 지켜보고 하나님의 보호 날개로 아이를 품으시고 지키시기를 기도합니다.

그렇다고 모든 믿는 가정의 아이가 유아세례를 받지는 않습니다. 유아세례를 받지 않는다고 아이를 하나님께서 주신 선물로 인정하지 않거나, 하나님의 보호하심과 인도하심을 구하지 않는다고 오해하면 안 됩니다. 유아세례를 받지 않는 부모는 개별화된 의식과 자기 결정권에 따라 아이의 뜻을 묻지 않고 부모가 마음대로 유아세례를 결정하는 일이 옳은가를 고민한 결과로 거부한 것뿐입니다. 자녀의 믿음과 결단을 제외한 채, 부모의 판단과 기대로 부모의 신앙에 따라 유아세례를 베푸는 것이 정당한가에 대한 반문입니다. 때로는 부모 자신이 받았던 유아세례에 대한 유익과 위로를 경험하지 못한 반성일지도 모릅니다. 심지어 수많은 신앙고백에서 유아세례를 강조한 이유는 유아사망률이 높았던 시대에 죽은 아이가 천국에 갔다고 여기는 부모에게 위로를 주기 위한 장치였을 뿐이라고 주장하는 사람도 있습니다.

유아세례를 미루는 태도도 있습니다. 유아세례에 대해 반대하는 침례교의 경우, 믿음에 대한 자기 결정권을 중요하게 생각해서 유보적입니다. 대신 헌아식을 합니다. 유아세례와 거의 똑같음에도 세례식이 아닌 헌아식을 하는 이유는 세례침례는 믿음의 고백이 있어야만 베풀 수 있다는 강한 확신 때문입니다. 헌아獻兒란 부모가 믿음의 주인이신 예수 그리스도에게 '아이를 바친다'라는 뜻입니다. 유아세례의 핵심이 믿는 가정의 '아이'에게 있다면 헌아식은 믿는 '부모'에게 있습니다. 다음은 미국 남침례교 소속 한인교회에서 안내하고 있는 헌아식에 대한 내용입니다.

헌아식 안내[6]

하나님은 우리 자녀들을 믿음과 성품이 아름다운 사람으로 만들길 원하십니다. 하나님은 오랜 시간 동안 이 작업을 하고 계십니다. 그런데 우리 부모들은 인내하지 못하고 자기의 생각과 세상의 가치관으로 자녀들을 양육하기가 쉽습니다. 헌아식 Baby Dedication은 부모가 자신의 자녀를 하나님이 만들고 싶어 하시는 아름다운 사람으로 만들기 원한다고 고백하고 약속하는 시간입니다.

---

6. https://www.cksbca.net/bbs/board.php?bo_table=6_10&wr_id=10 미주 남침례회 한인교회 총회침례교 자료실에서 열람할 수 있습니다. 자료는 벤쿠버 한인침례교회에서 사용하는 헌아식 자료이며 달라스 세미한 교회 헌아식 영상도 (https://www.youtube.com/watch?v=qLf2Mg4NX-o) 링크되어 있습니다. (2019년 8월 20일 접속, 2021년 11월 9일 접속)

1. 헌아식을 하는 이유는 무엇인가요?

그리스도인은 자신의 자녀가 자신의 육신의 자녀일 뿐 아니라, 하나님의 영적인 자녀라고 믿습니다. 그래서 헌아식을 통해 우리에게 주신 자녀를 나의 마음대로 키우지 않고 하나님의 뜻대로 키우겠다는 결단을 합니다. 헌아식은 예수 그리스도를 구주와 주님으로 믿는 부모가 하나님이 자신에게 주신 자녀들을 주님의 교양과 훈계로 가르쳐 구원을 경험하도록 기르겠다고 하나님에게 서원하는 의식입니다. 더불어 하나님의 은혜로 자녀들을 지켜주실 것을 부탁하는 시간입니다.

2. 헌아식에 대해 오해하는 것은 무엇인가요?

- 헌아식은 유아세례와는 다릅니다.
- 헌아식은 아기에게 구원을 주는 것이 아닙니다.
- 헌아식은 부모의 신앙적 책임을 면제하는 것이 아닙니다.

유아세례는 유아에게 집중된 것이지만 헌아식은 부모를 위한 예식입니다. 더불어 헌아식 또는 모태신앙은 구원의 문제를 해결하는 것이 아니라는 사실을 꼭 기억해야 합니다. 구원은 오직 본인의 믿음으로만 이루어지는 것입니다. 부모는 자녀가 커서 믿음을 고백할 수 있을 때 침례 Baptism를 받을 수 있도록 가르치고 안내해야 합니다. 그래서 헌아식은 부모의 신앙적 책임을 면제시키는 것이 아니라, 오히려 책임을 다하겠다고 다짐하는 시간입니다.

3. 헌아식의 실제적인 목적은 무엇인가요?

자녀들에 대한 예수님의 사랑과 축복을 표현하는 것입니다.
부모가 자녀에 대한 신앙 교육 책임을 서약하는 것입니다.

그리스도인 가정에 대한 하나님의 축복을 잇는 것입니다.

자녀들에 대한 교회적 책임을 선포하고 상기시키는 것입니다.

4. 헌아식 전에 무엇을 준비해야 하나요?

- 간증문이나 기도문을 작성하세요.

    (헌아식 2-3일 전까지 이메일로 보내주세요.)

- 자녀를 위해 매일 기도하세요.
- 정장 또는 세미 정장을 입으세요.

5. 헌아식 순서는 어떻게 진행되나요?

1. 안내

    1) 자녀 주심 감사 : "귀한 자녀 주셔서 감사합니다."

    2) 헌아식 의미 설명 : "하나님의 자녀로 키우겠습니다."

2. 소개

    1) 이름 :

    2) 이름의 뜻 :

3. 부모 간증 또는 기도문
4. 성도들의 축복기도 & 목회자 축복기도
5. 성도들의 축하
6. 사진 촬영(예배 후)

6. 헌아식은 언제 있나요?

0000년 00월 00일 (주일) 예배 중

어떻습니까? 헌아식의 내용을 보면 유아세례와 상당히 비슷함을 알 수 있습니다. 그렇다면 당신은 어떤 이유로 아이가 헌아식이 아닌 유아세례를 받길 원하십니까? 왜 아직 자기 말로 신앙고백을 하지도 못하는 아이에게 세례를 주어야 한다고 생각하십니까? 아기가 성장하여 자기 스스로 말도 하고, 생각을 표현할 때 세례를 주면 되지 않을까요? 유아세례 대상이 되는 만 2세 이하 아이들은 언어뿐 아니라 표정도 잘 읽지 못하는데 말입니다.

우리 집 첫째와 둘째는 8살 차이가 납니다. 둘째가 태어난 지 얼마 되지 않았을 때 일입니다. 제가 첫째에게 무엇인가를 하도록 했습니다. 그런데 이 아이가 꿈쩍도 하지 않는 것입니다. 그 당시, 첫째 아이가 제 말을 잘 이해하지 못하는 경우가 종종 있어서 반복해서 말했지만 듣지 않았습니다. 그러자 제 목소리가 조금 높아졌습니다. 당시 둘째는 첫째보다 물리적 거리가 저와 더 가까웠습니다. 저는 계속 알아듣지 못하는 첫째에게 목소리가 점점 커졌고, 둘째는 내가 자기에게 이야기를 하나 보다 하면서 방긋방긋 웃었습니다. 아빠는 화가 나서 뒤에 있는 언니에게 소리를 지르고 있는데, 둘째는 아빠의 목소리가 올라갈 때마다 그 소리에 신이 나서 온몸을 들썩이는 것이었습니다. 이때는 둘째가 유아세례를 받은 지 얼마 되지 않은 시점이었습니다. 사정이 이런데도 아이에게 유아세례를 꼭 주어야 할까요?

죄와 비참 가운데 있는 유아

성경에 따르면 아이가 유아세례를 받아야 하는 이유는 우리 자녀가 '죄와 비참'에 가운데서 태어나 이 세상에서 '죄책죄에 대한 책임'을 짊어져야 하고 '원죄와 자범죄'를 범하기 때문입니다. 하지만 이 고백은 우리에게 상당한 당혹감을 안겨줍니다. 방금 태어난 이렇게 작고 연약한 사랑스러운 존재가 죄악 덩어리라니요. 부모는 이런 사실을 쉽게 받아들이기 어려울 것입니다. 간혹 우여곡절 끝에 아이를 낳았다든지, 난임으로 고통받다가 힘겹게 임신한 경우는 더욱 받아들이기 힘들 것입니다. 저도 8년간 난임의 시간을 보내면서 참 많은 생각을 했습니다. 이렇듯 부모는 출산의 기쁨으로 인해 아이가 죄인이라는 암울한 고백을 하기가 쉽지 않습니다.

이제 막 태어난 아이가 주변 사람들을 만나기 시작하면 사랑스러운 복덩이로 부모에게 왔음은 더욱 확실해집니다. 아이가 교회를 처음 방문했다고 상상해봅시다. 교우들은 갓 태어난 앙증맞은 아이를 보려고 몰려옵니다. 다들 한마디씩 하겠죠. "아이고 예쁘다! 어쩜 엄마 아빠 좋은 것만 닮았네!" 여기저기서 칭찬과 탄성을 지릅니다. 그들은 아이의 손가락을 만지고, 발가락도 살짝 간지럽히겠지요. 모두가 아이로 인해 한껏 즐겁습니다. 이때, 부모가 다음과 같이 신앙고백을 한다면 어떻게 될까요?

"여러분! 이 아이는 아직 작아서 귀여울 뿐이지 타락한 인간입니다. 원죄를 지었을 뿐 아니라 죄책을 안고 태어난 아이입니다. 진노의 자식이고 완전히 타락한 인간일 뿐입니다."

이 말을 들은 사람들은 당황하고 난감할 것입니다. 그런데 곰곰이 생각해보면 이 말은 경우에 맞지 않지만 진실을 담고 있습니다. 그는 자녀가 죄인임을 고백했기에 유아세례를 받아야 한다고 했을 것입니다. 그리고 유아세례는 아이가 교회에 처음 출석했을 때 받는 것이라는 차원에서도 정확한 신앙고백입니다. 왜 그럴까요? 우리는 유아세례 때 내 사랑스러운 아이가 죄악 중에 출생한 진노의 자식이라고 고백합니다. 이 아이는 주님의 보혈을 덧입지 않는 한 진노의 형벌 앞에 소망이 없음을 고백합니다. 우리 눈에 귀엽고 한없이 사랑스러운 존재일지 모르지만, 죄악 덩어리라는 사실은 변하지 않으니까요. 승

냥이도, 호랑이도, 사자도 어릴 때는 귀엽습니다. 하지만 그 안에 꿈틀거리고 있는 맹수의 사나움은 같습니다. 유아세례 예식문은 〈유아세례의 본질〉과 〈세례의 교훈〉에서 다음과 같이 말합니다.

세례의 본질

우리 주 예수 그리스도 안에서 사랑하는 교우 여러분, 세례는 우리 주 예수 그리스도께서 정하신 것입니다. 세례는 우리가 은혜 언약에 대해, 그리스도에게 접붙임을 받았다는 것에 대해, 그리고 그와 함께 연합되었으며, 죄 사함, 부활, 양자 됨, 영생을 얻었다는 확증의 인印입니다. 세례받을 때의 물은 우리의 모든 죄책과 원죄와 자범죄를 용서해주시는 그리스도의 피를 나타냅니다. 더하여 죄의 지배와 악한 본성의 부패를 거룩하게 하는 그리스도의 영성령의 능력도 나타냅니다. 물로 씻고 뿌리면서 세례를 베푸는 것은 그리스도의 공로와 피로 말미암아 수치스러운 죄가 깨끗해졌음을 의미하며, 그리스도의 죽음과 부활의 능력으로 죄 죽임과 죄에서 새 생명으로 일어남을 의미합니다.

> **세례의 교훈**
>
> 첫째, 우리와 우리의 자녀는 죄악 가운데 잉태되고 출생하였습니다. 따라서 본질상 진노의 자녀이며, 거듭나지 않으면 하나님의 나라에 들어갈 수 없습니다(시 51:5, 겔 36:25-27). 세례는 이 사실을 우리에게 가르쳐줍니다. 이 예식은 우리의 영혼의 불결함을 나타내어 (첫째) 자기 자신을 미워하게 하고, (둘째) 하나님 앞에서 자신을 낮추게 하며, (셋째) 정결함과 구원을 우리 밖에서 구하게 합니다.

세례의 교훈을 보면, 우리의 사랑스러운 아이가 죄와 비참 가운데 태어난다는 사실보다 더 당혹스럽고 슬픈 일이 있습니다. 그들이 죄악과 진노의 자식이라고 불리는 이유는 부모가 물려준 죄와 비참 때문이라는 사실입니다. 부모로서 좋은 것을 물려주고 싶지만, 안타깝게도 우리가 물려주는 것은 죄와 비참함뿐입니다. 다윗이 밧세바를 범한 뒤에 나단 선지자의 책망을 듣고, 자신이 죄의 열매를 맺을 수밖에 없는 사람임을 고백했음을 기억할 것입니다.

> 내가 죄악 중에서 출생하였음이여
> 어머니가 죄 중에서 나를 잉태하였나이다 _시 51:5_

에베소서 2장 3절도 우리의 죄악된 성품과 생활을 다음과 같이 증거합니다.

> 전에는 우리도 다 그 가운데서 우리 육체의 욕심을 따라 지내며
> 육체와 마음의 원하는 것을 하여

다른 이들과 같이 본질상 진노의 자녀이었더니

　부모로서 우리를 냉철하게 돌아봅시다. 말씀이 가르치는 하나님의 뜻과 진리의 길보다는 세상의 말과 풍습을 좋아하고, 공중 권세 잡은 자들의 가르침을 진리로 여기는 꾀임에 빠져 살지는 않습니까? 심지어 거짓을 진리로 바꾸어 왜곡하고, 곡해하면서 자기 마음대로 살아가지 않습니까? 이것이 죄인으로서 우리가 자녀에게 물려주는 죄의 핵심입니다. 그러므로 사실, 자녀에 대한 많은 애정과 관심과 기대가 부모의 죄된 성품에서 비롯된 것일 수 있습니다.
　우리 아이들은 여지없이 이 죄악 된 품성을 스스로 보여줍니다. 아이들은 '자기 하고 싶은 대로', '자기가 원하는 대로' 부모가 해주길 바랍니다. 여기에 세상의 교육 방식도 합세하여 "아이들이 원하는 대로, 하고 싶은 대로 해주세요"라고 합니다. 억압하지 말고, 자기 하고 싶은 대로 내버려두라고 하는 것이죠. 물론 자녀양육에 있어서 강압적이고 고압적인 태도는 좋지 않습니다. 이 또한 부모의 죄악 된 성품에서 나온 것이므로 치유하여야 합니다. 하지만 우리 자녀가 하나님의 말씀보다는 세상의 말과 자기의 만족과 유익을 추구하며 살아가는 본성을 지닌 존재라는 사실을 기억한다면, 부모는 그들에게 마땅히 걸어가야 할 길이 무엇인지를 분명히 깨닫도록 가르쳐야 합니다. 아이들이 다 컸다고 이 의무로부터 자유할 사람은 없습니다. 지옥으로 가는 길은 어린 자식이나 다 큰 자식이나 매한가지니까요.

물과 성령으로 거듭나야 할 존재

　아무리 아이가 사랑스러워도 타락한 존재라는 사실은 변하지 않습니다. 저는 얼마 전에 셋째를 선물로 받았습니다. 첫째와 띠동갑 차이 나는 막둥이 사내아이입니다. 아이는 막내답게 애교가 철철 넘칩니다. 항상 방긋 웃으며 먼저 눈을 맞춥니다. 다양한 표정과 모습으로 기쁨을 한 아름 선물해줍니다. 글을 쓰는 지금도 아이를 생각하니 어느덧 제 입가에 웃음이 번집니다.

하지만 막내가 저에게 기쁨이 되는 것과 상관없이 자기 스스로 타락한 존재임을 수없이 일깨워줍니다. 뻔히 보이는 잘못을 감추기도 하고, 자기의 목적을 위해서 떼 쓰기를 밥 먹듯 하고, 원하는 것을 위해 온몸으로 발악할 뿐 아니라 엄마를 자기 마음대로 조종합니다. 제아무리 갓난아기라 할지라도 자기가 원하는 것을 위해서라면 남을 이용하는 모습을 보여줍니다. 아기가 잘못하면 얼마나 잘못했겠냐고, 너무 예민한 것 아니냐고 반문할지 모르겠습니다. 하지만 제가 첫째와 둘째의 성장을 지켜보면서, 무엇보다 저 스스로의 삶을 돌아보고 내린 결론입니다.

죄와 비참 가운데 살아가는 타락한 인간은 나이가 많든 적든 상관 없이 마음에 하나님 두기를 싫어합니다. 하나님 사랑이 아닌 자기 사랑이 가득할 뿐 아니라, 하나님 영광이 아닌 자기 영광을 위해 살아갑니다. 죄와 비참함 가운데 태어난 아이들은 커가면서 세상의 우상을 추구하며 사는 인생이 될 것입니다. 이런 행위의 결과로 하나님의 진노를 받는 것입니다. 이 길은 누구든 예외일 수 없습니다. 훌륭한 교육과 훈련된 성품으로도 막을 수 없습니다.

그렇다면 죄와 비참이라는 본성의 길 앞에 놓인 우리의 자녀는 절망밖에 남지 않았을까요? 하나님의 심판으로부터 자유로울 방법은 없는 것일까요? 유일한 방법이 있습니다. 우리 구주 예수 그리스도를 믿음으로 거듭나면 됩니다. 거듭난다는 것은 죄를 용서받고 하나님의 진노와 저주에서 해방되어 하나님과 교제하며 살아갈 수 있음을 말합니다. 그러므로 우리와 마찬가지로 아이들도 "거듭나야 하나님의 나라에 들어갈 수 있습니다." 예수님이 요한복음 3

장에서 밤에 찾아온 니고데모에게 "사람이 물과 성령으로 (거듭) 나지 아니하면 하나님의 나라에 들어갈 수 없느니라" 말씀하신 것을 떠올려보십시오. 우리 아이들은 거듭나야만 하나님의 진노로부터 용서받고 하나님 나라에 들어가 하나님을 볼 수 있습니다.

여기서 우리는 헌아식과 유아세례를 주는 근본적인 차이를 발견하게 됩니다. 헌아식이 아이보다는 부모에게 초점이 있는 반면에 유아세례는 아이뿐 아니라 부모, 세례식에 참여한 언약 공동체 모두에게 초점이 맞춰져 있습니다. 죄와 비참 가운데 있는 아이는 부모와 공동체의 다른 지체들과 마찬가지로 거듭나지 않으면 하나님 나라에 들어갈 수 없습니다. 그래서 세례가 필요합니다.

그렇다면, 물과 성령으로 거듭난다는 것은 무엇을 말할까요? 예식문이 인용한 에스겔서 36장 25-27절을 통해서 거듭남의 의미를 더욱 자세히 살펴봅시다.

> 맑은 물을 너희에게 뿌려서 너희로 정결하게 하되
> 곧 너희 모든 더러운 것에서와 모든 우상 숭배에서
> 너희를 정결하게 할 것이며 또 새 영을 너희 속에 두고
> 새 마음을 너희에게 주되 너희 육신에서 굳은 마음을 제거하고
> 부드러운 마음을 줄 것이며 또 내 영을 너희 속에 두어
> 너희로 내 율례를 행하게 하리니 너희가 내 규례를 지켜 행할지라

에스겔서 36장은 이방 땅 바벨론에 잡혀갔던 이스라엘 백성이 하나님의 약속에 따라 다시 가나안 땅으로 돌아가는 내용입니다. 하나님은 포로로 잡혀갔던 그들을 회복시켜 자신의 영광을 드러내실 것을 말씀하십니다. 그런데 그냥 돌아가게 하지 않습니다. 다양한 이미지를 사용해서 도덕적, 영적 변화를 말

씀합니다.[7] 25절을 보시면 '정결하게 하셔서' 돌아가게 합니다. 이것은 '모든 더러운 것에서와 모든 우상 숭배'로부터의 정결함입니다.

그들에게 정결함이 가장 필수적인 이유가 무엇일까요? 이스라엘 백성이 포로로 잡혀갔던 이유가 불순종하여 죄를 지었기 때문입니다. 그들은 긍휼의 하나님께 회개하여 돌아올 것을 경고한 선지자들의 울부짖음에도 불구하고 하나님의 말씀에 불순종했습니다. 그들은 마음에 하나님 두기를 싫어했습니다. 죄악의 길로 길어가기를 서슴지 않았습니다. 하나님을 예배하기보다는 세상의 모든 유익을 따라 우상 숭배하기를 즐거워했습니다. 이는 인간의 타락한 성품이 어떤지를 그대로 보여주고 있습니다. 그들을 다시 약속의 땅으로 돌아오게 한들, 사람의 근본인 마음이 변하지 않으면 안 되었던 것입니다. 그래서 이스라엘을 회복시키실 때 그들의 마음을 모든 더러운 것에서, 모든 우상 숭배로부터 깨끗하게 하는 정결함이 필요했습니다.

그런 다음, 하나님께서 회복된 이스라엘 백성에게 다시는 우상을 섬기지 않도록 하는 데 필요한 3가지 약속을 주십니다. 정결케 하는 것을 확실하게 하시겠다는 하나님의 의지입니다. 첫째는 25절에 '그들에게 맑은 물을 뿌리시고', 둘째는 26절에 '새 영과 새 마음을 주시고', 마지막 셋째는 27절에 '내 영, 성령을' 주실 것을 약속하십니다. 이 3가지는 각각 따로따로 주시는 듯하지만, 하나의 세 가지 측면을 묘사합니다. 삼각형의 세 면을 생각하면 쉽습니다. 더러운 것과 우상 숭배로부터 정결케 하는 세 가지 약속은 우리를 새사람으로 만드는 것과 관련 있습니다. 유아세례를 받는 핵심과 연결됩니다. 마치 세례식의 장면과도 유사함을 느끼실 것입니다.

---

7. John B. Taylor, *Ezekiel: An Introduction and Commentary*, Tyndale Old Testament Commentaries, Vol. 22 (Downers Grove: IVP, 1969), 225.

첫 번째 면입니다. 하나님은 물을 뿌려서 우상 숭배와 더러움으로부터 깨끗하게 하겠다고 합니다. 이것은 구약의 제사장이 죄로부터 오염된 사람, 병, 지역을 제물의 피를 뿌려서 죄를 정화했던 것의 은유적 표현입니다(히 9:19-22).[8] 인간 제사장과 달리 하나님이 맑은 물을 사용하신 것은 더러운 것을 확실하게 보여주기 위함입니다. 오염되고 더러운 것을 닦아내는 데는 물만한 것이 없습니다. 이렇게 하나님은 우상 숭배의 타락으로부터 오염된 마음을 맑은 물로 깨끗하게 씻어내실 것을 약속해주셨습니다.

우리의 마음이 깨끗하게 씻겨야 하는 이유는 잠언 4장 23절에서 "모든 지킬 만한 것 중에 더욱 네 마음을 지키라 생명의 근원이 이에서 남이니라" 한 것과 마찬가지로 나의 모든 행위는 마음에서 나오기 때문입니다. 우리가 흔히 쓰는 말이 증명합니다. "마음먹기 나름이다", "마음 씀씀이", "네 맘대로 해라", "마음이 뜨다", "마음을 앗아갔다", "마음을 집중한다", "마음을 쏟아라" 등등이죠. 마음이란 우리의 결정과 성향, 의지, 생각, 감정, 사랑의 호의, 생각하는 힘, 기억, 관심, 심지어 옳고 그름이나 좋고 나쁨의 심리 상태를 포괄하는 인간의 중추적인 역할을 하는 곳입니다. 그래서 에스겔서 36장 26절도 굳은 마음이 제거된 부드러운 마음인 새 마음을 말하고 있습니다.

두 번째 면입니다. 하나님은 마음을 맑은 물로 씻은 뒤에 '새 영과 새 마음'을 주실 것을 약속합니다. 새로워진 마음은 인간의 가장 본질적인 것으로 의지가 새롭게 됨을 말합니다. 마음에는 감정뿐 아니라 의지도 포함되기 때문입니다.[9] 죄와 비참함 가운데 있는 인간의 마음은 우상 숭배로 가득하여 하나님에 대하여 굳은 마음이었습니다. 굳은 마음이란 굳센 의지로, 굳은 결기와 같

---

8. Daniel I. Block, *The Book of Ezekiel Chapters 25-48*, The New International Commentary on the Old Testament (Grand Rapids: Eerdmans, 1998), 354.
9. Taylor, *Ezekiel*, 225-226.

은 표현을 할 때는 긍정적인 면도 있지만, 여기서는 돌과 같이 딱딱한 마음, 차가운 마음, 무감각한 마음, 절대 바꾸려 하지 않는 완고한 마음처럼 부정적인 의미로 사용되었습니다.[10] 굳은 마음은 진리를 싫어하는 모습, 하나님을 자기 마음에 두기 싫어하는 모습으로 표현됩니다. 그런데 하나님이 새 영과 새 마음을 주시자 완고하고 돌과 같은 딱딱한 마음이 금방 부드러운 마음, 순종하는 마음, 하나님 두기를 좋아하는 마음으로 바뀌게 됩니다.

마지막으로 세 번째는 더러운 마음을 깨끗하게 하고, 새 영과 새 마음을 누가 주시는지 말씀해줍니다. 바로 성령 하나님입니다. 이 사실을 에스겔서 37장은 마른 뼈가 성령 하나님에 의해 살아나는 광경으로 묘사합니다. 죽은 사람의 마른 뼈에 하나님이 명령하십니다.

> 생기야 사방에서부터 와서 이 죽음을 당한 자에게 불어서 살아나게 하라
> _겔 37:9

그러자 뼈에 힘줄과 살이 덮이고 가죽이 입혀져 흩어져 있던 이 뼈, 저 뼈가 들어맞을 뿐 아니라 생명을 얻어 다시 살아나 큰 군대를 이루는 장관이 펼쳐집니다. 얼마나 놀랍고 신기한 일입니까? 누가 이런 일을 상상할 수 있겠습니까? 누가 이 일을 명령한다고 이루어지겠습니까? 천지를 창조하신 우리 하나님의 명령으로 이루어진 일입니다. 마치 태초에 하나님이 사람을 지으시고 그 코에 생기를 부어 생령이 되게 하신 것처럼(창 2:7), 죽어 소망 없는 마른 뼈에 "생기야 사방에서부터 와서 이 죽음을 당한 자에게 불어서 살아나게 하라…" 하신 것이죠. 여기서 생기는 곧 "내 영"이기도 합니다(겔 37:14). 이 생기를 불어

---

10. Block, *The Book of Ezekiel*, 355.

넣으시는 분이 삼위일체 세 번째 위격이신 성령 하나님입니다.

이상을 정리하면, 우리가 거듭나지 않으면 하나님 나라를 볼 수 없기에, '하나님의 영'이 우리의 모든 더러운 것과 우상 숭배로부터 정결케 하십니다. 이때, 하나님 영은 우리의 굳은 마음을 제거하여 살과 같이 부드러운 마음을 주어 하나님을 사랑하고, 그분을 예배하는 자로서 살아가게 하십니다. 이것은 우리와 마찬가지로 이제 태어난 우리 아이들이 죄와 비참의 자식으로서 진노와 심판을 받아야 하지만, 하나님 나라에 들어갈 수 있는 유일한 방법이 있음을 알려줍니다. 우리는 모두 물과 성령으로 우리의 죄를 씻어야만, 그렇게 거듭나야만, 하나님 나라에 들어갈 수 있습니다.

예식문 〈세례의 본질〉과 〈웨스트민스터 예배모범〉은 다음과 같이 말합니다.

세례의 본질

세례 받을 때의 물은 우리의 모든 죄책과 원죄와 자범죄를 용서하여 주시는 그리스도의 피를 나타내는 의미입니다. 더하여 죄의 지배와 악한 본성의 부패를 거룩하게 하는 그리스도의 영(성령)의 능력도 나타냅니다.

웨스트민스터 예배모범, 6 성례의 집례 세례에 대하여

세례에서의 물은 죄, 곧 원죄와 자범죄의 모든 죄책을 제거하는 '그리스도의 피'이며, '죄의 권세'와 '우리의 죄 있는 본성의 부패'에 대한 그리스도의 공로로 우리를 '죄에서 깨끗하게 하신 것'도 상징한다.

우리 자녀 모두가 죄와 비참 아래에서 태어났기에 깨끗하게 되기 위해서는 세례가 필수입니다. 물로 씻고 뿌리는 것을 통해 그리스도의 공로와 피로 우리의 수치스러운 죄가 깨끗하게 되고, 그리스도의 죽음과 부활의 능력으로 죄를 죽이며 죄에서 새 생명을 얻게 되니까요. 아우구스티누스는 이렇게 말했습니다.

"유아들이 세례를 받음으로써 죄를 용서받는 것은 허황한 이야기가 아니라, 믿을 만한 참된 신비이며 그리스도의 은혜에 의해서 마귀의 속박에서 구출된다."[11]

그러므로 신자의 아이들은 꼭 유아세례를 받아야 합니다. 하이델베르크 요리문답 73문답의 고백을 다함께 봅시다.

문: 그러면 왜 성령께서는 세례를 "중생의 씻음"과 "죄를 씻음"이라 하셨습니까?

답: 하나님께서 그렇게 말씀하신 데에는 중요한 이유가 있습니다. 하나님께서는 몸의 더러운 것이 물로 씻겨지듯이 우리의 죄가 그리스도의 피와 성령으로 없어짐을 우리에게 가르치려 하셨습니다. 더 나아가서 우리의 죄가 영적으로 씻겨지는 것이 우리의 몸이 물로 씻겨지는 것처럼 매우 실제적임을 이러한 신적 약속과 표로써 우리에게 확신시키려 하셨습니다.

요리문답은 유아들도 자신의 죄를 그리스도의 피와 성령으로 씻음 받아야 함을 말합니다. 그리고 계속해서 "유아들도 어른들과 마찬가지로 하나님의 언

---

11. 아우구스티누스, 『아우구스티누스의 은혜론』, 김종흡 역 (서울: 생명의말씀사, 1990), 162.

약과 교회에 속하였고, 또한 어른들 못지않게 유아들에게도 그리스도의 피에 의한 속죄와 믿음을 일으키는 성령이 약속되어 있기 때문이다"라고 설명합니다.[12] 유아들도 삼위 하나님의 뜻에 따라 성부 하나님의 은혜 가운데 받아들여지고, 성령 하나님을 통해 거듭날 수 있으며, 믿음의 씨앗을 은사로 받을 수 있다고 합니다.[13]

만약, 헌아식처럼 유아들이 자신의 신앙을 스스로 고백하는 시기까지 기다려야 한다면, 성인들에게 제공된 하나님의 약속을 금지하는 일이 됩니다. 그뿐 아니라 아이들 안에 있는 타락한 죄 씻음이 실제로 나타나기를 지연시키는 일임과 동시에 그들에게 약속된 성령 하나님의 일하심을 인간이 막는 결과를 가져오게 됩니다. 인간의 믿음과 신앙고백의 확실성을 판단하는 일은 우리의 몫이 아닙니다. 우리는 어떤 사람의 신앙도 판단할 수 없고, 진실성을 증명할 수도 없기 때문입니다. 따라서 우리는 우리의 자녀에게 유아세례를 베푸는 것을 주저할 필요가 없습니다.

---

12. 독립개신교회 교육위원회, 『하이델베르크 요리문답』 (서울: 성약출판사, 2005), 108-109.
13. 헤르만 바빙크, 『개혁교의학 4권』, 박태현 역 (서울: 부흥과개혁사, 2012), 620.

질문 및 나눔

1) 자녀를 하나님의 선물로 받아들이나요?

2) 선물로 받은 자녀가 어떻게 자라기를 기대하나요?

3) 어린 자녀가 죄와 비참에 있다는 것에 대해 어떻게 생각하나요?

4) 우리 자녀가 유아세례 받는 것을 확신하나요?

2장 언약 안에 있는 자녀

유아세례의 근거

우리는 아이가 말씀에 따라 거룩한 순종으로 유아세례 받기를 원합니다. 내 아이가 죄로 인한 사망과 저주의 삶이 아닌 성령 하나님께서 주시는 참된 자유와 기쁨 가운데 생활하기를 원합니다. 그런데 여기서 잠시, 우리가 반드시 풀어야 할 의문점이 하나 있습니다.

"막 태어난 아기의 믿음을 확인도 하지 않고 세례를 주는 것이 가능할까?"

이는 믿음과 세례의 관계를 묻는 것으로 유아세례를 뒤로 미루거나, 반대하는 사람들이 주장하는 내용이기도 합니다. 신약 성경은 누구든지 믿고 회개하는 자에게 세례를 베풀라고 거듭 명령하기 때문입니다.

예수님은 니고데모에게 물과 성령으로 거듭나서 하나님 나라에 들어가기 위해서는 독생자를 믿어야 한다고 하셨습니다(요 3:16). 분명히 예수 그리스도를 '믿는 자'마다 영성을 얻게 하신다고 약속하셨습니다. 이렇게 세례는 믿음과 관련이 있어 보입니다. 믿음을 고백하는 신앙고백이 중요합니다. 로마서 10장 9-10절은 더 분명하게 말합니다.

> 네가 만일 네 입으로 예수를 주로 시인하며
> 또 하나님께서 그를 죽은 자 가운데서 살리신 것을
> 네 마음에 믿으면 구원을 받으리라
> 사람이 마음으로 믿어 의에 이르고
> 입으로 시인하여 구원에 이르느니라

이어서 사도 바울은 요엘서 2장 32절을 인용하면서 말합니다.

> 누구든지 주의 이름을 부르는 자는 구원을 받으리라
> 그런즉 그들이 믿지 아니하는 이를 어찌 부르리요
> 듣지도 못한 이를 어찌 믿으리요 전파하는 자가 없이 어찌 들으리요
> 보내심을 받지 아니하였으면 어찌 전파하리요 기록된 바
> 아름답도다 좋은 소식을 전하는 자들의 발이여 함과 같으니라 _롬 10:13-15

바울은 줄기차게 입으로 예수님을 구주로 시인하여 마음에 믿어야 구원을 받는다고 합니다. 이쯤에서 다음과 같은 질문이 꼬리를 잇습니다.

"말뿐 아니라 내용을 이해하기도 어려워하는 아이에게 무조건 세례받게 하는 것은 문제 있지 않을까요? 우선, 아이에게 복음을 통해서 인생의 비참함을 알도록 하고, 예수 그리스도의 복음을 맛보도록 도와준 다음, 자신의 입으로 신앙고백을 하도록 기다리는 것이 더 성경적이지 않을까요?"

유아세례를 반대하는 침례교 신학자이자 목회자인 존 파이퍼는 예수님의 복음을 듣지 않고도 구원이 있을 수 있다고 말하는 사람의 주장을 다음과 같이 반박합니다. 첫째, "그들이 믿지 아니하는 이를 어찌 부르리요"라는 말은 우리가 그리스도를 주님이라고 부를 수 있는 것은 하나님이 우리를 부르셔서

믿음을 주셨기 때문입니다. 우리가 구원을 받기 위해서 먼저 부르짖어야 믿음이 생긴다는 주장을 반박합니다. 하나님이 우리에게 믿음을 주셔야 우리는 구주 예수님을 주님이라고 부를 수 있습니다. 둘째, "전파하는 자가 없이 어찌 들으리요"라는 질문은 복음에 나타난 그리스도의 메시지를 듣는 일을 전제했기 때문에, 듣지 않고는 구원의 믿음에 이를 수 없다고 반박합니다. 복음을 듣지 않고서는 믿지 못한다는 것이죠. 셋째, "보내심을 받지 아니하였으면 어찌 전파하리요"라는 질문은 복음 선포자의 존재를 전제하므로 사람들은 복음 전파자를 어떤 식으로든 만나야 그리스도어 대해 들을 수 있다고 합니다.[1]

파이퍼의 설명에 따르면, 믿음과 구원의 관계는 복음 전파와 복음의 이해와 밀접함을 알 수 있습니다. 유아들의 경우, 전파하는 자를 통해서 복음을 듣지 못했고, 복음을 들었다 할지라도 그리스도의 메시지를 이해하지 못합니다. 유아들에게 믿음이 있는지 없는지를 확인할 길이 없습니다. 그러므로 믿음을 확인할 수 없는 유아에게는 세례를 주면 안 될 것입니다.

하지만 우리는 유아들에게 세례를 주고 있고, 줘야 한다고 주장합니다. 왜 그럴까요? 오히려 우리 예수님도 마가복음 16장 16절에서 "믿고 세례를 받는 사람은 구원을 얻을 것이요 믿지 않는 사람은 정죄를 받으리라"라고 분명히 말씀하셨습니다. 베드로 사도 또한 "너희가 회개하여 각각 예수 그리스도의 이름으로 세례를 받고 죄 사함을 받으라"(행 2:38)라고 했습니다. 회개와 믿음은 복음에 대한 반응이요, 복음에 대해 반응한 사람의 결과는 세례로 나타납니다.[2]

---

1. 존 파이퍼, 『오직 예수』, 김재영 역 (서울: 복있는사람, 2012), 130-131.
2. 바빙크는 역사적으로 유아세례를 거부하는 이유가 두 가지임을 소개한다. 첫째, 유아세례는 성경에 나오지 않으며 둘째, 세례의 본래 제정에 따르면 세례는 유아들에게 발생하지 않거나 어쨌든 드러날 수 없고 인정될 수 없는 믿음과 회개를 언제나 전제한다고 한다. 바빙크, 『개혁교의학 4권』, 615-620.

1장을 통해서 살펴본 것과 같이 유아세례의 필수성을 어느 정도 확인했다 할지라도 믿음의 고백이 없는 아이에게 세례를 베풀 근거가 어디에 있는지 궁금해집니다. 이제부터 우리가 함께 살펴볼 내용입니다.

아담과 그리스도

아래 예식문은 유아에게 유아세례를 베푸는 이유를 다음과 같이 말합니다.

> **세례의 근거**
> 비록 우리의 자녀들이 이 모든 것을 이해하지 못한다고 하더라도 그것 때문에 자녀들을 세례에서 배제해서는 안 됩니다. 마치 그들이 알지 못하면서도 아담이 받은 정죄에 참여한 것처럼, 그들이 알지 못하여도 그리스도 안에서 은혜로 하나님의 자녀로 입양되었습니다.

우리는 복음을 이해하지 못하여 믿음을 갖지 못하는 유아들의 상태를 인정합니다. 인간이 얼마나 심각한 죄와 비참한 상태에 빠져 있는지, 하나님이 얼마나 크신 사랑과 은혜로 우리의 죄를 깨끗하게 해주시는지를, 유아들은 이해하지 못합니다. 이러한 사실을 인정하면서도 유아들을 세례에서 배제하지 않는 이유는 무엇일까요? 그 이유는 하나님께서 사람과 맺은 언약 때문입니다. 앞서 본 예식문에서 유아들이 세례를 받아야 하는 근거로 아담과 그리스도의 비교로 시작하여 하나님이 아브라함과 맺은 영원한 언약을 설명하는 이유도

이 때문입니다.

창조주이신 하나님은 피조물인 인간과 교제하며 복을 주시기 위해 자신을 우리와 같은 눈높이로 스스로 낮추어 언약을 맺으셨습니다. 하나님은 이 언약을 통해 당신의 선하심과 의로우심과 진실하심, 사랑과 공의를 드러내셨습니다. 언약은 하나님과 인간 대표자 쌍방이 어떤 조건과 약속을 매개로 체결되었습니다. 하나님은 이 언약을 통해서 피조물이 하나님만 영원토록 즐거워하여 영광 돌리도록 하셨습니다. 이 목적을 위해서 구약과 신약 시대에 다양한 방식으로 언약이 실행된 것입니다(웨스트민스터 7장 하나님께서 사람과 맺으신 언약 참고).

성경은 하나님과 언약의 체결 대상자를 크게 두 부류로 나눠 설명합니다. 첫 사람 아담과 마지막 아담입니다. 다 알다시피, 첫 사람 아담은 모든 인류의 조상입니다. 그러면 마지막 아담은 누구입니까? 예수 그리스도가 둘째 아담, 또는 마지막 아담이라 불립니다. 그리스도가 마지막 아담이라 불리는 이유는 고린도전서 15장 45절의 "기록된 바 첫 사람 아담은 생령이 되었다 함과 같이 마지막 아담은 살려주는 영이 되었나니"라는 성경의 가르침을 따른 것입니다. 여기서 '마지막 아담인 살려주는 영'이 '그리스도'를 말하고 있습니다.

하나님은 첫 사람 아담과 마지막 아담인 그리스도와 언약을 맺으셨습니다. 이들이 모든 인류를 대표하여 하나님과 언약을 맺은 겁니다. 하나님은 인간 모두와 개별적으로 언약을 체결하신 것이 아니라 대표자(앞선 조상들과 현재의 우리 그리고 앞으로 태어날 모든 자손과 더불어)를 통해서 일하셨습니다.

여기서 말하는 대표의 원리는 대단히 중요한 개념입니다. 우리가 개별화되고 파편화된 개인주의 사회에 살고 있다보니, 내가 인정하기 싫은 개념은 부정하려는 경향이 있습니다. 내 동의 없이 이루어진 일들이 나에게 영향을 끼치는 것을 꺼립니다. 하지만 우리의 정서적 반감과는 별개로, 대표자 원리는 일상화되어 있습니다. 집에서는 가장인 아빠가 학교에서는 교장 선생님이, 국가

차원에서는 대통령이 우리를 대표하여 각종 계약⁽언약⁾에 서명합니다. 나의 동의와 상관없이 그들의 결정에 따라 체결된 계약은 우리에게 많은 영향을 줍니다. 만약 아빠가 새로운 집을 계약한다면 나를 포함한 가족 모두 이사해야 합니다. 나는 동의하지 않았으니 '이번 일은 무효'라고 할 수 없습니다. 이러한 대표의 원리는 대리자의 개념이 아니라, 대표자 안에서, 대표자와 함께 연합된 개념입니다. 대표자의 결정과 행위는 소속된 모든 구성원에게 영향을 줍니다.

첫 사람 아담은 창조 때에 인류를 대표하여 하나님과 언약을 맺었습니다. 첫 아담이 맺은 언약은 행위 언약 또는 생명의 언약, 자연 언약이라고 다양하게 부릅니다. 어떻게 부르던 상관 없이, 중요한 것은 하나님이 아담에게 모든 언약의 기본 원리인 '완전하고 인격적인 복종으로서 순종'을 조건으로 생명을 약속하셨다는 사실입니다(웨스트민스터 대요리문답 20문). 하나님이 약속한 생명은 참된 지식과 의와 거룩함 가운데 하나님의 법을 즐겨 행함으로 그분과의 관계에서 진정한 행복을 누리는 것 이상이었습니다. 하나님은 아담과 언약에서 차원이 다른 하늘에 속한 생명을 약속하신 것입니다. 하지만 아담은 사단의 꾐에 넘어가 선악을 알게 하는 나무의 실과를 먹음으로써 언약을 파괴하는 죄를 범했습니다. 아담이 죄를 지어 세상에 죄가 들어왔으며, 그 후 자손들도 그와 함께, 그 안에서 타락한 것입니다. 로마서 5장 12절은 이 사실을 다음과 같이 말해줍니다.

> 그러므로 한 사람으로 말미암아 죄가 세상에 들어오고
> 죄로 말미암아 사망이 들어왔나니
> 이와 같이 모든 사람이 죄를 지었으므로
> 사망이 모든 사람에게 이르렀느니라

예식문은 우리와 우리 자녀가 아담이 받은 정죄에 참여했다고 말합니다. 하나님과 아담 사이에 맺은 언약 안에서 우리는 하나로 묶여 있음을 보여줍니다.[3] 이렇게 생각하면 참 억울합니다. 내가 저지르지도 않은 죄 때문에, 하나님의 진노와 저주 아래 있게 되었으니 말입니다. 죄로 인한 상태는 생각보다 심각합니다. 이 상태는 창즈 시에 받은 의의 결핍을 가져오고, 모든 영적인 선(善)을 전적으로 싫어하며, 행할 능력도 없고, 오히려 악으로 계속 기웁니다.[4] 우리가 이 땅에서 겪는 고통과 저주가 첫 사람 아담 안에서 타락했기 때문입니다.

그러나 다행스럽게도 우리는 이 상태에 계속 머물지 않습니다. 하나님의 아름답고 선하신 뜻에 따른 구원의 원리가 있기 때문입니다. 이것을 사람의 구원에 관한 영원하신 성부 하나님과 성자이신 예수 그리스도 사이에 맺어진 '평화의 의논'으로 구속 언약이라고 합니다(슥 6:13, 사 49:5-12). 여기서 갑자기 구속 언약을 언급한 이유는 당신을 더 혼란스럽고, 미궁에 빠뜨리기 위해서가 아닙니다. 은혜로우신 하나님의 일하심을 함께 고백하기 위해서입니다. 구속 언약에서 주님께서 무엇을 하시기로 하셨을까요? 마지막 아담이신 그리스도께서는 하나님이 첫 사람 아담에게 행위 언약에서 요구하셨던 모든 내용을 온전하게 성취하셨을 뿐 아니라 은혜 언약의 당사자인 택자들의 중보자와 복음

---

3. 웨스트민스터 대요리문답 22문답에서 다음과 같이 고백한다. 문: 온 인류가 아담이 처음 죄를 지을 때 타락했습니까? 답: 아담은 인류를 대표하는 자로서, 하나님께서 아담과 맺은 언약은 아담만이 아니라 아담의 후손과도 맺은 것이므로 보통의 출생으로 아담에게서 나오는 온 인류는 아담이 처음 죄를 지을 때 아담 안에서 죄를 짓고 아담과 함께 타락했습니다. 웨스트민스터 총회, 『웨스트민스터 대교리문답 노트』, 58.

4. 대요리문답 25문: 사람이 타락한 상태에서 죄는 어떤 것이 있습니까? 답: 사람이 타락한 상태에서 죄는 원죄와 본죄(자범죄)가 있는데, 원죄는 아담이 처음 지은 죄에 대한 죄책과 창조되었을 때 받은 의의 결핍과 본성 전체의 부패, 그리고 이로 말미암아 사람이 영적으로 선한 모든 것을 매우 싫어하고, 행할 능력도 없으며, 선한 모든 것에 거역하는 것, 그리고 마음이 악을 향해 전적으로, 또 계속적으로 기울어지는 것을 말합니다. 본죄는 이 원죄로부터 나와 실행되는 모든 죄입니다. 웨스트민스터 총회, 『웨스트민스터 대교리문답 노트』, 60.

의 보증인으로서 역할을 하기로 하셨습니다.[5]

이것을 예식문은 우리가 아담의 정죄에 참여함과 같이, 우리가 알지 못하여도 하나님의 은혜로 구원받는다고 합니다. 우리가 아담 안에서 함께 죄를 지음으로 죄인이 되어 정죄의 심판을 받아야 하는데, 하나님의 은혜로우신 구속 언약 가운데서 그리스도의 완전한 순종으로 의인이 되었다는 말입니다. 구속 언약은 시간 속에서 우리에게 은혜 언약으로 나타나게 됩니다. 결국, 그리스도 안에서 행위 언약 가운데 주어진 영원한 생명이 우리가 사는 이 시간 속에서 은혜 언약으로서 그리스도를 통해 그와 연합된 자들에게 주어진 것입니다. 이것이 마지막 아담과 맺은 언약인 은혜 언약입니다(웨스트민스터 신앙고백서 7장 3절). 그러므로 우리와 우리 자녀는 은혜 언약 가운데 있으므로 죄와 비참으로 멸망하지 않고 구원에 이릅니다(대요리문답 30문, 소요리문답 20문). 로마서 5장 10절은 이렇게 말합니다.

> 곧 우리가 원수 되었을 때에
> 그의 아들의 죽으심으로 말미암아 하나님과 화목하게 되었은즉
> 화목하게 된 자로서는 더욱 그의 살아나심으로 말미암아
> 구원을 받을 것이니라

바울 사도는 이 사실을 로마서 5장 15-17절에서 다음과 같이 말합니다.

> … 한 사람 예수 그리스도의 은혜로 말미암은 선물은
> 많은 사람에게 넘쳤느니라

---

5. 안상혁, 『언약신학 쟁점으로 읽는다』 (서울: 도서출판 영음사, 2014), 196.

또 이 선물은 범죄한 한 사람으로 말미암은 것과 같지 아니하니
심판은 한 사람으로 말미암아 정죄에 이르렀으나
은사는 많은 범죄로 말미암아 의롭다 하심에 이름이니라
한 사람의 범죄로 말미암아 사망이 그 한 사람을 통하여
왕 노릇 하였은즉 더욱 은혜와 의의 선물을 넘치게 받는 자들은
한 분 예수 그리스도를 통하여 생명 안에서 왕 노릇 하리로다

존 파이퍼는 이 구절을 다음과 같이 설명해줍니다.

"십자가의 순종으로 이루어진 그리스도의 사역은 인류 전체가 겪는 곤경에 대한 하나님의 응답으로 제시되고 있습니다. 십자가는 아담을 통해 모든 인류에게 닥친 정죄를 해결해주는 많은 길들 가운데 한 가지 방법으로서 제시된 것이 아닙니다. 그리스도 예수 한 사람의 순종은 인류 전체의 타락에 대한 하나님의 응답입니다."[6]

첫 사람 아담은 인류에게 죄와 비참이라는 선물을 주었지만, 마지막 아담인 그리스도는 '죄책으로부터의 해방'이라는 하나님의 은혜를 선물로 주었습니다. 또한 첫 사람 아담이 잃어버린 생명을 마지막 아담이 영원한 생명으로 얻게 했습니다. 그뿐이 아닙니다. 첫 아담 때문에 우리는 죄에 대해 왕 노릇 했지만, 마지막 아담인 그리스도를 통해서 우리는 새로운 생명 안에서 왕 노릇 합니다.[7] 이 새로운 생명의 왕 노릇은 타락 전 아담도 누리지 못했던 일입니다. 오직 그리스도 안에서, 그리스도와 함께 의와 평강과 희락의 왕 노릇이기 때문입니다. 이 모든 것은 하나님이 주신 은혜 언약 때문입니다.

---

6. 파이퍼, 『오직 예수』, 69.
7. 김헌수, 『영원한 언약』 (서울: 성약, 2014), 107.

유아세례를 줄 수 있는 확실한 근거는 마지막 아담이신 그리스도 안에서 주어진 은혜 언약 때문입니다. 언약의 원리는 첫 사람 아담과 마지막 아담인 그리스도에게 똑같이 적용됩니다. 우리에게 첫 사람 아담의 타락만 전가되고, 구원의 은혜인 그리스도가 주어지지 않는다는 것은 있을 수 없습니다. 우리는 은혜 언약에 근거하여 그리스도께서 주시는 무한한 은혜를 바라보면서 우리 자녀에게 세례를 주는 것입니다.

하지만 의문은 여전히 남습니다. 인류가 타락한 것이 아담이 언약을 어긴 죄 때문이라면, 똑같은 방식으로 예수 그리스도의 은혜 언약은 모든 인류에게 은혜를 주어야 하는 것이 아니냐고 말입니다. 하지만 안타깝게도 은혜 언약은 마지막 아담인 그리스도와 하나님께서 택하신 백성과 맺은 것입니다(웨스트민스터 대요리문답 31문). 그렇다면 누가 하나님의 택하신 백성입니까? 질문을 바꿔서, 은혜 언약의 유익은 택하신 자에게 어떤 방식으로 드러납니까? 즉, 우리는 어떤 과정을 통해서 은혜 언약의 당사자라는 사실을 확인하게 됩니까? 믿음입니다. 은혜 언약의 유익은 예수 그리스도를 믿는 자에게 주어집니다. 대요리문답 32문답을 봅시다.

문: 하나님의 은혜가 두 번째 언약에는 어떻게 나타났습니까?
답: 하나님의 은혜는 두번째 언약(은혜 언약)에서 다음과 같이 나타났습니다. 하나님께서는 죄인들을 위해 한 중보자를 예비하시고 주시는데, 중보자로 말미암아 죄인들이 생명과 구원을 받게 하십니다. **그리고 죄인들이 중보자와 관계를 맺을 수 있도록 믿음을 요구하시는데**, 하나님께서 택하신 모든 사람에게 성령을 약속하시고 주셔서 그들로 믿게 하시며, 그들에게 다른 모든 구원의 은혜도 베풀어주십니다. **또 택함 받은 사람들이 모든 일에 거룩하게 순종할 수 있게 하십니다.** 이러한 순종은 하나님께

대한 그들의 믿음과 감사가 진실하다는 증거이며, 하나님께서 택하신 자들을 구원하기 위해 정하신 방법입니다.

우리는 처음에 믿음이 없는 아이에게 세례를 주는 근거가 무엇인지 살피면서 언약을 공부하고 있었는데, 다시 믿음으로 돌아왔네요. 예수 그리스도를 믿는 믿음이 언약 안에 있다는 증거가 되니까요. 하지만 대요리문답 32문답을 더 자세히, 끝까지 살펴봅시다. 여기서 누가 믿음을 가지고 있다고 합니까? 하나님께서 주신다고 했던 자들입니다. 계속해서 하나님은 '예비하시고 주시는데', '그들로 믿게 하시며', '구원의 은혜도 베풀어주시고', '순종할 수 있게' 하신다고 합니다. 하나님의 부르심을 받은 택자는 언약 안에서 믿음을 선물로 받아 소유하게 되고, 하나님의 말씀에 따라 모든 일을 감사함으로 거룩하게 순종하게 된다는 것입니다. 이 부분이 아브라함과 맺은 영원한 언약에서 좀 더 분명하고 명확하게 드러납니다. 함께 살펴봅시다.

아브라함과 맺은 언약

> **세례의 근거**
>
> 왜냐하면, 하나님께서는 모든 믿는 자의 조상인 아브라함에게 "내가 내 언약을 나와 너와 너 대대 후손의 사이에 세워 영원한 언약을 삼고 너와 네 후손의 하나님이 되리라"(창 17:7)라고 말씀하셨는데, 이것은 또한 우리와 우리의 자녀에게도 주시는 말씀이기 때문입니다.

예식문은 아담과 그리스도의 언약을 비교한 다음에, 유아세례의 근거로 아브라함과 맺은 영원한 언약을 언급합니다. 아브라함과 맺은 언약의 독특성은 아담이 언약을 어긴 이후에, 하나님의 무조건적인 부르심 안에서 노아 언약과 마찬가지로 아브라함 개인이 아니라 우리 자녀를 포함하는 영원한 언약에 있습니다. 아브라함의 언약은 은혜 언약 안에서 믿음과의 관계를 가장 선명하고 명확하게 드러냅니다.

아브라함이 어떻게 하나님과 언약을 체결했으며, 믿음을 소유했습니까? 하나님은 주도적으로 아브라함을 선택하시고 부르셔서 언약을 체결하셨습니다. 하나님은 아브라함에게 어떤 행위의 공로도 요구하지 않으시고, 큰 복으로써 자기 자신을 방패와 상급으로 주셨습니다. 아브라함은 이 약속의 하나님을 믿었습니다. 그리고 하나님은 이 복을 아브라함의 후손에게도 주시겠다고 하시면서 영원히 아브라함과 그 후손의 하나님이라고 선언하십니다. 즉, 하나님께서 택하신 자의 하나님이 되시겠다는 선언이었습니다. 그리고 이 선언을 확증하는 표징인 할례를 요구하십니다.

아브라함의 언약이 은혜 언약인 이유는 하나님이 아브라함을 부르신 목적과 그를 의롭다고 하신 믿음, 그리고 믿음의 열매로서 순종을 요구하시는 것이 모두 은혜로 주어졌기 때문입니다. 아브라함이 지명되어 부르심을 받은 이유가 자신에게 있지 않습니다. 아브라함의 인생은 철저하게 하나님의 은혜의 현장이었습니다. 이런 이유로 은혜 언약 안에 있는 유아에게 세례를 줍니다. 신앙의 부모 안에서 언약 자손으로 받아들이기 때문입니다. 유아는 오직 은혜 언약 안에서 성령 하나님을 통하여 믿음을 받게 될 것입니다.

이제, 우리를 혼란스럽게 했던 질문에 답할 수 있게 되었습니다. 은혜 언약의 유익이 예수 그리스도를 믿는 자에게 주어진다는 뜻이 무엇인지 말이죠. 더 정확하게 표현하자면, 은혜 언약 안에 부르심을 받은 자들은 예수 그리스도를 믿는 믿음을 선물로 받을 뿐만 아니라 인생을 통해서 거룩한 순종과 감사의 삶을 살게 됩니다. 이것이 바로 아브라함이 믿음의 조상으로 불린 이유입니다.

그런데 왜 아브라함은 은혜 언약의 표징으로서 할례를 받아야 했을까요? 하나님은 왜 은혜 언약이라고 하면서 할례를 행하지 않으면 언약 배반이라고 하셨을까요?(창 17:14) 행위 언약과 달리, 은혜 언약은 우리 공로나 의무로서의 행위가 없는데 말이죠. 왜냐하면 아브라함과 맺은 언약은 개인이 아니라, 후손을 포함한 영원한 언약이기 때문입니다. 하나님은 아브라함에게 할례 언약을 '내 언약'이라 말씀하십니다. 이 강조는 17장에서 여러 번 반복해 나타납니다. 본문을 천천히 살펴보시면, 총 9번 언약이 나타남을 알 수 있습니다(2, 4, 7, 9, 10, 13, 14, 19, 21절). 하나님께서 언약을 말씀하시면서 '언약의 성취'(2, 6, 21절)와 '함께하심'(4, 5, 8, 19절)도 강조합니다. 할례 언약의 내용으로는 자손과 땅, 하나님 자신을 주시는 것입니다(창 12:2-3, 13:14-16, 15:4-6). 하나님께서 처음 아브라함을 부르실 때 약속하셨던 것을 언약 체결을 통해서 "너와 네 대대 후손"에게 주시겠다는 확증의 말씀입니다. 그러므로 이 할례는 언약 성취의 확실함을 '표시'하기 위해 아브라함뿐만 아니라 그의 자손이 행해야 했던 것입니다.

언약 성취의 확실함을 표시하기 위한 표징으로서 할례를 명령하신 이유는 할례의 기능 때문이었습니다. 할례는 남자의 생식기 껍질을 조금 잘라내는 일입니다. 생식기는 아주 소중하고 은밀한 곳입니다. 배뇨 활동의 기능도 있지만, 가장 중요한 기능은 자녀 생산입니다. 죄는 우리의 육체 안에서 활동하면서 생식기에서 그 권세를 드러냅니다. 인간은 생식 활동인 자녀 출산을 통해서 죄책과 오염을 물려주고, 죄는 사망으로 권세를 부립니다. 그래서 남자아이를 출산한 산모가 7일간의 정결 예식이 지난 후, 8일 만에 할례를 받았던 것입니다(레 12:2-3).[8] 그리고 할례를 '언약의 표징'이라는 용어로 표현함을 주목해야 합니다. 언약의 표징은 홍수 이후 노아에게 언약의 증거인 무지개를 주실 때 사용한 용어입니다(창 9:13).[9] 무지개가 노아와 세운 언약이 지속된다는 것을 보여주는 것처럼, 할례라는 표징을 통해서 하나님의 은혜 언약이 후손에게 계속된다는 것을 강조합니다. 언약 백성이 대대로 할례라는 행위를 함으로써 순종을 보여야 하는 것이 아니라, 할례라는 언약의 표징을 몸에 실천함으로써 은혜 언약이 영원한 하나님 나라의 원리임을 알려주시기 위함입니다.

그렇다면 왜 할례를 명령하실 때 남자만 하도록 하셨을까요? 여자는 중요하지 않아서가 아닙니다. 남자의 할례에 여자가 포함됩니다. 이 점은 창세기 17장 11-13절에서 할례의 대상을 말씀하실 때, 더 분명하게 드러납니다. 할례의 대상은 우리말로 2인칭 복수인 "너희"입니다. 약 9번 '너희'라고 부릅니다. 할례받는 자는 남자이지만 대상은 여자를 포함한, 그 자리에 있는 "너희"입니다. 또한 할례받은 남자의 생식기가 여자의 몸에 들어가야 생명이 잉태됨을 통해서 확인됩니다. 이런 측면에서 신체의 고통을 수반하는 할례를 굳이 여자가 받아야 할 이유는 없습니다.

조심스럽지만, 하나님께서 남자보다 복잡한 신체 구조와 위생 및 의학 기술을 고려해 여성에게 베푼 배려가 아닐까 생각합니다. 현대에 자행되는 여성 할례는 고통도 클 뿐 아니라 수많은 부작용이 따릅니다. 또한 남자의 할례에 여자가 포함된다는 더 확실한 증거는 언약을 재확인하면서 아브라함과 아내 사라의 이름을 바꾸는 장면에서 드러납니다. 만일 언약에서 여성을 제외할 목적이었다면 아브라함의 이름만 바꾸면 됩니다. 하지만 사라 역시 이름을 바꾸

---

8. 바빙크, 『개혁교의학 4권』, 622.
9. 기동연, 『아브라함아! 너는 내 앞에 행하여 완전하라』 (서울: 생명의양식, 2013), 212.

시고, 여러 민족과 왕의 어머니가 될 것이라고 말씀합니다.

그러면 우리는 어떤 이유로 우리 자녀에게 아브라함을 통한 영원한 언약인 할례를 주지 않고 유아세례를 줄까요? 사실, 이 부분은 많은 논란이 있습니다.[10] 유아세례를 반대하는 입장에서 할례와 세례의 직접적 연관성이 없다거나, 전혀 다른 개념으로 보기도 합니다. 하지만 하나님은 아브라함에게 명하신 할례를 영원한 언약의 표징으로 삼아 아브라함의 믿음을 일으키시고, 강하게 하셨습니다. 이후 할례는 그리스도를 통해서 더는 신체에 할 필요가 없는 온전한 그리고 영원한 언약으로 성취됩니다. 이 관계를 갈라디아서 3장 8-9절은 다음과 같이 풀어서 설명합니다.

> 또 하나님이 이방을 믿음으로 말미암아 의로 정하실 것을
> 성경이 미리 알고 먼저 아브라함에게 복음을 전하되
> 모든 이방인이 너로 말미암아 복을 받으리라 하였느니라
> 그러므로 믿음으로 말미암은 자는 믿음이 있는 아브라함과 함께
> 복을 받느니라

사도 바울은 우리가 받은 '복음', 곧 믿음으로 의롭게 되는 진리가 아브라함에게 전파되었다고 합니다. 그뿐 아니라 아브라함에 속한 모든 사람, 이방인

---

10. 유아세례를 반대하는 여러 이유 중에 할례와 유아세례의 직접적 연관성을 찾을 수 없다는 주장이 있습니다. 이것은 옛 언약인 할례와 예수 그리스도를 통한 새 언약인 세례가 다르다는 이유에서 나온 것입니다. 세례가 할례를 대체한다는 것을 부정하는 것이 아니라, 말 그대로 새 언약이 옛 언약을 성취한다는 것입니다. 옛 언약인 할례는 아담과 맺은 언약과 같은 행위적 순종이 조건으로서 필수라고 봅니다. 그러나 새 언약의 성취자이신 예수 그리스도를 통한 은혜 언약인 세례는 행위가 아닌 은혜로 주어지기에 우리의 순종은 필요 없다는 것입니다. 그래서 행위 언약의 순종을 할 수 없는 아이는 세례를 줄 수 없다는 논리입니다.

까지도 이 언약에 참여했던 것으로 말하고 있습니다.[11] 바빙크는 이를 두고 할례는 그리스도의 죽음을 가리켰으며 동시에 그리스도의 죽음으로 끝이 났다고 말합니다. 이제는 그리스도의 죽음에서 시작하는 세례가 그 역할을 담당합니다. 언약의 표징으로서 할례가 아이들에게 시행되었다면 은혜가 더 풍성한 세례는 더 많이 적용될 것이라 말합니다.[12] 그러므로 할례가 아브라함 자신뿐 아니라 그에게 속한 가족 모두에게 행한 일임을 기억할 때, 우리는 아브라함에게 할례를 명령하신 하나님의 약속에서 유아세례의 가르침을 확신할 수 있습니다. 그리고 더 직접적이고 분명하게 골로새서 2장 11-12절은 그리스도의 할례와 세례를 다음과 같이 연결하여 말합니다.

> 또 그 안에서 너희가 손으로 하지 아니한 할례를 받았으니
> 곧 육의 몸을 벗는 것이요 그리스도의 할례니라
> 너희가 세례로 그리스도와 함께 장사되고
> 또 죽은 자들 가운데서 그를 일으키신 하나님의 역사를 믿음으로 말미암아
> 그 안에서 함께 일으키심을 받았느니라

할례가 아닌 세례를 받는 이유는 손으로 하지 아니한 할례, 그리스도의 할례를 받기 위함입니다. 이는 아브라함의 할례처럼 단순한 육체의 일부분을 제거하는 것이 아니라 죄가 지배하는 육체의 전 부분을 제거합니다. 그러므로 우리는 할례와 비교할 수 없는 큰 혜택을 지닌 그리스도의 할례인 세례를 받는 것입니다.

---

11. 김헌수, 『영원한 언약』, 116-117.
12. 바빙크, 『개혁교의학 4권』, 621.

베드로의 설교

아브라함에게 주셨던 이 영원한 언약의 말씀은 베드로의 오순절 설교에서 더 분명하게 나타납니다. 예식문은 다음과 같이 표현합니다.

> **세례의 근거**
>
> 베드로도 "이 약속은 너희와 너희 자녀와 모든 먼 데 사람 곧 주 우리 하나님이 얼마든지 부르시는 자들에게 하신 것이라"(행 2:39)라고 동일하게 선포하셨기 때문입니다.

사도행전 2장의 베드로의 설교를 요약하면 이렇습니다. 베드로는 사람들에게 오순절에 임한 성령의 강림 사건을 보며 놀라지 말라고 합니다. 이 사건은 이미 요엘 선지자를 통해 주님께서 예언하신 것으로 누구든지 주의 이름을 부르는 자에게 구원을 주시기 위한 하나님의 일하심이기 때문입니다. 이스라엘 백성들은 구약의 예언대로 오신 메시아를 십자가에 못 박아 죽였지만, 하나님이 그를 사망에서 살리시고, 주와 그리스도가 되게 하셨다고 선언합니다. 그러자 이 말씀을 들은 사람들은 놀랍게도 마음에 찔려 "우리가 어찌할고"라며 애통해합니다. 그리고 베드로는 명령합니다. 각각 회개하여 예수 그리스도의 이름으로 세례를 받아 죄 사함을 받으라고 말이죠. 그러면 성령을 선물로 받을 것이라고 합니다. 이 약속이 "너희와 너희 자녀와 모든 먼 데 사람"에게도 주어졌다고 선포합니다.

베드로가 말한 약속은 앞서 살펴본 하나님이 아브라함에게 주셨던 약속과 같습니다. 다른 것이 있다면 아브라함은 할례를 받아야 했지만, 베드로는 세례를 받으라고 합니다. 구약 시대에 할례를 받음으로 주셨던 약속이 신약 시대에 세례를 받는 자에게 주시는 약속과 다르지 않다는 것을 주목해야 합니다. "내 언약을 너희와 너의 자녀에게 영원히 주시겠다"는 같은 약속입니다. 하나님의 영원한 언약은 아브라함 때도 "너와 네 후손"이었고, 오순절 때도 "너와 네 후손"이었습니다. 그런데 여기에는 한 부류가 더 추가됩니다. 곧, "모든 먼 데 사람"인 이방인입니다. 오순절 때는 이방인이 하나님의 부르심을 받아 영원한 언약에 참여하는 은혜가 더해집니다. 이방인에 속한 이들이 저와 당신 그리고 우리 자녀들입니다.

참 신비롭지 않습니까? 아브라함에게 주신 약속과 베드로를 통해 주어진 오순절의 약속이 따로 있지 않습니다. 모두가 하나님의 영원한 은혜 언약에 있습니다. 오직 그리스도 때문에 가능한 일입니다. 마지막 아담이자 은혜 언약의 실체인 그리스도가 우리 안에 있으므로, 우리가 아브라함과 맺으신 언약에 참여하여 아브라함의 자손이 되는 것입니다.[13] 마찬가지로 아브라함과 맺으신 영원한 언약에 포함된 언약의 내용도 그리스도를 통해 우리에게 선물로 주어집니다. 아브라함 언약의 핵심적인 세 가지 내용인 자손과 땅, 무엇보다 하나님이 우리의 하나님이 되신다는 것입니다.

은혜 언약 아래에서 세례받은 우리와 우리 자녀는 영적인 아브라함의 자손이 되므로 아브라함에게 주신 약속이 유업으로 주어집니다(갈 3:27-29). 언약의 자손인 우리의 자손도 약속을 받게 됩니다. 그뿐 아니라 영원한 하나님의 나라인 새 하늘과 새 땅을 물려받습니다(벧후 3:13).[14] 이 땅 역시 우리뿐만 아니라

---

13. 김헌수, 『영원한 언약』, 120.
14. 김헌수, 『영원한 언약』, 121.

우리 자녀도 물려받습니다. 그리스도께서 영원하신 성령의 능력을 통해서 성부 하나님의 공의를 완전한 순종하심으로, 또한 자신을 드린 희생제사로 말미암아, 참되며 완전하게 만족시켰기 때문입니다(웨스트민스터 신앙고백서 8장 5절). 예수님께서 임마누엘로서 영원히 함께 계셔서 우리의 하나님이 되십니다(계 21:3-4). 그리스도는 우리와 함께할 뿐만 아니라 우리 자녀와도 함께합니다. 그러므로 우리는 유아에게 세례를 주어야 합니다.

이제 처음에 했던 질문에 답을 해봅시다. 왜 우리 자녀들이 회개와 믿음의 외적인 표현이 없음에도 불구하고 유아세례를 받아야 합니까? 그것은 바로 "세례의 근거는 어떤 이가 거듭났다는 추측도 아니고 중생 자체도 아니고, 오로지 하나님의 언약" 때문입니다.[15] 하이델베르크 요리문답 74문답은 지금까지 다뤘던 모든 내용을 다음과 같이 표현합니다.

> 문: 유아들도 세례를 받아야 합니까?
> 답: 그렇습니다. 그것은 유아들도 어른들과 마찬가지로 하나님의 언약과 교회에 속하였고, 또한 어른들 못지않기 유아들에게도 그리스도의 피에 의한 속죄와 믿음을 일으키시는 성령이 약속되었기 때문입니다. 그러므로 유아들도 언약의 표인 세례를 통하여 그리스도의 교회에 연합되고 불신자의 자녀와 구별되어야 합니다. 이런 일이 구약에서는 할례를 통하여 이루어졌으나 신약에서는 그 대신 세례가 제정되었습니다.

유아에게 세례를 베푸는 이유는 어른과 마찬가지로 유아도 하나님의 언약 안에 있기 때문입니다. 이 언약은 구약에서는 할례로, 신약에서는 세례로서

---

15. 바빙크, 『개혁교의학 4권』, 627.

언약의 표입니다. 이렇게 언약의 표인 세례를 받은 유아는 삼위 하나님의 약속과 의무가 함께합니다. 유아는 성장하면서 교회와 연합된 자로서 불신자와 구별되게 성장할 뿐만 아니라 교회의 양육과 보호를 받습니다.

이 사실을 분명히 깨닫고 확신한다면, 우리 자녀에게 세례 베푸는 일을 지체할 이유가 없습니다. 우리는 하나님께서 약속하신 '영원한 언약'을 의지해 기쁨으로 유아에게 세례를 베풀 수 있습니다.

질문 및 나눔

1) 예식문에서 말하는 유아세례의 성경적 근거는 무엇인가요?

2) 약속 또는 계약을 할 때 불안한 마음이 든다면 그 이유는 무엇일까요?

3) 하나님께서 하신 약속은 어떤 면에서 안정감을 주나요?

4) 당신의 자녀가 유아세례를 통해 얻는 유익이 기대되시나요?

3장 언약의 표와 인

우리 자녀가 세례를 받을 수 있는 유일한 근거는 "삼위 하나님의 언약 안에" 있기 때문입니다. 믿음의 가정에서 태어난 아기는 그리스도 안에서 베푸신 하나님의 은혜가 아브라함을 통해 분명하게 드러난 영원한 언약 안에 있습니다. 또한, 은혜 언약의 표징은 시대에 따라 다양한 모습으로 나타났지만 그 본질은 변함이 없습니다.[1] 과거 아브라함과 그 후손에게 주셨던 하나님의 영원한 은혜 언약의 표징이 할례였다면, 신약 시대에는 세례로 나타났을 뿐입니다. 이 사실을 신앙고백서는 다음과 같이 고백합니다.

웨스트민스터 신앙고백서 28장 1절
세례는 그리스도께서 제정하신 신약의 성례다 … 세례 받는 사람이 그리스도께 접붙임 되었음과 거듭남과 죄 사함 받음과 예수 그리스도를 통해 새 생명 가운데서 행하기로 하나님께 자신을 드림을 나타내는 은혜 언약

---

1. "5절 … 이 언약을 구약이라 부른다. 6절 … 곧 신약이라 부른다. 그러므로 실체가 다른 두 은혜 언약이 아니라, 배포만 다른 동일한 하나의 언약이 있다." 웨스트민스터 신앙고백서 7장 하나님께서 사람과 맺으신 언약

의 표와 인이다.²

대요리문답 165문: 세례는 무엇입니까?
답: 세례는 신약의 성례로 그리스도께서 성부와 성자와 성령의 이름으로 물로 씻도록 정하여 주신 것인데, 이는 우리가 그리스도에게 접붙임 받는 것과, 그분의 피로 죄 사함 받는 것과, 그분의 성령으로 중생하는 것과, 양자가 되는 것과, 영원한 생명으로 부활하는 것에 대한 표와 인이 되게 하신 것입니다.³

소요리문답 94문: 세례는 무엇입니까?
답: 세례는 성부와 성자와 성령의 이름으로 물로써 씻는 성례로, 우리가 그리스도에게 접붙임 받는 것과 은혜 언약의 혜택에 참여하는 것, 주님의 것이 되기로 약속하는 것을 상징하고 인치는 것입니다.⁴

웨스트민스터 신앙고백서와 대·소요리문답에 따르면 세례가 신약의 성례이고, 은혜 언약의 표와 인입니다. 여기서 '표와 인'이라는 말이 무슨 뜻인지는 잠시 후에 살펴보겠습니다. 먼저 해결해야 할 문제가 있습니다.

"왜 유아세례 이야기를 하다가 갑자기 어른 세례로 넘어왔나요?"

"유아세례와 어른의 세례는 좀 다르지 않나요?"

이러한 의문을 가질 수 있습니다. 잠시 연결고리를 생각해봅시다. 하나님과

---

2. 웨스트민스터 총회, 『웨스트민스터 신앙고백 노트』, 그책의사람들 역 (경기: 그책의사람들, 2017), 360.
3. 웨스트민스터 총회, 『웨스트민스터 대교리문답 노트』, 230.
4. 웨스트민스터 총회, 『웨스트민스터 소교리문답 휴대 암송용』, 그책의사람들 역 (경기: 그책의사람들, 2018), 98.

은혜 언약을 맺은 아브라함은 구약의 성례로서 할례를 해야 했습니다. 그에게 속한 모든 자녀와 앞으로 태어날 자녀들도 할례를 받아야 했습니다. 이것을 구분하자면 아브라함은 어른으로서 할례를 받아야 했고, 그 당시 유아들은 유아 할례일 것입니다. 마찬가지로 신약 시대에 은혜 언약의 성례로 어른이 받아야 하는 것은 세례이고, 유아들은 유아세례입니다. 이런 관계를 생각하면 세례를 다루는 것과 유아세례를 다루는 것은 원리 면에서 같다고 할 수 있습니다. 그래서 유아세례를 받은 아이들이 성장하여 믿음의 고백으로 입교를 할 때, 다시 세례를 받지 않습니다. 이미 받은 것이니까요.

이제 함께 살펴볼 내용은 신약의 성례로서 세례가 은혜 언약의 표와 인이라는 내용입니다. 세례에서 말하는 은혜 언약의 표와 인이 어떤 의미가 있는지를 정확히 아는 것은 매우 중요합니다. 몇 가지 이유가 있습니다. 첫 번째, 세례가 하나님이 사용하시는 은혜의 수단이지 목적이 아니기 때문입니다. 우리는 세례를 통해 은혜를 받는 것이지, 은혜를 받기 위해 세례를 받지 않습니다. 세례는 그런 방식으로 사용되지 않습니다. 두 번째는 은혜의 수단인 세례를 받았다고 해서 구원이 보장되지 않습니다. 우리가 흔히 오해하기 쉬운 내용입니다. 세례와 구원은 다릅니다. 세례받은 사람은 모두 구원받는다고 말하면 안 됩니다. 그러므로 유아세례를 받는 아기와 부모는 은혜 언약의 표와 인으로서 유아세례의 의미를 분명하게 알아야 합니다.

이런 내용을 염두에 두고, 은혜의 수단인 성례와 유아세례에서 언약을 표시하고 인치는 것이 무엇을 뜻하는지 알아보겠습니다. 먼저 성례가 무엇인지를 살펴보고, 다음으로 인과 표로서의 성례를 살펴보겠습니다.

신약의 성례인 세례

성례는 무엇을 말하는 것일까요? 글자 그대로 성례聖禮를 풀이하면 '거룩한 예식'이라고 할 수 있습니다. 성례의 영어 단어인 'sacrament새크라맨트'가 라틴어 'sacramentum싸크라멘툼'에서 왔다는 것이 힌트입니다. 라틴어 싸크라멘툼은 헬라어 'musterion뮈스테리온'을 번역한 용어입니다. 뮈스테리온은 "알려지기 전까지 숨겨져 있는 어떤 것"을 의미했습니다.[5] 에베소서 1장 9절을 보면 "나타나는 비밀뮈스테리온로서 숨겨졌다가 이제는 알려진 예수 그리스도를 지칭"하는 단어가[6] 라틴어 싸크라멘툼성례으로 정착된 것입니다.

이렇게 자리 잡은 용어는 교회의 역사에서 신비하고 고귀하며 거룩한 행위나 사건을 나타내는 것으로 확장됩니다. 그래서 잘 알려졌다시피, 로마 가톨릭에서는 이 단어를 삼위일체나 성육신과 같은 교리, 십자가, 7성례 등으로 확장해서 사용합니다.[7] 그러나 우리는 로마 가톨릭의 해석을 반대합니다. 그런데도 로마 가톨릭과 구분이 되지 않아서 오해가 생길 '성례'라는 단어를 계속 사용하는 이유는 '비밀(신비)'을 뜻하는 싸크라멘툼(뮈스테리온)이 초기 기독교가 박해받을 당시에 그리스도를 드러내고 나타내는 예식(성례, 세례와 성찬)을 '비밀'리에 해야 했기 때문으로 추정합니다.[8]

---

5. J.G.보스 & G. I. 윌리암슨, 『웨스트민스터 대요리문답 강해』, 류근상, 신호섭 역 (서울: 크리스챤출판사, 2007), 596.
6. 엡 1:9 "그 뜻의 비밀(musterion)을 우리에게 알리신 것이요⋯", 엡 3:3 "곧 계시로 내게 비밀(musterion)을 알게 하신 것은⋯", 엡 3:9 "영원부터 만물을 창조하신 하나님 속에 감추어졌던 비밀(musterion)의 경륜이 어떠한 것을 드러내게 하려 하심이라", 골 1:26-27 "이 비밀(musterion)은 만세와 만대로부터 감추어졌던 것인데⋯ 하나님이 그들로 하여금 이 비밀(musterion)의 영광이 이방인 가운데 얼마나 풍성한지를 알게 하려 하심이라 이 비밀(musterion)은 너희 안에 계신 그리스도시니 곧 영광의 소망이니라."
7. 유해무, 『개혁교의학』 (고양: 크리스챤다이제스트, 2000), 514.
8. 로버트 쇼, 『웨스트민스터 신앙고백 해설』, 조계광 역 (서울: 생명의말씀사, 2014), 534.

비밀을 뜻하는 성례는 세월이 지남에 따라 여러 의미가 생겼지만, 가장 중요한 핵심은 종교개혁자들이 말한 바와 같이 하나님께서 교회에 직접 정하신 거룩한 예식이라는 점입니다. 성령님을 통한 그리스도 안에 있는 하나님이 성례의 유일한 제정자이시고 시행자이십니다.[9] 이 사실을 웨스트민스터 신앙고백서에서는 다음과 같이 정의합니다.

> 웨스트민스터 신앙고백서 27장 1항
> 성례는 그리스도와 그리스도께서 주시는 은택들을 보여주기 위해, 또 그리스도 안에 있는 **우리의 권리를 확증하기 위해 하나님께서 직접 제정하신 은혜 언약의 거룩한 표요 인이다.** 성례는 또한 교회에 속한 사람들과 세상에 속한 사람들의 차이를 뚜렷하게 보여주고, 그들이 하나님의 말씀을 따라 그리스도 안에서 하나님을 엄숙히 섬기도록 하게 한다.[10]

은혜 언약을 표시하고 인치는 것

성례는 삼위 하나님께서 직접 제정하신 은혜 언약의 거룩한 표와 인입니다. 은혜 언약의 거룩한 표와 인이라는 말은 무슨 뜻일까요? 우리는 2장에서 할례가 은혜 언약의 표징이라는 것을 배웠습니다. 할례가 몸에 새기는 행위이기 때문에, 할례를 받은 사람은 그가 은혜 언약 안에 있음을 표시한 것입니다. 이제는 은혜 언약을 표시함과 동시에 '인'치는 것이 무엇인지를 살펴볼 차례

---

9. 바빙크, 『개혁교의학 4권』, 558-560.
10. 웨스트민스터 총회, 『웨스트민스터 신앙고백 노트』, 352.

입니다. 성례를 통해 약속하신 표와 그 표가 지시하는 것, 그리고 하나님이 은혜 언약을 통해 약속하신 모든 것이 확실하게 이루어진다는 보증으로서의 인이 무엇인지 살펴보도록 합시다. 유아세례 예식문에서 세례의 교훈 둘째를 보겠습니다.

> 둘째, 세례는 예수 그리스도께서 우리의 죄를 씻어 주심을 표表시하고 인印치는 것입니다. 그러므로 우리는 그리스도의 명령을 따라서 성부와 성자와 성령의 이름으로 세례를 받습니다.

은혜 언약의 표와 인이 한자로 되어 있습니다. 표表는 나타내다, 보여준다는 뜻이고 인印은 도장, 인장이라는 뜻입니다. 하지만 의미가 분명하지 않습니다. 이 경우는 영어가 더 쉽습니다. 표는 sign사인이고 인은 seal씰입니다. sign은 마트에 갔을 때, 가격표를 생각하시면 쉽습니다. 길을 찾을 때 보는 도로 표지판도 마찬가지입니다. seal은 요즘에는 볼 수 없지만 제가 어렸을 때 크리스마스가 되면 결핵협회에서 연말에 발행하던 크리스마스씰을 사곤 했습니다. 우표로 사용될 수 없지만, 우표 옆에 붙이는 것입니다. 또 다른 예로, 해리포터 시리즈나 중세를 배경으로 한 영화들을 보면 편지봉투에 자기만의 문장을 왁스나 촛농으로 찍는 것을 볼 수 있습니다. 이렇게 씰은 일종의 공증인 셈입니다. 부동산을 계약할 때, 부동산 중개인의 확인을 받는 것과 마찬가지입니다. 이 문서가 확실하다고 증명하는 것이 seal입니다.

세례는 은혜 언약의 표와 인으로서 복음의 약속을 표시하고 도장을 찍는 역할을 합니다. 우리 죄가 예수님의 피로 씻음 받았다는 표시와 보증을 세례가 한다는 말이지요. 이렇게 표하고 인쳐주심으로 은혜 언약을 눈으로 볼 수 있게 해주며 확실하다는 보증의 역할을 합니다. 보이지 않던 그리스도 안에서의 삶과 구원에 대한 복음의 약속이 세례를 통해 우리 눈에 보이게 되는 것입니다. 그리스도의 피와 성령을 통한 영적 죄 씻음이 세례 때 사용되는 물로 나타납니다.[11] 또한 우리의 눈에 띄는 표시뿐 아니라 하나님의 약속은 확실하고 불변함을 증명하고 보증하는 도장과 같습니다. 세례 때 선포된 말씀의 진실성과 은혜 언약의 약속이 세례받는 사람과 증인들에게 공개적으로 확증됨으로 분명히 드러납니다.[12]

지금까지 지나쳤던 세례식의 특별함이 보이지 않습니까? 매번 반복해서 보는 표시로서의 물 뿌림과 선포 이상의 의미가 없어 보였는데 말이죠. 우리는 '인침'이라는 보증의 역할을 특별히 생각할 기회가 별로 없었습니다. 하지만 세례에서 표와 더불어 '인'은 굉장한 의미가 있습니다. 우리의 죄 씻음이 확실하다는 것을 넘어 믿음을 주기 위한 것이기 때문입니다. 믿음의 고백이 없는 아이에게 세례를 주는 이유이기도 합니다. 세례는 우리를 양육하고 보호하며 믿음을 강화하기 위한 은혜의 수단입니다. 1561년에 작성된 벨기에 신앙고백서 Belgic Confession는 이 부분을 다음과 같이 더 자세히 설명해줍니다.

벨기에 신앙고백서 33장: 성례

우리는 우리의 우둔함과 연약함을 고려하시는 은혜로우신 하나님께서 우리에게 그의 약속을 인치고 우리를 향하신 그의 선하신 뜻과 은혜의 보증이 되도록 성례를 제정하신 것을 믿는다. 그는 우리의 믿음을 기르고

---

11. Cornelius P. Venema, "Covenant Theology and Baptism," in *The Case for Covenantal Infant Baptism*. edited by Gregg Strawbridge (Phillipsburg: P&R 2003), 219.
12. Venema, "Covenant Theology and Baptism," 220.

유지하기 위해 그렇게 하셨다. 하나님께서는 그의 말씀으로 우리에게 선언하시는 것과 우리 마음에 내적으로 행하시는 것, 두 가지를 우리의 외적인 감각에 더 잘 나타내기 위해 복음의 말씀에 이 성례들을 더하셨다. … **성례들은 내적이고 보이지 않는 것들에 대한 보이는 표와 인들인데, 하나님은 이 방편들에 의해 성령의 능력을 통해 우리 안에 역사하신다.**[13]

성례인 세례는 하나님이 우리의 약함과 부족함을 아시고 우리의 믿음을 기르고 유지하는 데 도움을 주시기 위해 제정하신 것입니다. 우리 마음에 내적으로 행하시는 것을 외적인 감각을 통해(세례 때 물 뿌림의 감각, 성찬 때 맛봄, 냄새를 통한 감각) 복음의 약속을 보여주는 표이며, 그 약속을 확실하게 이루신다는 보증의 수단입니다. 우리는 미련하고 무능력해서 하나님의 뜻과 일하심을 이해하기 어렵고 받아들이지도 못합니다. 하나님은 이런 우리에게 사랑과 은혜와 자비로서 복음의 약속을 우리가 보고, 만질 수 있도록, 확실하게 보증하셔서 표와 인으로 확인하도록 하신 것입니다.

그뿐 아닙니다. 하나님은 성경에서 다양한 비유를 통해서 세례가 은혜 언약의 표와 인이라는 사실을 설명합니다. 얼마나 세심한 하나님의 손길인지 모릅니다. 하나님은 우리의 일상용어를 통해서 표와 인으로서의 세례를 다음과 같이 설명해줍니다. 세 군데를 살펴봅시다. 먼저는 갈라디아서 3장 27절입니다.

> 누구든지 그리스도와 합하기 위하여 세례를 받은 자는
> 그리스도로 옷 입었느니라

---

13. 허순길, 『벨기에 신앙고백 해설』 (광주: 셈페르레포르만다, 2016), 545. 볼드체는 필자 강조.

가장 먼저, 세례의 표와 인을 그리스도로 옷 입었다고 표현합니다. 옛날에는 옷이 신분을 나타내는 아주 중요한 기능을 했습니다. 옷만 봐도 그 사람의 신분을 알 수 있었지요. 이처럼 세례는 그리스도를 옷 입어 그리스도인으로서 새 신분을 옷처럼 표시sign해줍니다.[14] 딱 도장을 찍는 것seal을 옷 입는 것으로 표현한 것이기도 합니다.

두 번째, 베드로 사도는 세례를 노아의 방주에 있던 여덟 식구가 구원받은 사건에 비유합니다. 베드로전서 3장 20-21절입니다.

> 그들은 전에 노아의 날 방주를 준비할 동안
> 하나님이 오래 참고 기다리실 때에 복종하지 아니하던 자들이라
> 방주에서 물로 말미암아 구원을 얻은 자가 몇 명뿐이니
> 겨우 여덟 명이라 물은 예수 그리스도께서 부활하심으로 말미암아
> 이제 너희를 구원하는 표니 곧 세례라
> 이는 육체의 더러운 것을 제하여 버림이 아니요
> 하나님을 향한 선한 양심의 간구니라

베드로는 노아의 방주 사건을 하나님이 인류의 죄악을 물로 심판하시고, 의인인 노아와 그의 식구들만 살리신 데서 나아가 더 깊은 해석을 해주고 있습니다. 방주는 더러움과 죄악, 사망으로부터 건지시는 하나님의 구원을 표시합니다. 이제는 세례가 우리의 더러움과 죄악, 사망으로부터의 구원을 표시합니다. 물론, 방주 그 자체가 구원과 영원한 생명을 보장하는 것은 아니었습니다. 마찬가지로 우리가 받는 세례 예식 자체가 영원한 생명을 보장하는 것은

---

14. 콘스탄틴 R.캠벨, 『바울이 본 그리스도와의 연합』, 김규섭, 장성우 역 (서울: 새물결플러스, 2018), 272.

아닙니다. 그래서 21절에 물로 씻는다고 우리의 육체가 더러운 것에서 깨끗하게 되는 것이 아니라 예수 그리스도께서 부활하심으로 새로운 존재가 된다는 사실을 분명히 합니다. 그러므로 세례는 약속과 하나님의 일하심에 따라 죄의 더러움을 벗어버리고 그리스도 안에서 새로운 삶을 시작하는 표와 인입니다.

마지막 세 번째는 더 분명한 기록입니다. 유아세례의 근거와 관련해서 살폈던 본문이기도 합니다. 창세기 17장 8-11절입니다.

> 내가 너와 네 후손에게 네가 거류하는 이 땅 곧 가나안 온 땅을 주어 영원한 기업이 되게 하고 나는 그들의 하나님이 되리라 하나님이 또 아브라함에게 이르시되 그런즉 너는 내 언약을 지키고 **네 후손도 대대로 지키라** 너희 중 남자는 다 할례를 받으라 이것이 나와 너희와 너희 후손 사이에 지킬 내 언약이니라 너희는 포피를 베어라 이것이 나와 **너희 사이의 언약의 표징이니라**

하나님께서 아브라함에게 할례를 시행하도록 명령하셨을 때 약속을 주셨습니다. 아브라함과 그 자손의 하나님이 되시며 땅과 풍족한 삶을 주시겠다는 것입니다. 여기에 더해 영원한 생명의 약속이 있습니다. 예수님의 말씀처럼 하나님은 영원하신 하나님이십니다(마 22:32). 영원하신 하나님과 언약을 맺은 신자는 영생과 불멸을 얻습니다. 이 약속이 분명하게 이루어지리라는 표시가 할례입니다. 이 할례는 약속에 대한 표징인 동시에 정결과 거룩도 포함합니다. 하나님께서는 아브라함에게 '완전하라'라고 말씀하신 뒤 할례를 주셨음을 기억해야 합니다. 여기서 완전함은 하나님과 언약을 맺기 전 필요한 정결과 거룩입니다. 정결과 거룩을 위한 방법으로 할례를 주신 것입니다. 그러므로 할례는 약속을 확증하는 것과 더불어 정결과 거룩에 대한 표징이기도 합니다.

베네마는 이런 사실을 다음과 같이 요약해서 설명해줍니다.

"할례는 이스라엘 민족의 구성원이 되는 외적인 표지sign일 뿐 아니라 하나님에게 받게 되는 영적인 축복의 표지sign로 작용합니다. 이스라엘이 할례를 받음으로 누리는 아버지 하나님과 그의 백성 사이의 교제와 친밀한 사귐은 언약적 관계와 실제로 같기 때문입니다(창 17:10). 그러므로 약속으로 주어진 보이지 않는 은혜를 눈에 보이는 표와 인으로서 나타낸 할례는 이스라엘 백성들에게 죄의 타락과 부패를 제거할 필요성을 알게 해주었습니다(신 10:16; 30:6; 렘 34:4). 할례는 죄를 제거해야 함을 보여주는 피의 표sign였던 것입니다. 왜냐하면, 죄의 오염과 부패는 거룩하신 하나님과 교통과 사귐을 막는 장애물인데 이는 피 흘림으로만 제거되기 때문입니다."[15]

세례 예식문에서 말한 바와 같이 세례는 우리의 죄가 씻겨짐에 대하여 표시하시고 인을 치는 것입니다. 마지막으로 이 사실을 감격적으로 진술한 벨기에 신앙고백서의 고백을 읽으면서 우리 마음에 새기도록 합시다.

벨기에 신앙고백서 34항: 세례의 성례
… 그러므로 우리는 영원한 생명을 열망하는 삶은 오직 한 번만 세례를 받아야 한다는 것을 믿는다. 세례는 절대로 반복되지 않아야 한다. 이는 우리가 두 번 태어날 수 없기 때문이다. 더욱이 세례는 그 물이 우리 위에 부어질 때와 우리가 그것을 받을 때뿐만 아니라, 우리의 전 생애를 통하여 우리에게 유익을 준다. 이 때문에 우리는 단 한 번 받게 된 단 하나의 세례로 만족하지 않고, 또한 신자들의 어린 자녀들의 세례를 정죄하는 재세례파의 오류를 거절한다. 우리는 전에 이스라엘에서 어린이들이 지금

---

15. Venema, "Covenant Theology and Baptism," 221.

우리의 어린이들에게 행해진 동일한 약속의 기초 위에서 할례를 받았던 것처럼, 이 어린이들이 세례를 받아 언약의 표로 인침을 받아야 한다는 것을 믿는다. 참으로 그리스도는 성인들을 위하여 그의 피를 흘리신 것과 같이 신자들의 자녀들을 씻기 위해서도 피를 흘리셨다. 그러므로 주님이 어린아이들이 태어난 후 곧 어린양을 드릴 것을 율법에서 명령하셨기 때문에(레 12:2-6) 신자의 자녀들은 그리스도께서 그들을 위하여 행하신 것에 대한 표와 상징을 받아야 한다. 세례는 예수 그리스도의 고난과 죽음의 상징이었다. 세례는 할례가 이스라엘 백성을 위해 의미했던 것과 똑같은 의미를 우리 자녀를 위해 가지기 때문에 바울은 세례를 그리스도에 의해 행해진 할례라고 부른다(골 2:11).[16]

질문 및 나눔

1) 이전에 유아세례 예식에 참가한 경험이 있다면 나누어봅시다.

2) 성례의 6가지 특징은 무엇인가요? 가장 인상적인 특징은 무엇인가요?

3) 하나님의 약속을 어떻게 확신할 수 있나요? 확신이 흔들릴 때 다시 확신할 수 있는 방법은 무엇인가요?

---

16. 허순길, 『벨기에 신앙고백 해설』, 467.

4장 삼위 하나님의 약속

　세례는 믿음과 순종의 고백이 있어야 하지만 믿는 부모에게서 태어난 아이는 "언약 안에" 있으므로 유아세례를 받습니다. 우리 자녀가 유아세례를 받음으로 은혜 언약의 표와 인을 가지게 되어 아버지 하나님이 약속하신 모든 것을 받아 누릴 수 있게 됩니다. 그뿐 아니라 은혜 언약에는 "하나님이 신자들을 은혜로 당신의 교제 공동체에 참가시키고, 중보자 그리스도 때문에 그들에게 늘 은총을 베푸시겠다는 약속"이 있습니다.[1]

　그렇다면 이 은혜 언약의 표와 인인 유아세례는 누구의 이름으로 받을까요? 목사의 이름입니까? 아니면 교회의 이름입니까? 당연히 세례는 성부, 성자, 성령의 '이름으로' 받습니다. 목사나 교회가 은혜 언약의 당사자가 될 수 없을 뿐 아니라 은혜 언약을 통해 주신 약속을 지킬 의무는 없으니까요. 약속의 주인이신 삼위 하나님의 이름으로 받는 것이 당연합니다. 우리는 마태복음 28장 19절의 말씀을 따라 삼위 하나님의 이름으로 세례를 베풉니다.

---

1. 유해무, 『개혁교의학』, 242.

> 그러므로 너희는 가서 모든 민족을 제자로 삼아
> 아버지와 아들과 성령의 이름으로 세례를 베풀고

그런데 여기서 삼위 하나님의 '이름으로'라는 말의 의미가 불분명합니다. 우리말 조사인 '으로'가 다양하게 해석될 수 있기 때문입니다. '삼위 하나님의 이름으로'라는 말을 어떻게 해석하십니까? 흔히 세례를 받을 때, 삼위 하나님의 이름을 부르기 때문에 이를 '삼위 하나님의 이름을 부르면서'라고 생각할 수 있습니다. 하지만, 여기서 '이름으로'에서 사용된 전치사는 영어로 'in'이 아니라 'into'입니다. 둘 차이의 핵심은 '침투'입니다. in은 한 공간을 점유하는 것이지만, into는 공간을 침투하여 뚫고 나오는 것까지의 전 과정을 말합니다. 그래서 전치사 into는 공간적 의미로 해석하여 세례의 관용적 표현으로 '안으로, 안에서'라고 사용해야 한다는 사람이 있습니다.[2] 이런 차원에서 더 정확하게 해석하면 '이름으로'가 아니라 '이름 안으로', '이름 안에서'가 됩니다. 그래서 번역을 할 때도 '삼위 하나님의 이름 안에서'라고 해야 한다는 의견이 있습니다.

하지만 우리말 조사 '으로'를 '안으로'로 바꿔 사용하면 언어 사용에 혼란을 가져올 수 있습니다. "삼위 하나님의 이름 안으로 세례를 받아라!" 얼마나 어색하고 이상합니까? 헬라어나 영어 전치사를 우리나라 말로 정확하게 옮기기는 쉽지 않습니다. 우리말에서 '으로'는 도구나 재료, 방법, 수단을 표현할 때 주로 사용합니다. 그뿐만 아니라 움직이는 방향이나 목적지, 변화의 방향을 나타낼 때도 사용하기 때문에 '이름으로'를 그대로 사용해도 별문제 없어 보입니다. 다만, 정확한 의미를 드러낸 번역이 아니라는 점이 아쉽습니다.

---

2. 그랜트 R. 오스본, 『강해로 푸는 마태복음』, 김석근 역 (서울: 도서출판 디모데, 2015), 1199.

저는 개인적으로 "삼위 하나님으로" 세례를 받는다는 의미는 수단과 도구의 의미뿐 아니라, 영어의 'into' 개념을 기억하여 삼위 하나님의 '방향으로' 연합되어, 삼위 하나님 이름 '안으로' 침투하여 세례를 받는다는 의미를 강조하면 어떨까 합니다. 세례는 삼위 하나님의 '이름으로만' 받는 것이 아니라, 삼위 하나님 밖에 있던 우리가 삼위 하나님 안으로 연합되는 의식임을 강조하는 것입니다. 덧붙여, 신약에서 등장하는 세례에 대한 부분도 '안에'(행 10:48), '안으로'(행 8:16; 19:5, 롬 6:3, 갈 3:27) 등등 다양한 전치사를 혼용하여 사용했기 때문입니다.

중요한 것은 용어의 문제보다 주님께서 삼위 하나님의 이름으로 세례를 베풀라는 명령을 하셨음을 기억하여 삼위 하나님의 이름으로 세례를 받는 것입니다. 이 명령이 우리 주님께서 죽으시고 부활하신 뒤 승천하시기 전에 갈릴리에서 제자들과 우리에게 주신 명령이었다는 사실에서 더 분명하게 드러납니다. 다시 한번 마태복음 28장 18-20절을 봅시다.

> 예수께서 나아와 말씀하여 이르시되
> 하늘과 땅의 모든 권세를 내게 주셨으니
> 그러므로 너희는 가서 모든 민족을 제자로 삼아
> 아버지와 아들과 성령의 이름으로 세례를 베풀고
> 내가 너희에게 분부한 모든 것을 가르쳐 지키게 하라
> 볼지어다 내가 세상 끝날까지 너희와 항상 함께 있으리라

예수님께서는 이 명령의 권위가 성부 하나님에게서 왔음을 강조하십니다. 그런데 이 명령의 가장 큰 핵심은 제자들에게 온 천하에 다니며 '세례를 주라는 것'이 아니라, '제자 삼는 것'입니다. 그리고 제자로 삼을 때는 단순하게 가

는 기회가 생길 때 하는 일이 아닙니다. 예수님은 적극적으로 "가서 제자로 삼으라"라고 명령하셨습니다. 제자로 삼는 방법은 '가서', '세례를 베풀고', '가르쳐 지키게 하는 것'입니다. 그러므로 이 본문을 세 부분으로 나눠서 구체적으로 번역할 수 있습니다.

① 너희는 **가라 그리고 제자로 삼아라.**
② 아버지와 아들과 성령의 이름으로 **세례를 베풀어 제자로 삼아라.**
③ 내가 너희에게 지금까지 가르친 모든 것을 **가르쳐 지키게 하여 제자로 삼으라.**

종합하면, 우리는 모든 나라와 민족에게 수단을 가리지 않고, 모든 방법을 사용하여 가서(going) 세례를 베풀고(baptizing) 가르쳐(teaching) 그리스도의 제자로 삼아야 합니다.[3]

이렇게 보면, 세례는 제자 삼는 것과 관련이 큼을 알 수 있습니다. 단순하게 아이가 태어나면 세례를 주는 것이 아닙니다. 언약의 부모는 적극적으로 의지를 갖추고 '가서' 아이가 삼위 하나님의 이름으로 '세례'를 받도록 하고, 이를 통해 삼위 하나님께서 약속하신 것과 믿는 자의 의무들을 가르치고 지키도록 하여 그리스도의 제자가 되게 하는 것이 유아세례임을 알 수 있습니다.

부모는 이 명령과 약속에 따라 세례와 유아세례를 베풉니다. 이 외 다른 이유가 없습니다. 하나님께서 명령하셨기 때문입니다. 그러므로 자녀의 세례를 지체할 이유가 없습니다. 세례는 내 자녀가 예수님의 제자가 되기 위해서도 필요한 명령입니다. 덧붙여, 예수님의 명령에는 언제나 큰 유익과 기쁨이 뒤따릅니다. 하나님은 우리와 우리 자녀에게 명령만 주신 것이 아니라 약속 또한 주셨습니다.

---

3. Daninel M. Doriani, "Matthew 28:18-20 and the Institution of Baptism" in *The Case for Covenantal Infant Baptism*, 34-36.

삼위 하나님이 베푸시는 약속과 위로

삼위 하나님께서는 세례를 베풀라는 명령에 약속을 더하셨습니다. 이 약속은 믿는 부모뿐 아니라 그의 자녀들을 위합니다. 하나님은 이 중차대한 사명을 부모에게만 맡겨두지 않았습니다. 하나님 자신이 직접, 나와 당신이 자녀를 그리스도의 제자로 키우는 현장에 항상 함께하신다고 약속하셨습니다. 더하여 약속을 지키는 자에게 위로도 주시기 위함입니다. 예식문은 이 사실을 성부와 성자와 성령께서 약속하고 위로하는 내용을 구분하여 설명합니다.

1) 성부의 약속

> 우리가 성부의 이름으로 세례를 받을 때, 성부 하나님께서는 우리와 영원한 은혜의 언약을 맺어주심을 증언하시고 인쳐주십니다. 성부께서는 우리를 그분의 자녀와 상속자로 삼아주시고, 우리에게 모든 좋은 것을 공급해주실 것을 약속하시며, 모든 악을 피하게 하여주시거나 합력하여서 선을 이루어주실 것을 약속하십니다.

성부 하나님의 이름으로 아이가 세례를 받을 때 받는 약속은 세 가지로 정리할 수 있습니다. 첫째 영원한 은혜 언약을 맺어주시고, 둘째 그분의 자녀와 상속자로 삼아주시고, 셋째는 모든 좋은 것을 주신다고 약속하십니다.

성부 하나님의 약속을 좀 더 구체적으로 살펴보겠습니다. 첫째, 성부 하나님은 영원한 은혜 언약을 주셨습니다. 앞장에서 살펴본대로 은혜 언약의 말씀은 창세기 17장 7-8절에 근거합니다. 은혜 언약은 누가 누구와 맺습니까?

본문에 따르면, 일차적으로는 아브라함과 하나님이시고 더 확장하여 아브라함뿐 아니라 그 후손 모두와 언약을 세우는 것이기에 영원한 언약이라고 부릅니다. 그러므로 성부 하나님과 그리스도 안에서 연합된 부르심을 받은 자들, 곧 아브라함의 영적 후손인 우리와 우리 자녀입니다. 그리고 언약의 핵심은 "나는 그들의 하나님이 되리라"입니다. 이 은혜 언약을 맺은 표시로 과거에는 할례를 베풀었지만, 이제는 세례입니다. 우리는 세례 예식으로 언약 맺음을 표시하고 인침으로 하나님과의 화해의 용서를 확신할 수 있습니다. 이것은 우리의 언약의 자녀들도 마찬가지입니다.

둘째, 이 은혜의 아버지 하나님께서는 우리를 '하나님의 자녀와 상속자'로 삼으셨습니다. 이 사실을 로마서 8장 15-21절은 다음과 같이 자세히 설명합니다. 15절을 보시면, 우리는 다시는 종의 영을 받지 않고 양자의 영을 받아 이제부터는 하나님을 아빠 아버지라 부르는 자녀의 특권을 받습니다. 이 특권을 누구도 빼앗지 못하게 16절에 성령 하나님께서 직접 보증인이 되어주십니다. 그리고 17절에 단순히 하나님의 자녀가 아니라 그의 모든 것을 이어받을 수 있는 상속자가 되었음을 선언합니다. 이처럼 우리는 하나님의 자녀가 되어 그리스도와 함께 모든 것을 상속받음으로 지극히 큰 영광에 참여하게 될 것입니다. 21절에서는 이것을 "하나님의 자녀들의 영광의 자유에 이르는" 것으로 묘사하고 있습니다.

이 두 번째 약속이 소중한 이유가 있습니다. 우리가 모두 경험하다시피, 죄인인 우리가 그리스도를 믿고 죄의 굴레에서 벗어나 구원받았다 해도 이 땅에서는 완전한 영광의 자유를 얻지 못합니다. 우리는 여전히 죄와 결핍 아래에 살아갑니다. 내 자녀가 유아세례를 받는다 해도 이같은 비참한 삶을 피할 수 없습니다. 그래서 세례를 줄 때, 성부 하나님은 약속을 주십니다. 부모인 우리가 이 약속을 다시 받습니다. 우리와 우리 자녀가 영광스러운 부활의 몸을 입을 때, 곧 삼위 하나님의 영광에 참여하게 될 그때 비로소 하나님의 자녀들이 영광스러운 참 자유에 이르게 될 것입니다.

셋째, 성부 하나님은 부모와 자녀 모두와 은혜 언약을 맺으셔서 하나님의 자녀됨과 구원의 상속자가 되게 하셨으므로 모든 좋은 것을 주신다는 약속입니다. 좋은 것은 세례 때 한번이 아니라 끊임없이 공급해주신다는 약속입니다. 마이클 리브스는 조나단 에드워드의 글을 인용하면서 가장 좋은 것을 주시는 아버지의 사랑을 다음과 같이 설명합니다.

"하나님이 세상을 창조하신 목적은 자기 자신 때문인데, 그것으로부터 무엇을 얻고자 하는 것이 아니라 주려는 것입니다. '자기를 추구하신다'는 것은 '자기를 발산하고 나타내기'를 추구한다는 의미인데, 자신의 존재와 생명과 선하심을 나누기를 구하신다는 뜻입니다. 하나님의 본성은 자기 자신의 충만함을 내보내고 나누기를 기뻐하시는 것입니다."[4]

하나님께서 세상의 모든 것을 창조하심으로 가장 선한 것을 나누셨습니다. 그것이 자신의 기쁨이었다는 말입니다. 그러므로 하나님이 창조하신 피조물 중에 가장 아름답고 선하며, 가장 기뻐하신 인간의 창조 자체가 아버지 하나님의 사랑을 충만히 쏟아내서 퍼뜨리고 발산하고 외부로 폭발시킨 현장인 것입니다.[5]

이 사실을 가장 멋지게 보여주는 본문이 아래 말씀입니다. 하나님이 이집트에서 노예로 있던 이스라엘 백성을 해방하시고 약속의 땅으로 인도하시는 동안 함께 하셨던 일입니다.

---

4. 마이클 리브스, 『선하신 하나님』, 장호준역 (서울: 복있는사람, 2015), 75.
5. 리브스, 『선하신 하나님』, 88.

옛날을 기억하라 역대의 연대를 생각하라 네 아버지에게 물으라
그가 네게 설명할 것이요 네 어른들에게 물으라 그들이 네게 말하리로다
지극히 높으신 자가 민족들에게 기업을 주실 때에,
인종을 나누실 때에 이스라엘 자손의 수효대로 백성들의 경계를 정하셨도다
여호와의 분깃은 자기 백성이라 야곱은 그가 택하신 기업이로다
여호와께서 그를 황무지에서, 짐승이 부르짖는 광야에서
만나시고 호위하시며 보호하시며 자기의 눈동자 같이 지키셨도다
마치 독수리가 자기의 보금자리를 어지럽게 하며
자기의 새끼 위에 너풀거리며 그의 날개를 펴서 새끼를 받으며
그의 날개 위에 그것을 업는 것 같이 여호와께서 홀로 그를 인도하셨고
그와 함께 한 다른 신이 없었도다 여호와께서 그가 땅의 높은 곳을
타고 다니게 하시며 밭의 소산을 먹게 하시며
반석에서 꿀을, 굳은 반석에서 기름을 빨게 하시며
소의 엉긴 젖과 양의 젖과 어린 양의 기름과
바산에서 난 숫양과 염소와 지극히 아름다운 밀을 먹이시며
또 포도즙의 붉은 술을 마시게 하셨도다 _신 32:7-14_

모세는 이스라엘 총회를 향하여 노래하며 선포합니다.

"이스라엘 백성들아! 옛날을 기억하라. 기억이 나지 않거나 모르겠으면 아버지에게 물어보라."

이스라엘의 어른이면 조상들의 이야기를 알기 때문입니다. 노예로 살던 그들을 광야로 인도하신 분은 우리 아버지시요, 하나님이십니다. 우리는 하나님의 크신 은혜로 자녀가 된 백성입니다. 모세는 이 은혜 언약의 하나님을 노래합니다. 황무지, 광야 그 어느 곳에서도 자기 백성을 만나주시고, 인도하시고,

지키시며, 보호하셨음을 노래합니다. 아버지이신 하나님은 눈동자 같이 우리와 함께하신 분이었습니다.

모세는 아버지이신 하나님이 그분의 자녀들을 어떻게 다루셨는지를 독수리가 자기 새끼를 어떻게 다루는지를 통해 설명합니다. 독수리는 새끼를 낳을 시기가 되면, 난공불락과 같은 높은 바위 벼랑 끝에 둥지를 만듭니다. 그렇게 하는 이유는 천적으로부터 새끼를 보호하는 것도 있지만, 훈련의 목적도 있습니다. 새끼는 어미와 아비 독수리가 돌아가면서 먹이를 물어다주니까 걱정 근심이 없이 행복합니다. 그러다가 새끼가 어느 정도 성장하면, 강도 높은 훈련이 시작됩니다. 어미는 날개를 퍼덕이면서 보금자리를 흐트러뜨려 새끼 독수리들이 안정된 둥지에서 움직이지 않고는 배길 수 없도록 만듭니다. 새끼가 보금자리를 떨고 날기 시작하면, 어미는 새끼의 첫 날갯짓을 격려하기 위해 새끼를 받을 준비를 하고 자신의 넓은 날개를 그 밑에 펼칩니다.[6] 이 훈련은 새끼가 스스로 날 때까지 계속 반복됩니다.

모세는 우리가 주님의 자녀로서 독수리의 새끼라는 사실을 비유로 보여줍니다. 아버지인 하나님은 새끼 독수리를 훈련시키는 어미 독수리입니다. 어미 독수리는 훈련만 시키지 않습니다. 훈련 가운데 돌보고 지킵니다. 11절을 보면 "그의 날개를 펴서 새끼를 받으며 그의 날개 위에 그것을 업는 것 같이" 지킵니다. 마찬가지로 하나님은 이스라엘을, 우리를, 독수리가 새끼를 훈련하고 지키는 것과 같이 돌보십니다.

하나님이 우리를 이렇게 다루시는 이유는 우리가 이 세상에서 여호와 하나님만으로 만족하는 삶을 살도록 하기 위함입니다. 세상의 어떤 것도 우리에게 도움이 안 됩니다. 오직 영원하신 하나님만이 우리를 도우시고 지키십니다.

---

6. 레이몬드 브라운, 『BST 시리즈 신명기 강해』, 정옥배 역 (서울: IVP, 1997), 444.

그래서 모세는 다시금 13, 14절을 통해 힘주어 말합니다. 전능하시고 유일하신 하나님이 우리에게 필요한 모든 것을 다 제공해주셨다고 말이죠.

이렇듯 성부 하나님은 아버지로서 가장 좋은 것을 주십니다. 아버지로서 우리를 돌보시고 모든 필요를 채워주십니다. 아버지는 자기 자녀를 사랑하니까요. 우리는 세례를 통해 하나님 아버지의 사랑을 봅니다. 아버지 하나님은 자녀가 앞으로 삶 속에서 만나게 될 모든 해로운 것으로부터 피하게 해주시고, 합력하여 선을 이루도록 하시며, 하나님 아버지의 긍휼과 사랑과 자비를 볼 수 있도록 하십니다. 이것이 세례를 받을 때 성부 하나님께서 우리와 우리 자녀에게 주시는 약속입니다.

2) 성자 예수님의 약속

두 번째, 성자 예수님도 우리 아이가 세례를 받을 때 다음과 같은 약속을 주십니다.

> 우리가 성자의 이름으로 세례를 받을 때, 성자 하나님께서는 그분의 보혈로써 우리의 죄를 모두 씻어서 정결케 하시고 우리를 그분의 죽음과 부활에 연합시켜 주심을 약속하십니다. 그러므로 우리는 우리의 죄로부터 자유롭게 되고 하나님 앞에서 의롭다 여김을 받습니다.

아이가 성자 예수님의 이름으로 세례를 받으면 세 가지 약속을 받습니다. 첫째, 성자 예수님은 우리의 죄를 모두 씻어서 정결케 하십니다. 둘째, 우리를 그리스도의 죽음과 부활에 연합시키십니다. 마지막으로 그 결과로 우리를 죄로부터 해방하시고 하나님 앞에서 의롭다고 여겨주십니다. 종합해보면, 세례에서 성자 예수님의 약속은 인간의 근본적인 문제인 죄와 연관되는 일을 하심을 알 수 있습니다. 좀 더 자세히 살펴보도록 하겠습니다.

가장 먼저, 성자 예수님께서는 우리의 죄를 씻어주실 것을 약속하셨습니다. 인간은 죄를 지음으로써 하나님과의 교제가 끊어져 하나님의 진노와 저주를 받아 세상에서 다양한 비참한 상태를 경험하게 됩니다. 결국에는 죽음에 이르게 되고 지옥에서 영원히 고통을 받습니다[7]. 인간은 누구나 예외 없이 상실과 결핍, 혼돈과 소외, 절망과 낙심 등 수많은 고통을 맛보고 살아갑니다. 그래서 사람들은 죄의 고통을 해결하기 위해 다양한 노력을 합니다. 하지만 죄를 씻는 것은 우리가 착한 일을 많이 하거나, 열심히 노력한다고 해결할 수 있는 일이 아닙니다. 죄는 외적 행동이나 습관이 아니기 때문입니다. 외적 현상은 보이지 않는 내적 병의 증상일 뿐입니다.[8] 본질적인 죄를 해결해야만 인간은 근본적인 고통으로부터 참된 자유를 얻을 수 있습니다.

모든 인간은 죄인이기에 죄에 속박된 인간은 죄만 낳을 뿐입니다(롬 6:17, 엡 2:3, 딛 3:3). 그러므로 인간의 근본적인 고통의 문제인 죄를 해결하기 위해서 하나님 아버지께서 죄가 없으신 독생자 예수 그리스도를 화목 제물로 이 땅에 보내주셨습니다. 인간이 도저히 해결할 수 없는 문제를 근본적으로 해결해주시기 위해서입니다. 예수님은 하나님과 인간 사이의 막힌 담을 십자가로 허무시고, 하나님과의 교제를 회복하기 위해 오셨습니다. 예수님이 우리의 죗값을 위해 고난을 겪으시고, 단번에 돌아가시므로 우리를 죄로부터 자유롭게 하셨

---

7. 소요리문답 19문: 타락한 상태에서 사람의 비참은 무엇입니까? 답: 타락으로 말미암아 온 인류는 하나님과의 교제가 끊어졌고, 하나님의 진노와 저주 아래 놓이게 되어, 이 세상에서는 온갖 비참함을 겪다가, 결국 죽음에 이르며, 지옥에서는 영원히 고통을 받습니다. 웨스트민스터 총회,『웨스트민스터 소교리문답 휴대 암송용』, 28.
8. 존 스토트,『기독교의 기본진리』, 황을호 역 (서울: 생명의말씀사, 2018), 120.

습니다.⁹ 그래서 아버지 하나님께서는 그의 아들 예수 그리스도를 이 땅에 보내시면서 "자기 백성을 그들의 죄에서 구원할 자"라고 말씀하신 것입니다(마 1:21).

둘째, 우리는 세례를 통해 그리스도와 연합 됨을 약속하십니다. 예수님께서 우리를 위해 하신 모든 사역인 십자가에서 죽으시고, 장사되고, 부활하시고, 승천하시어 하나님 우편에 앉는 일이 혼자만의 일로 끝나지 않았습니다. 예수님께서 하신 모든 사역은 나의 유익을 위한 것으로 실제적으로 내게 적용됩니다. 내가 십자가에서 죽지 않았지만 그리스도와 함께 죽고, 내가 장사되어 무덤에서 부활하지 않았지만 그리스도와 함께 부활하는 것입니다. 이것은 세례가 죄를 씻는 의식만 있지 않음을 보여줍니다. 우리는 세례를 통해서 그리스도와 연합하여 죄에 대하여 죽고, 의에 대하여 살아나는 부활의 경험을 하게 됩니다. 우리는 세례를 통해서 그분의 죽음과 부활에 연합됩니다(롬 6:4,5). 그러므로 그리스도와 연합된 신자는 새롭게 되어 죄의 세력을 이기고 새로운 생명의 힘으로 살아갑니다. 이 사실을 바울은 골로새서 2장 11-12절에서 다음과 같이 말씀하십니다.

> 또 그 안에서 너희가 손으로 하지 아니한 할례를 받았으니
> 곧 육의 몸을 벗는 것이요 그리스도의 할례니라
> 너희가 세례로 그리스도와 함께 장사되고 또 죽은 자들 가운데서
> 그를 일으키신 하나님의 역사를 믿음으로 말미암아
> 그 안에서 함께 일으키심을 받았느니라

---

9. 존 스토트, 『기독교의 기본진리』, 154.

세례는 손으로 하지 아니한 할례로써 육의 몸을 벗는 것이며, 그리스도와 함께 죽고 믿음으로 말미암아 그와 함께 일으킴, 곧 부활을 얻는 것입니다.

셋째, 예수님께서 우리 죄의 해방자이시므로 죄 씻음을 받은 우리가 하나님의 심판대 앞에 설 때, 의롭다고 인정받을 것입니다. 이 사실이 확실함을 그리스도께서 약속하십니다. 하지만 생각보다 많은 사람이 확신의 문제로 고민합니다. 하나님과의 친밀성에 따라서 확신의 강도를 확인하기도, 행동의 정직성과 진실성을 기분으로 판단하며 고민하기도 합니다. 자신의 영적 상태에 청신호가 켜지면 확신하지만, 침울한 상태로 영적 침체에 빠지면 확신이 흔들립니다. 하지만 자기의 감정과 행동을 기준으로 확신을 판단할 수 없습니다. 우리가 하나님 앞에서 의롭다고 인정받을 수 있는 확실함은 오직 그리스도 때문입니다. 디모데후서 4장 8절 말씀을 봅시다.

> 이제 후로는 나를 위하여 의의 면류관이 예비되었으므로
> 주 곧 의로우신 재판장이 그 날에 내게 주실 것이며
> 내게만 아니라 주의 나타나심을 사모하는 모든 자에게도니라

말씀은 확실히 약속합니다. 이 사실을 믿고 확신합시다. 우리가 성자 하나님의 이름으로 세례받으면 성부 하나님께서 의롭게 여기실 것입니다. 이것은 변함없는 영원한 약속입니다. 그 누구도 이 약속을 깰 수 없습니다. 이 강력한 약속을 표현한 예식이 바로 세례입니다. 다시금, 세례는 은혜 언약의 표와 인이었음을 떠올려보시길 바랍니다.

이렇게 성자 예수님의 이름으로 받는 세례에 담긴 약속이 3가지입니다. 이것은 세례받은 부모뿐 아니라 자녀에게도 주어진 은혜입니다. 언약의 부모는 언약의 자녀가 예수님의 이름으로 세례를 받는 것을 보고 자신이 받았던 약속

을 떠올리며 감사하고, 자녀에게도 같은 은혜가 임하길 기쁨으로 기대하는 것입니다.

3) 성령의 약속

마지막으로 성령 하나님께서는 어떤 약속을 하셨는지 살펴봅시다.

> 우리가 성령의 이름으로 세례를 받을 때, 성령 하나님께서는 이 성례를 통해 그분이 우리 안에 거하시고 우리를 그리스도의 살아 있는 지체肢體로 만들어주실 것을 확신시켜 주십니다. 또한 우리가 그리스도 안에서 소유한 것을 실제로 누리게 하셔서 죄 사함을 얻고 매일 새로운 삶을 살게 하십니다. 이 일은 우리가 거룩하고 흠이 없이 영원한 생명을 누리면서 택함 받은 무리 가운데 참여할 때까지 계속될 것입니다.

성령 하나님도 성부, 성자 하나님과 마찬가지로 세 가지를 약속합니다. 첫째, 성령님께서 우리 안에 거하셔서 우리를 그리스도의 살아 있는 지체로 만드십니다. 둘째, 그리스도의 은혜를 실제로 누리게 하셔서 죄 사함을 얻고 새로운 삶을 살게 하십니다. 마지막은 부활의 몸을 입고 영원한 나라에 참여하게 합니다. 성령 하나님은 약속을 구체적으로 우리 삶의 현장에서 경험하고 누리며 살 수 있도록 도우십니다. 내용을 살펴봅시다.

먼저는 우리가 성령의 이름으로 세례를 받으면 성령께서 우리 안에 계심을 확신할 수 있게 됩니다. 성자 예수님을 통해서 죄로부터의 해방과 부활의 영광에 참여하고, 영원한 하나님의 자녀가 됨을 확신할 수 있는 보증이 성령 하나님 때문입니다. 우리 아이가 세례를 받을 때, 성령 하나님이 우리 안에 함께 하심으로 그 누구도 우리를 정죄하거나 우리의 구원을 흔들 수 없게 하신다는 말입니다. 이것은 참 신비로운 경험입니다. 사실, 성령 하나님은 모든 신자 안에 계시지만, 우리는 그것을 모르고 살아갈 때가 많습니다. 그래서 세례를 통해서 다시 그 약속을 기억하도록 하십니다. 하나님은 말씀을 통해 분명하게 우리 안에 성령님께서 함께 하신다고 합니다(롬 8:9). 우리는 성령께서 거하시는 성전입니다(고전 6:19). 하나님께서 영광스럽게 임재하셨던 그 성전 말입니다(왕상 8:10-11). 과거에는 하나님의 영광의 임재하심이 한 장소에만 일어났다면, 이제는 세례를 받은 우리의 각자 마음속에 가득하게 일어납니다.

더 나아가 우리 모두에게는 똑같은 한 성령 하나님이 거하심으로 한 몸이 되는 신비한 일이 세례를 통해 일어납니다. 고린도전서 12장 13절은 다음과 같이 말씀하고 있습니다.

> 우리가 유대인이나 헬라인이나 종이나 자유인이나
> 다 한 성령으로 세례를 받아 한 몸이 되었고
> 또 다 한 성령을 마시게 하셨느니라

한 성령의 이름으로, 같은 세례를 받는 우리는 모두 연합하여 한 몸을 이루게 됩니다. 한 몸으로서 '교회'가 되는 것입니다. 그래서 우리는 세례를 개인적으로 받지 않고, 함께 서약합니다. 우리는 세례받은 아이를 한 몸의 지체로 받음으로써 그리스도가 주시는 온갖 유익들을 함께 상속받은 한 식구가 됨을 확신하게 됩니다.

둘째, 우리는 성령으로 말미암아 그리스도의 공로를 통해 죄 사함을 받고, 구원의 은혜를 매일 누리는 새로운 삶을 약속받습니다. 그리스도 안에서 소유한 것을 실제로 누린다는 뜻입니다. 당신은 그리스도 안에서 소유한 것을 누리면서 사십니까? 의와 진리와 평강과 소망과 사랑과 같은 것들 말입니다. 우리는 날마다 세상 속에서 탄식하며 살아갑니다. 공평과 정의는 찾아볼 수 없고 불의, 불법, 편법과 무자비함이 가득한 이곳에서 착취당하고 억울하게 살아갑니다. 진리가 없어 허망한 것을 쫓고 참된 안식과 기쁨을 찾을 수 없는 이 시대를, 절망과 소외, 저주와 살인이 난무한 이 세대를 바라보며 눈물을 짓습니다.

그럼에도 우리에게는 희망을 맛보며 살아갈 힘이 있습니다. 그것은 진정한 의와 진리와 평안과 믿음과 소망과 사랑이 우리 안에 있기 때문입니다. 이는 나의 능력과 자질과 성품이 아닌 성령의 이름으로 받는 세례를 통해 얻습니다. 세례를 받은 언약의 자녀가 성령 하나님의 약속에 따라 그리스도 안에 있는 것을 소유함으로 절망 속에서도 소망을 두고 살아갈 수 있습니다. 그리스도가 우리에게 주신 복음인 자유와 기쁨을 통해서 매일 새로운 삶을 살 수 있는 것입니다. 죄 대신 거룩함으로 흠 없는 삶을 살아갈 수 있는 능력을 얻게 됩니다.

셋째, 세례를 받은 우리는 거룩하고 흠이 없이 영원한 생명을 누리면서 택함을 받은 무리 가운데서 한 자리를 차지할 것이라는 약속을 받습니다. 성령 하나님께서는 우리를 영원한 생명으로 인도하십니다. 고린도전서 15장 44절을 보십시오.

> 육의 몸으로 심고 신령한 몸으로 다시 살아나나니
> 육의 몸이 있은즉 또 영의 몸도 있느니라

우리는 성령 하나님으로 말미암아 신령한 몸인 성령의 몸을 입게 됩니다. 주님이 오시는 그날에, 우리는 주님을 계신 그대로 뵙고, 주님처럼 신령한 몸으로 다시 살아나며, 주님처럼 변화됩니다. 이것은 성령 하나님께서 우리에게 약속하신 것입니다.

이처럼 성령 하나님의 이름으로 세례를 받을 때 얻는 약속과 유익은 참 큽니다. 성령 하나님께서 우리 안에 거하심으로 우리로 매일 새로운 삶을 살게 하시고 거룩한 삶을 추구하게 하십니다. 더 나아가 앞으로 얻을 영원한 생명을 약속하십니다. 여기서 우리가 더 주목할 부분이 있습니다. 세례를 통해 우리는 한 성전, 한 지체가 된다는 점입니다. 세례는 주님의 몸 된 언약의 공동체를 이루게 합니다.

교회의 하나 됨을 이루는 유아세례

오늘날 교회의 모습은 상당히 부정적입니다. 2020년부터 시작된 코로나 대유행의 중심에 교회가 직간접적으로 연결되면서 이러한 양상이 심화되었습니다. 물론, 일반 대중이 생각하는 교회라는 곳에는 이단과 사이비가 포함되어 억울한 점이 있습니다. 그런데도 교회가 대사회적 참사에 아무런 역할도 하지 못했고, 오히려 유행을 부추기고 있다는 지적에서 완전히 자유롭지는 못합니다. 이런 부정적 인식은 예전부터 지적돼 온 '교회 중심으로 산다'는 말을 거부하는 데 정당성을 부여했습니다. 오랫동안 여러 가지 행사나 봉사로 지친 많은 교인들에게 코로나 상황은 그야말로 참된 안식의 시간이었을지도 모릅니다. 내가 예수님을 믿고 기도하고 설교 듣고 교회 출석하는 것은 좋지만, 교회에 깊숙이 들어가고 싶지 않은 마음을 자연스럽게 드러낼 기회가 온 것입니다. 예전에는 '가나안 성도'가 있었다면, 지금은 디지털 교인의 증가와 함께 기존 교회의 모습에서 탈피하고, 전통적 교회 구조를 거부하는 '탈교회화'가 급속하게 진행되고 있습니다.

일명 비대면 예배가 익숙해지면서 예배당에 나가지 않고 공동체에 소속되지 않아도 교회 생활이 가능하게 된 것입니다. 이런 흐름 속에서 온라인 교회가 급성장하고 있습니다. 이런 흐름은 기존 교회의 연약함, 부족함 때문이기도 하지만, 한편으로 '교회 중심'을 오해했기 때문이기도 합니다. '교회 중심' 곧 교회를 이루는 그리스도의 지체됨이 먼저라는 말씀은, 교회를 통해서 전파되는 말씀이 없이는 죄 사함의 복음을 전해지지 않는다는 의미입니다. 거룩한 하나님의 말씀이 온전하게 선포되는 기관으로서의 교회의 중요성을 말하고 있습니다. 이런 의미에서 진리의 말씀이 풍성하게 선포되고, 그 선포된 말씀을 근거로 성례가 시행되는 곳이 교회입니다. 하나님은 교회 가운데 은혜를 베푸시고, 교회에 소속된 우리는 복음의 말씀으로 죄와 구원에 대해 깨닫고 위로와 평화를 얻습니다.

교회 중심은 교회를 하나로 만드는 아주 중요한 원리입니다. 그리고 교회가 하나가 되는 원리는 세례입니다. 그래서 칼뱅은 "세례는 교회로 들어가는 문이 그들 앞에 열리는 것이다"라고 했습니다.[10] 벨기에 신앙고백서 34항은 "세례로 하나님의 교회로 받아들여진다"라고 했습니다. 곧 우리는 세례를 통해 언약 공동체인 교회에 받아들여지는 것입니다.[11] 세례를 통해서 새롭게 변화된 자들이 예수 그리스도 몸의 각 지체로 연합하여 한 몸으로 교회를 이룹니다. 한 몸인 공동체는 한 하나님을 섬깁니다. 삼위 하나님의 풍성한 교제와 사랑의 나눔과 섬김이 우리와 함께 교회 중심을 이룹니다.

---

10. 칼뱅, 『기독교 강요』, 4, 16, 31.
11. 허순길, 『벨기에 신앙고백 해설』, 470.

그런데 만약 교회 구성원을 유아세례를 반대하는 사람들처럼 자발적인 회개와 신앙고백이 있는 사람으로 제한한다면, 우리의 자녀들은 신자나 불신자도 아니고 언약 공동체에 출석은 해도 한 몸이 되지 못하는 어정쩡한 상태에 있을 것입니다. 우리 자녀는 믿지 않는 자의 자녀와 지역 교회 밖의 아이들과 분명히 다릅니다. 왜냐하면 하나님의 은혜 언약 아래에서 태어났기 때문입니다. 그래서 유아세례를 받고, 유아세례를 탈았기에 특별한 언약 공동체 회원으로 인정합니다.[12]

유아세례는 우리 자녀가 언약 공동체, 고회의 한 구성원이 됨을 선포하는 시간입니다. 유아세례를 받는 아이는 삼위 하나님의 이름으로 세례를 받기에 한 가정의 자녀가 아니라 한 몸 된 교회의 자녀가 됩니다. 이미 세례를 받은 다른 지체와 마찬가지로 성부와 성자와 성령의 연합 안으로 들어오게 됩니다. 그러므로 언약의 공동체는 세례를 받는 자녀를 나의 자녀처럼 사랑으로 대할 수밖에 없습니다. 나에게 주신 삼위 하나님의 크신 사랑과 위로를 함께 나누기를 주저하지 않습니다. 교회는 진정한 공동체요, 하늘의 평화를 맛보는 공동체이기에 서로 미워하는 것을 그만두고, 사랑하고 하나되기 위한 몸부림이 있을 수밖에 없습니다. 이것이 교회의 하나 됨을 이루는 데 유아세례가 주는 유익입니다.

지금까지 내용을 잘 요약한 대요리문답 167문을 다 함께 읽으면서 마치도록 하겠습니다.

문: 우리는 세례를 어떻게 더 온전하고 의미 있게 할 수 있습니까?

---

12. Venema, "Infant Baptism in the Reformed Confessions," in *The Case for Covenantal Infant Baptism*, 241.

답: … 또 이 성례 안에서 우리에게 보증된 죄 사함과 다른 모든 복에 대한 확신에 이르기까지 장성함으로써 해야 합니다. 또 그리스도와 합하기 위하여 세례를 받은 우리는 죄를 죽이고 은혜를 소생시키기 위해 그리스도의 죽음과 부활에서 힘을 얻음으로써 행해야 합니다. 또 믿음으로 사는 것과, 그리스도께 자신의 이름을 드린 자들로서 거룩하고 의로운 삶을 사는 것과, 한 성령으로 세례를 받아 한 몸을 이룬 자들로서 형제 사랑하는 것을 노력함으로써 행해야 합니다.

질문 및 나눔

1) 세례를 하는 이유 무엇일까요? 이것은 단지 무겁고 번거롭기만 한 것일까요?

2) 세례를 받을 때 일어나는 유익 3가지는 무엇인가요?

3) 삼위 하나님의 이름으로 세례를 받는 것에는 어떤 약속들이 있나요?

4) 유아세례를 하기 전 부모인 나 자신은 세례의 유익을 누리고 있나요?

5장 성실한 교회의 일원

유아세례를 망설이는 부모들과 유아세례를 받았지만 이것의 유익을 알지 못하는 부모들이 많은 이유는 무엇일까요? 4장에서 살펴본 것과 같이 유아세례를 통해 주시는 삼위 하나님의 약속이 강조되지 못했거나 이 위대한 약속에 대한 확신이 없을 수 있습니다. 또한 부모의 신앙이 흔들리거나 선하신 하나님의 사랑에 대한 의심이 있을 수도 있습니다. 하지만 가장 큰 이유는 부모가 자신에게 주어진 의무를 소홀히 한 결과입니다. 한편으로는 교회가 하나님의 약속을 가르쳤다고 해도, 양육에 대해서는 부모의 일로 내버려두기 때문입니다. 유아세례는 세례식이라는 행사 자체로 끝이 아니라 입교에 이르는 나이가 될 때까지 부모와 교회가 함께 다양한 방편을 통하여 아이가 교인으로서 의무를 성실하게 하도록 양육하는 것입니다.

스위스 개혁신학자 하인리히 불링거Heinrich Bullinger가 작성한 제2 스위스 신앙고백(1566)의 세례를 살펴보면 마지막에 특별한 강조가 있습니다. 지금까지 살펴본 것과 같이 세례가 은혜를 주는 방편임을 고백함으로 시작합니다. 세례는 은혜 언약의 표와 인이며, 믿음을 강화하며, 내적 은혜를 외적 감각을 통해 알게 합니다. 그리고 하나님의 언약 백성 공동체인 교회를 다른 사람들이나 종교들과 구분하는 거룩한 표지의 기능을 의무로 고백합니다.

제2 스위스 신앙고백서 19장: 그리스도의 교회의 성례에 관하여
하나님께서는 처음부터 교회에서 선포되는 말씀 설교에 성례전 또는 성례전적인 표징을 첨가하셨다. 이는 성경 전체가 명료하게 증언하는 바이다. 그러나 성례전은 신비한 상징, 거룩한 의식이며 거룩한 집행으로서 하나님 자신에 의해서 제정되었고, 그분 자신의 '말씀'과 '표징' 및 그것으로 제시되는 '사랑'으로 성립되어 있다. 이 신비적 상징 때문에 하나님은 사람들에게 제시된 그분 자신의 최고의 은혜를 교회 가운데 기억으로 보존하시며, 그 기억을 계속해서 새롭게 하신다. 동일하게, 성례전에 의해서 하나님은 그 자신의 약속으로 증언하시고, 그 자신이 우리에게 내적으로 주신 것을 외적으로 표시하셔서, 이른바 눈앞에 두어서 보이는 것으로 하시며, 그렇게 하심으로써 우리 마음 가운데 역사하시는 하나님의 성령을 통해 우리 신앙을 강하게 하시고 또한 성장시켜주시는 것이다. **마지막으로, 성례전에 의해서 하나님은 우리를 다른 모든 백성과 종교로부터 분리시켜서, 오로지 그분 자신을 위해서 이것을 성별하시고 또한 그분 자신에 대하여서 의무를 가진 자로서, 하나님께서 우리에게 요구하시는 것이 무엇인지를 제시하신다.**[1]

세례를 통해서 세상과 다른 종교로부터 분리된 우리 자녀들을 하나님과 교회 앞에서 진리와 경건함으로 기르겠다는 의무가 부모에게 주어져 있습니다. 그러므로 이번 장에서는 공적인 서약을 다루는 일이 무엇인지, 교회의 보호와 양육을 받게 한다는 말이 무슨 뜻인지 살펴보도록 하겠습니다.

---

1. 김산덕, 서재주, 『주제로 보는 개혁파 신앙고백 대조』 (서울: 기독교문서선교회, 2013), 275.

언약의 의무인 사랑

모든 언약은 약속과 의무라는 두 부분으로 구성됩니다. 약속은 우리 자녀가 세례를 받을 때 삼위 하나님께서 주십니다. 그리고 삼위 하나님의 약속을 받은 자들에게 의무를 줍니다. 예식문은 세례의 교훈 세 번째에서 의무를 다음과 같이 알려줍니다.

> **세례의 교훈**
> 모든 언약은 약속과 의무를 포함하고 있습니다. 하나님께서 세례를 통해 새롭게 순종하도록 우리를 부르시고, 우리는 순종할 의무가 있습니다. 우리는 한 분 하나님, 곧 성부·성자·성령 하나님께 붙어 있어야 하며, 그 분을 신뢰하고, 우리의 마음과 목숨과 뜻과 힘을 다하여 그분을 사랑해야 합니다. 더하여 우리는 세상을 버리고 우리의 옛 본성을 죽이며 하나님을 경외하는 삶을 살아야 합니다.

우리는 의무라는 말을 들으면 순간적으로 거부감을 느낍니다. 특별히 한국 사회에서는 더욱 그렇습니다. 받은 혜택은 없는데, 힘없고 돈 없으니 해야 하는 어떤 것이 떠오릅니다. 대한민국 국민으로서 당연히 해야 할 국방의 의무, 납세의 의무는 늘 논란의 중심에 서 있습니다. 이런 이미지 때문인지 언약의 의무도 '내 그럴 줄 알았다!'라고 생각합니다. 속았다는 생각이 듭니다. 하나님께서 약속을 주실 때 무거운 짐은 몰래 숨겨둔 것으로 이해하기 쉽습니다. 결국 나에게 짐을 안겨주었다는 것이죠. 내가 하나님의 기준에 합당한 일을 하지 않으면 발을 뺄 요량으로 약속만 잔뜩 쌓아뒀다고 생각하곤 합니다. 의무를 성실히 하지 않으면 약속은 이루어지지 않으니까요.

5월 5일 어린이날 한 가정의 모습을 상상해봅시다. 아이가 마트에서 장난감을 사달라고 떼를 쓰고, 부모는 난감한 표정으로 아이를 달래고 있습니다. 지난달 카드값이 생각보다 많이 나와서 아이가 원하는 장난감을 사주기는 부담됩니다. 게다가 아이가 장난감을 금방 싫증 내니 이걸 또 사주어야 하나 싶은 겁니다. 이때 묘수가 생각났습니다. 아이가 당연히 할 수 없는 일들을 조건으로 내걸고, 그걸 지키면 사주겠다고 약속하는 것입니다. 사실, 부모는 사줄 마음이 없는데 아이들은 순진해서 부모의 제안에 따르기로 합니다.

혹시 하나님도 유아세례에 대한 약속을 이런 방식으로 주셨을까요? 아닙니다. 하나님께서 우리에게 주시는 언약의 의무는 '사랑의 의무'라고 불립니다. 여러분이 결혼했을 때를 생각해보십시오. 청춘 남녀가 사랑의 서약을 맺습니다. 검은 머리가 파뿌리가 되도록 당신만을 섬기며 영원히 사랑하겠다고 약속합니다. 약속을 지키기 위해서 남편과 아내로서 의무를 다합니다. 이때의 의무는 사랑의 의무입니다.

사랑의 의무에 충실한 부부는 자녀를 낳습니다. 둘 사이의 언약 의무에 더하여 자녀를 주의 교양과 훈계로 양육하는 의무가 더해집니다. 언약의 자녀들이 하나님의 백성으로서 자신의 길을 잘 걸어가도록, 건강하고 튼튼하게 자라도록, 바른 지성과 올바른 성품을 지니도록 키워야 할 의무가 새롭게 생깁니다. 이 의무는 육체적으로나 정신적으로 고된 노동을 요구합니다. 아이 양육은 누구나 하는 것이라 쉬워 보이지만, 양육자 입장에서 보자면 대단한 힘과 시간, 돈과 열정이 필요합니다. 그렇다고 부모의 의무를 하나님이 약속한 것을 주지 않겠다는 고약한 심보로 준 짐이나 시험거리로 생각하는 사람은 아무도 없습니다. 아무리 힘들어도 기쁨으로 부부와 부모의 의무를 감당합니다.

이 의무는 사랑의 의무니까요.

이와 마찬가지로 삼위 하나님께서 주신 약속을 받아 누리기 위해서 우리가 감당할 의무는 기쁨이 충만한 사랑의 의무입니다. 예식문의 특징적인 단어가 이 사실을 잘 보여줍니다. 세례에 주신 의무가 사랑의 의무인 것은 의무자의 특별한 노력으로가 아니라 삼위 하나님에게 '붙어' 있으면 되기 때문입니다. 삼위 하나님께 붙어 있어야 한다는 것은 연합을 의미하고, 삼위 하나님과 연합한 자는 그분을 신뢰하고 사랑하기에 그분이 주신 의무는 사랑의 의무가 되는 것입니다.

여기서 핵심은 의무에 있어서 우리의 구체적인 행동보다는 마음의 태도를 다루고 있습니다. 부부가 서로 붙어 있고, 신뢰하고, 깊이 사랑하는 것처럼 세례받은 우리도 하나님께 붙어 있고, 하나님을 신뢰하고, 깊이 사랑해야 한다는 것입니다. 내 마음의 방향이 환경과 상황이 아니라 하나님을 향해야 합니다. 그렇다면 이제 언약의 자녀와 함께 사랑의 의무의 핵심인 연합, 신뢰, 사랑을 구체적으로 살펴봅시다.

1) 연합

첫 번째 사랑의 의무는 삼위 하나님에게 붙어야 하는 연합입니다. 삼위 하나님과 떨어지면 안 된다는 것입니다. 연합이 의무로 주어졌다는 것은 우리의 자연적 본성이 하나님에게서 독립하여 떨어지려는 속성이 강하다는 것을 방증합니다. 당신은 삼위 하나님에게 강하게 연합되어 있습니까?

요한복음 15장 포도나무 비유는 유명합니다. 주님은 포도나무요, 우리는 가지로서 열매를 맺어 하나님께 영광을 돌리기 위해서는 우리가 예수님 안에 붙어 있어야 한다는 말씀입니다. 가지인 우리가 예수님으로부터 떨어져 있으면 열매를 맺지 못하고 하나님께 영광을 돌리지 못한다는 말씀입니다.

어린아이들은 항상 부모를 졸졸 따라다니며 한시라도 떨어지지 않으려고 합니다. 부모님께 붙어 있는 삶을 의무라고 생각하는 아이는 없을 것입니다. 아이들은 부모와 함께 하는 것을 즐거워합니다. 그러다가 언제부터인가 부모 곁을 떠나기 시작합니다. 서서히 독립성이 발달하고 자신의 정체성이 확립되면서부터 떠날 준비를 합니다. 밥 먹는 것, 잠자는 것, 용변 가리는 것조차 혼자 힘으로 하지 못할 때는 부모에게 모든 것을 의존하여 부모님의 영역에 자신의 자리를 잡지만, 스스로 조금이라도 할 수 있으면 그때부터 자기의 세계를 만들어갑니다.

이것은 마치, 포도나무 가지가 열매를 맺는 것은 내 일이라고 생각하는 것과 같습니다. 이쯤되면 나무에 붙어 있는 것이 쓸데없어 보입니다. 때론 너무나 귀찮습니다. 외출도 함부로 못하고 보고 싶고, 듣고 싶고, 놀고 싶어도 나무에 붙어 있어야 하니 곤욕입니다. 결국, 가지는 나무로부터 독립하기로 마음먹습니다. 내가 하고 싶은 대로 내 마음의 기쁨을 위해서 자기 길을 가겠다고 다짐합니다. 독립을 실행하는 순간 가지는 어떻게 될까요? 가지는 포도나무로부터 자유를 맛보는 것이 아니라 밖에 버려져 곧 말라버리고 심지어 사람들이 그 가지들을 모아다가 불에 던져버립니다. 가지는 포도나무에 붙어 있어야만 살아갈 수 있고 많은 열매를 맺을 수 있습니다.

마찬가지로 삼위 하나님과의 연합에 있어서 가장 큰 문제는 주체성과 독립성입니다. 스스로 자신의 삶을 만들어갈 수 있다는 주장입니다. 그러나 우리는 주님에게 붙어 있어야 합니다. 그와 연합되어 있어야 합니다. 분리되는 것은 주님에게서 벗어나 자기 스스로 모든 것을 해결할 수 있다는 자세입니다. 하나님으로부터 자유하는 것이 곧 파멸이라는 사실을 잊으면 안 되겠습니다.

2) 신뢰

두 번째 사랑의 의무는 신뢰입니다. 약속의 내용이 지금 내 눈에 보이지 않더라도 언약의 말씀을 믿고 그 믿음으로 행하는 것이 신뢰입니다.

국내에서든 해외에서든 장거리 연애하는 분들은 참 대단합니다. 보통, 사랑하는 사람들이 얼굴을 보지 못하면 사랑하는 마음과 정이 금방 사라진다고 합니다. 그런데도 사랑이 식지 않는 커플의 경우는 물리적인 공간을 뛰어넘는 서로에 대한 신뢰가 있기 때문일 것입니다. 연인이 헤어지는 이유는 서로의 말과 행동을 신뢰하지 못하기 때문입니다. 신뢰는 사랑의 기본 원칙입니다. 그럼에도 인간의 신뢰는 쉽게 허물어지고 지속되지 못합니다. 왜냐하면 서로의 약속에 대한 믿음이 없기 때문입니다.

하지만 하나님과 우리 사이의 약속에 대한 사랑의 의무로서 신뢰는 차원이 다릅니다. 하나님께서는 아브라함에게 약속을 주시면서 거듭 지키실 것을 보여주시고, 확증하셨음을 기억하실 것입니다. 아브라함을 따라 믿음의 조상들이 보여준 모습이 하나님의 약속이 우리에게 확실하게 이루어질 것에 대한 증거입니다. 반대로 하나님의 약속을 신뢰하지 못하는 것은 하나님보다 자신을 믿기 때문입니다. 성경의 많은 실패의 사람들이 증명합니다. 세상을 믿고, 인간을 믿고, 돈을 믿는 경우가 많습니다. 이렇게 당신이 하나님을 신뢰하지 못하면 하나님의 약속은 더는 당신의 것이 아닙니다.

하나님을 신뢰하지 못하는 것은 믿음 없음을 표현하는 불신의 행동입니다. 우리에게는 참된 믿음이 필요합니다. 하이델베르크 요리문답 21문과 벨기에 신앙고백서 22장은 참된 믿음에 대하여 다음과 같이 말합니다.

하이델베르크 요리문답 21문: 믿음이란 무엇입니까?
답: 참된 믿음은 하나님께서 그의 말씀에서 우리에게 계시하신 모든 것

이 진리라고 여기는 확실한 지식이며, 동시에 성령께서 복음으로써 내 마음속에 일으키신 굳은 신뢰입니다. 곧 순전히 은혜로, 오직 그리스도의 공로 때문에 하나님께서 죄 사함과 영원한 의로움과 구원을 다른 사람뿐 아니라 나에게도 주심을 믿는 것입니다.[2]

벨기에 신앙고백서 22장: 그리스도를 믿음으로 말미암는 우리의 칭의
우리는 이 큰 비밀에 대한 참지식을 얻도록 성령이 우리 마음속에 참믿음을 일으키심을 믿는다. 이 믿음은 예수 그리스도를 그의 모든 공로와 함께 받아들이고, 그를 우리의 소유로 삼으며, 그분 외에 어떤 것도 찾지 않는다. 왜냐하면, 우리의 구원에 필요한 모든 것이 예수 그리스도 안에 있지 않든지, 아니면 예수 그리스도 안에 모두 있어서 믿음으로 그를 소유한 사람이 완전한 구원을 소유하게 되든지 어느 하나가 필연적으로 따라오기 때문이다. 그러므로 그리스도가 충분하지 않고 그 이외에 다른 어떤 것이 필요하다고 주장하는 것은 엄청난 신성모독이다. 그렇다면 그리스도가 단지 절반의 구주가 된다는 결론이 되기 때문이다.[3]

그러므로 참된 믿음이란 그리스도에 대한 바른 지식을 가지고 그리스도만을 소망하고, 그리스도 외에 다른 것을 소망하지 않는 것입니다. 우리는 오직 하나님의 말씀에서 약속하신 모든 것이 확실하게 이루어질 것을 신뢰해야 합니다. 신뢰는 우리에게 끊임없이 확신을 주시는 하나님에 대한 사랑의 의무입니다. 이 의무는 무거운 짐이 아니라 기쁜 의무입니다.

---

2. 독립개신교회 교육위원회, 『하이델베르그 요리문답』 38.
3. 허순길, 『벨기에 신앙고백 해설』, 310.

3) 사랑

세 번째 의무는 사랑입니다. 삼위 하나님과의 사랑은 지금까지 살펴본 삼위 하나님과의 연합, 삼위 하나님에 대한 신뢰가 의무로써 잘 작동하게 하는 윤활유 역할을 합니다. 약속에 대한 의무를 사랑의 의무라고 말한 이유이기도 합니다. 마음, 목숨, 뜻, 힘을 다하여 하나님을 사랑하는 사람은 삼위 하나님 안에서 연합되어 그분이 주시는 온갖 유익을 받으며 살아갑니다. 인생 중에 당하는 여러 어려움 가운데서도 나를 향하신 그분의 일하심을 기대하고 신뢰하면서 믿음으로 전진합니다.

하나님의 사랑은 하늘의 비와 같이 값없이 우리에게 풍성하게 쏟아져내립니다. 어렸을 때 비를 흠뻑 맞으며 물장구치던 기억이 생생합니다. 빗줄기가 머리를 타고 온몸을 감싸안을 때의 상쾌함과 기쁨은 말로 표현하기 어렵습니다. 마찬가지로 하나님의 사랑이 내 온몸을 휘감아 어디에 있든 무엇을 하든 함께한다는 것은 큰 기쁨입니다. 하나님의 사랑은 우리의 모든 행동의 배후에 언제나 함께합니다.

이런 하나님의 사랑 앞에 우리는 마음과 목숨과 뜻과 힘을 다하여 사랑의 반응을 합니다. 그래서 의무가 아니라 자연스러운 모습일 뿐입니다. 하나님이 우리를 사랑하사 우리 죄를 속하기 위해 화목 제물로 그의 아들을 보내신 큰 사랑 앞에 선 신자는 겸손함과 열정으로 그를 사랑하게 되어 있습니다(요일 4:10). 그의 모든 삶이 하나님을 경외함과 그의 말씀을 순종함으로 그분에 대한 사랑을 드러낼 수밖에 없습니다.

말로는 하나님을 사랑하노라 하면서 하나님에 대한 예배와 경배를 소홀히 하거나 그분의 말씀에 순종하기를 더디 한다면 사랑의 말은 거짓입니다. 만약 어떤 아이가 부모의 말을 듣지도 않고 존경도 하지 않으며, 순종하지 않는다면 부모를 사랑하는 것일까요? 아닙니다. 그래서 주님은 요한복음 14장 15절에 "너희가 나를 사랑하면 나의 계명을 지키리라"라고 하셨습니다.

사랑하는 사람에게는 모든 것을 다 바칩니다. 다른 이유가 없습니다. 단지 사랑하기 때문입니다. 사랑하기에 주어진 의무는 절대로 짐이 아닙니다. 그렇다고 오해하지 마십시오. 우리가 주님의 모든 말씀의 계명을 완전히, 철저하게 다 지켜야 주님을 사랑한다는 의미는 아닙니다. 주님을 사랑하면서 순종하고 나아가면 나의 부족한 순종도 주님은 온전하게 받아주십니다. 내가 죄인이었을 때 나를 사랑하신 하나님의 사랑은 언제나 한결같기 때문입니다. 이렇듯 주님께서 우리에게 주신 의무는 바로 사랑이라는 사실에서 위로와 안식을 얻을 수 있습니다.

하나님을 경외하는 삶

그렇다면 언약의 부모 여러분! 우리의 자녀가 유아세례를 받으므로 주어진 언약의 의무들인 연합, 신뢰, 사랑이 삶의 현장에서 어떤 모습으로 나타나야 할까요? 특히 먼저 부름을 받은 믿음의 선배로서, 언약의 부모로서 우리는 자녀들에게 어떤 모습을 보여주고, 어떤 삶을 살도록 가르쳐야 할까요? 그것을 예식문에서 다음과 같이 요약해줍니다.

> 또한 우리는 세상을 버리고 우리의 옛 본성을 죽이며 하나님을 경외하는 삶을 살아야 합니다.

한마디로 표현하면 '하나님을 경외하는 삶'입니다. 하나님과 연합하고 그분을 신뢰하고, 온전히 사랑하라는 의무의 실천은 하나님을 경외하는 삶입니다. 예식문은 이것을 우리의 옛 본성을 죽이는 일이라고 합니다. 골로새서 3장 5절에 따르면, 땅의 지체를 죽이고 옛사람과 그 행위를 벗어버리고 새사람을 입어 우리를 새롭게 창조하신 이의 형상에 따라 지식에까지 새롭게 하심을 입은 자처럼 사는 것을 말합니다. 우리 삶에서 땅의 것을 추구하지 말고, 그리스도와 함께 살리심을 받은 자처럼 위의 것을 찾으라는 것입니다. 하늘은 우리 주 예수 그리스도께서 하나님의 보좌 우편에 계신 곳이기 때문입니다.

옛사람을 죽이고 하나님을 경외하는 삶을 어떻게 구체적으로 실천할 수 있는지 살펴봅시다. 에베소서 4장 22절에 보면 그리스도와 연합한 사람은 옛사람이 아닌 새사람으로 살아갑니다. 이어서 23, 24절 말씀처럼 옛사람을 벗어버리고 심령을 새롭게 하여 새사람을 입으라는 것과 같습니다. 하나님을 경외하는 삶이란 의와 진리의 거룩하심으로 새사람을 입는 삶입니다. 즉, 새로 거듭난 사람이 하나님을 경외하는 삶을 살아갑니다.

새사람으로 살아간다는 말은 우리의 일상생활에 더 집중하는 삶입니다. 특히 일상에서 가장 빈번하게 일어나는 '말'과 관련된 행동입니다. 에베소서 4장 25절에서는 우리에게 거짓을 버리고 이웃과 더불어 참된 것을 말하라고 합니다. 그러기 위해서는 삶에 빈번하게 나타나는 26절의 '분노'를 함부로 내지 말아야 합니다. 이는 마귀에게 틈을 주는 것이기 때문입니다. 당신은 평소 자녀 앞에서 거짓말이 아닌 참된 말을 하십니까? 화를 참으십니까? 왜 자녀들이 자라면서 거칠어지고 감사를 모르며, 불평과 불만을 품고, 형제자매간에 자주 다툴까요? 혹 부모인 내가 보여준 모습은 아닌지 돌아볼 일입니다.

지금 이 글을 쓰는 제 얼굴이 화끈거리고 참 부끄럽습니다. 저 또한 쉽게 정죄하고, 악독한 말을 내뱉기를 얼마나 자주 하는지 모릅니다. 특히 분냄을 이기지 못해서 자주 실패하는 모습을 보이기도 합니다.

그런데 말씀은 오히려 더러운 말은 입 밖에도 내지도 말고 선한 말을 해서 은혜를 끼치고 덕을 세우라고 합니다. 그러므로 우리는 말로 나타나는 모든 악독과 노함과 분냄과 떠드는 것과 비방하는 것 등을 넘어서 모든 악의를 함께 버리고 서로 친절하며 불쌍히 여기며 서로 용서하기를 하나님이 우리를 용서하심 같이 해야 합니다(엡 4:29-32). 일상에서 수도 없이 만나는 별로 중요하지 않다고 생각하는 것들, 밥 먹고 씻는 행동처럼 일상이 되어버려서 고치려는 노력조차 하지 않는 일들부터 시작하라고 합니다.

꼭 무기를 들고 남을 찔러야 강도요, 살인자가 아닙니다. 남의 것을 빼앗거나 훔쳐야만 도둑이 아닙니다. 일상에서 일어나는 가장 기본적인 행동인 분냄, 떠벌림, 비방, 뒷담화, 악한 마음을 품는 것, 용서하지 못하는 것, 쉽게 증오하는 것, 시기와 불만의 눈빛을 보내는 것은 새사람의 도리가 아닙니다. 언약의 부모인 우리가 먼저 이 사실을 깨닫고 부단히 노력하는 모습을 보여야 할 것입니다.

우리가 새사람으로서 마땅히 해야 할 일에 부족함을 느낄 때마다 회개해야 합니다. 그리고 이런 부족한 나를 통해서 아이를 양육하게 하시는 하나님의 크신 은혜에 감사해야 합니다. 우리가 새사람이라, 하나님의 자녀라 하면서 친구와 이웃과 가족을 친절하게 대하지도, 불쌍히 여기지도, 용서하지 못한다면 그리스도인이 아닙니다. 그런데도 나같은 연약한 부모를 통해서 아이들을 새사람의 모습으로 양육하게 하시는 하나님의 부르심은 놀라울 뿐입니다.

그러므로 부모는 자녀를 통해 말씀하시는 하나님의 경고를 들어야 합니다. 모든 악한 행동은 새사람에게 마땅한 일이 아닙니다. 악한 마음으로 같은 일을 반복하는 자들은 다 우상숭배하는 자와 같아서 그리스도와 하나님 나라에서 기업을 받을 수 없습니다. 우상 숭배자들처럼, 음행과 온갖 더러운 것의 옛

사람의 성품을 가진 자가 되면 안 됩니다(엡 5:3-7).

우리는 언약의 부모로서 주 안에서 빛의 자녀입니다. 빛의 자녀로서 언약의 자녀들에게 삶을 통하여 그리스도의 새사람의 길이 무엇인지를 보여주어야 합니다. 이를 위해 부단히 노력해야 합니다. 부모가 모든 일을 완전하고 완벽하게 이루지 못한다 할지라도 점점 그리스도의 사랑 가운데서 그리스도의 인도하심과 성령 하나님의 은혜로우심 가운데 변화되는 은혜를 경험해야 합니다. 아이가 어려서 잘 알지 못하리라 생각하지 마십시오. 세월은 참 빠르게 지나갑니다. 저는 아이들이 무럭무럭 자라는 것이 감사하고 기쁘지만 동시에 너무나도 아쉽습니다. 분명 하루는 24시간이요, 일 년은 365일인데, 나이가 들어갈수록 속도감은 훨씬 빨라집니다. 하루가 금방이요, 일 년도 순식간입니다. 오늘 내 일상이 나의 미래를 만듭니다. 그리고 세상은 너무나 악합니다. 우리가 빛의 자녀로서 살지 못하도록 방해하는 세력의 힘도 더욱 커지고 있음을 경계하십시오.

주 안에서 사랑하는 엄마들이여! 에베소서 5장 22절을 눈여겨봅시다. 수없이 들은 말씀이지만 쉽지 않은 명령입니다. 가정에서 남편에 복종하기를 교회가 주님께 하듯 합시다. 아빠들이여! 마찬가지로 25절처럼 아내 사랑하기를 그리스도께서 교회를 사랑하시고 그 교회를 위하여 자신을 주심과 같이 합시다. 각각 남편은 아내 사랑하기를 자신같이 하고 아내도 자기 남편을 존경해야 합니다. 피차 복종하며 살아야 합니다. 이 사랑의 모습이, 이 사랑의 열매가 부모의 삶에서 나타날 때 일상의 모습으로 하나님을 경외하는 것입니다.

부모들이여, 이 말씀을 귀로만 들으면 안 됩니다. 우리의 삶의 열매로 드러나야 합니다. 만약 의사가 약을 처방해주면서 "아침, 저녁으로 꼭 먹어야 합니다. 혹시 깜빡 잊어버리고 안 먹으면 죽을지 모릅니다"라고 한다면, 당신은 어떻게 하시겠습니까? 의사 말을 철저하게 따르며 지킬 겁니다. 온 정신을 몰두

하여 칼같이 시간 맞춰 약을 먹겠지요. 가족들도 함께 명령을 지키기 위해서 노력할 것입니다. 그런데 부부가 서로 사랑하라는 하나님의 명령 앞에 우리는 어떻게 합니까?

특별히 말은 생각을 담은 주머니입니다. 말이라는 것은 참 신기해서 강조점을 어디에다 두느냐에 따라서 느낌이 매우 다릅니다. 가장 많이 쓰는 단어인 "예, 그래, 응"을 아내와 남편에게 말해보십시오. 어떤 말 앞에 두느냐, 뒤에 두느냐에 따라 같은 말도 다르게 들립니다. 당신은 어떤 억양과 표정을 가지고 배우자를 대합니까? 새사람처럼 말씀하십니까?

우리는 성공과 실패, 기쁨과 슬픔, 좌절 그리고 사랑을 가정에서 가장 많이 배웁니다. 정확하게 말하면 몸으로 체득하게 됩니다. 자녀들은 엄마 아빠를 통해서 모든 것을 경험합니다. 남편은 아내를 통해서, 아내는 남편을 통해서 느끼고 배우며 경험합니다. 이것은 가정이 천국임과 동시에 지옥이 될 수 있음을 보여줍니다. 우리 가정의 일상은 천국입니까? 지옥입니까? 아니면 중간지대입니까?

아이들이 하나님에 대해서, 말씀에 대해서, 기도에 대해서 어디에서 배울까요? 교회에서만 배울까요? 아닙니다. 물론, 교회를 통해서 바른 내용을 교육받아야 합니다. 하지만 실천과 적용은 가정에서 배워야 합니다. 가정에서 반복하여 훈련해야 합니다. 에베소서 6장 4절의 하반절을 보십시오. 언약의 자녀를 주의 교훈과 훈계로 양육하라 하셨습니다.

가정의 영적 건강 상태를 쉽게 측정하는 방법이 하나 있습니다. 그 가정이 가장 중요하게 여기는 가치가 무엇인지 보는 것입니다. 쉽게 말하면 가족이 함께 모였을 때 사용하는 시간과 들이는 비용이 어디에 있는지를 보면 압니다. 부모는 아이들이 어떤 사람이 되길 원하는가? 훌륭한 사람은 물론이요, 영적으로 건강하고, 하나님을 잘 섬기기를 바랍니다. 그런데 부모인 우리는 어디에 시간과 돈과 에너지를 집중하고 있습니까? 혹시 무엇을 먹고, 어떻게 놀지, 아이의 공부와 성적에 집중하고 있지는 않습니까?

아이들과 함께 예배하는 시간은 어떤가요? 일주일에 얼마나 이 일에 쓰고 계신가요? 일주일은 총 168시간입니다. 평균 취침 시간을 8시간으로 계산하면 56시간, 그 외 활동 시간을 많이 잡아 하루 10시간 하면 총 70시간, 그래서 총 시간에서 취침과 활동 시간을 빼면 42시간이 남습니다. 이를 7로 나누면 하루 6시간이나 나옵니다. 예배할 시간이 없다는 것은 핑계가 아닐까요? 물론 아이들이 크면 말처럼 쉽지 않을 것입니다. 그러나 가정에서 함께 예배하고, 말씀을 보고, 암송하고, 주의 교양과 훈계로 교훈하는 것, 서로를 돌아보고, 함께 교회 모임에 참석하여 얻는 유익들에 대해서 얼마나 신경을 쓰고 있는지 체크해야 합니다. 이와 관련해서는 2부에서 구체적인 실천 방법을 찾도록 하겠습니다.

새사람으로서 하나님을 경외하는 삶을 살고 싶지만, 자주 실패한다면 어떻게 해야 할까요? 마음은 원이로되, 육신이 약해서 못하는 경우도 많습니다. 말씀의 원리대로 살면 얼마나 좋겠습니까? 그런데 현실은 그렇지 못합니다. 예식문에는 다음과 같은 내용이 덧붙여져 있습니다.

> **하나님의 자비**
>
> 때때로 우리가 연약함으로 말미암아 죄에 빠졌다 하더라도, 우리는 하나님의 자비를 포기하지 않아야 하며, 그냥 죄에 머물러서도 안 됩니다. 그것은 세례가 하나님께서 우리와 맺으신 영원한 언약의 인이고 온전히 신뢰할 만한 증언이기 때문입니다.

하나님을 경외하는 삶을 잘 살아가지 못할 때, 우리가 할 일은 오직 하나님의 자비를 바라보는 것뿐입니다. 다시 하나님의 사랑을 기억하고 신뢰해야 해야 합니다. 절대로 낙담해서는 안됩니다. 죄로 돌아가 그 속에 머물러서는 안됩니다.

세례를 통해서 하나님의 자비를 바라봐야 합니다. 세례는 "우리의 인내와 신실함과 진실함"을 나타내는 것이 아니고 "삼위 하나님의 영원한 언약"을 나타내는 표와 인이기 때문입니다. 죄에 걸려 넘어진 자신을 보지 말고, 넘어진 자를 일으켜 세우시는 주님을 바라봐야 합니다. 인간의 약속은 취소도 쉽고 변경도 쉽지만 하나님의 언약은 변함이 없습니다. 그러니 변치 않는 약속의 표와 인인 세례를 바라봐야 합니다. 이사야서 54장 10절을 봅시다.

> 산들이 떠나며 언덕들은 옮겨질지라도
> 나의 자비는 네게서 떠나지 아니하며
> 나의 화평의 언약은 흔들리지 아니하리라
> 너를 긍휼히 여기시는 여호와께서 말씀하셨느니라

이스라엘 백성이 언약을 어기고 거짓 신과 이방 나라를 의지하다가 결국, 바벨론에 포로로 잡혀가는 상황에서도 하나님은 그분의 언약을 신실하게 지키시겠다고 하셨습니다. 그들을 향한 주님의 인자하심은 떠나지 않았습니다. 산이 옮겨지는 일이 있더라도 자기 언약과 백성을 향한 하나님의 사랑은 옮겨지지 않습니다.

이런 변치 않는 약속을 믿는 새사람은 일곱 번 넘어져도 다시 일어납니다. 자신의 죄가 크고 부끄러워서 하나님 앞에 설 면목이 없다고 하는 사람은 겸손한 게 아니라 하나님의 은혜를 바르게 알지 못하는 것입니다. 하나님을 심각하게 오해한 것입니다. 하나님은 자신의 죄를 자백하는 자를 용서하시고 깨끗하게 하시는 분입니다(요일 1:9).

그러므로 우리는 나의 힘이 아니라 "주 안에서와 그 힘의 능력으로 강건해" 집니다(엡 6:10). 죄와 연약함을 마주할 때 절대로 포기해서는 안 됩니다. 사탄과 마귀는 실패와 좌절을 이용하여 당신이 주님을 부인하고 낙담케 하려고 합니다. 이런 마귀의 간계를 대적하기 위해서 하나님의 전신갑주를 입어야 합니다. 모든 일에 기도와 간구를 쉬지 않고 항상 성령 안에서 깨어 구하기를 힘써야 합니다(엡 6:11-18).

마지막으로 초대 교부인 크리소스토모스의 경고에 귀를 기울여 봅시다.

"아이들이 세례를 받는다고 해도 나중에 성령의 인도하심을 받지 않는다면 우리에게 허락하신 양자의 특권과 존귀함을 잃어버리게 될 것입니다."[4]

이는 유아세례를 준비하거나 받은 부모들에게 주는 강한 경고입니다. 그러나 이것은 두려운 경고인 동시에 은혜의 자리로 부르는 초대이기도 합니다. 사랑하는 언약의 부모들이여! 하나님을 사랑하고 그의 계명을 지키는 자에게 주시겠다고 하셨던 약속을 의지하며 사랑의 의무를 기쁨으로 감당하기를, 성령의 인도하심의 은혜가 가득하기를, 우리 아이들과 자신을 위해서 또 교회 지체들을 위해서 기도합시다.

---

4. Elliot Ritzema, "John Chrysostom," *300 Quotations for Preachers from the Early Church*, Pastorum Series (Bellingham: Lexham Press, 2013). Digital Format.

질문 및 나눔

1) 유아세례의 의무를 사랑의 의무로 느끼고 있습니까? 혹시 느끼지 못한다면 그 이유는 무엇일까요? 가장 큰 어려움은 무엇일까요?

2) 하나님과 연합하고, 신뢰하고, 사랑하는 것처럼 부부 사이에 연합, 신뢰, 사랑이 있습니까?

3) 자녀에게 하나님을 경외하는 삶을 보여주기 위해 오늘 내가 개선할 것은 무엇일까요?

4) 낙심하고 우울한 기분이 들 때 회복하는 방법은 무엇인가요?

6장 입교 전까지 보호와 양육

우리는 지금까지 쉼 없이 달려온 걸음을 한 발짝 높고 넓게 내디뎌야 할 지점에 도착했습니다. 그것은 유아세례는 세례식 행사만으로 끝나지 않고, 입교하는 날까지 지속된다는 점입니다. "유아세례식에 대한 교육이 아니었나요?" 하며 놀라실 분이 계실지도 모르겠습니다. 하지만 유아세례식의 완성은 우리 자녀들이 자신의 입술로 공적인 신앙을 고백하여 입교함으로 함께 성찬 상에 둘러앉을 때입니다. 여러분은 이날을 상상하며 기대하고 소망하고 있습니까?

물론 유아세례를 받은 자녀가 자발적인 회개와 신앙고백이 있기까지 긴 시간이 필요할지 모릅니다. 자녀 스스로 사랑의 의무를 다할 때까지 얼마나 걸릴지 모릅니다. 그래서 이 긴 시간 동안 부모의 역할이 정말 중요합니다. 우리의 구원은 오직 그리스도를 통해서, 오직 믿음으로, 오직 은혜 가운데 주어집니다. 동시에 언약의 부모는 언약의 자녀를 오직 말씀의 원리에 따라 삼위 하나님의 영광과 그를 영원토록 즐거워하는 것에 대해 가르치고 양육해야 할 의무를 집니다. 유아세례 때 하는 서약은 이런 내용과 다짐을 담고 있습니다. 다 함께 예식문을 봅시다.

부모가 하는 서약 문답

세례는 하나님께서 그분의 언약을 우리와 우리의 자녀들에게 인치려고 제정하신 것임을 들었습니다. 하나님의 위대한 자비를 기억하십시오. 주님의 교훈과 훈계 안에서, 말씀의 지식 안에서 자녀를 양육해야 합니다. 여러분과 자녀들을 향한 하나님의 진노와 위험을 자녀가 깨닫게 하십시오. 당신의 의무를 실천하기 위해서 엄숙한 약속이 필요합니다.

첫째, 여러분은 이 아이가 죄악 중에 잉태되고 출생하여서 모든 비참함을 겪고 심지어 영원한 심판까지 받게 되었으므로, 예수 그리스도의 보혈로 죄 씻음을 받아야 하고 성령의 은혜로 새롭게 되어야 한다는 필요성을 인정하십니까?

답: 예.

둘째, 여러분은 이 아이에 대한 하나님의 언약을 확신하고 자신의 구원을 위하여 진력하는 것과 마찬가지로 이 아이도 주 예수 그리스도의 속죄를 신뢰하므로 구원을 얻을 수 있다는 사실을 인정하면서 신앙적인 양육에 힘쓸 것을 서약하십니까?

답: 예.

셋째, 여러분은 이 아이를 온전히 하나님께 바치고, 겸손한 마음으로 하나님의 은혜를 의지하며 이 아이가 성장함을 따라서 부모로서 친히 경건의 본을 아이에게 보여주고 그를 위하여 기도하며 그와 함께 기도하고 거룩한 진리의 도를 가르치고 기독교 신앙에 기초한 지식에 따라 주의 교훈과 훈계로 교육하고 교육받게 하며 만약 그것을 게을리하면, 당신과 당신의 자녀를 향한 하나님의 진노 위험이 있음을 알고 최선을 다하기로 작정하십니까?

답: 예.

예식문의 서약을 요약하면 다음과 같습니다. 첫째, 아이는 예수 그리스도를 통한 죄 씻음이 필요하며 성령의 은혜로만 새롭게 됩니다. 둘째, 아이가 하나님의 언약을 확신하고 자신의 구원을 위해 진력해야 하며, 그렇게 하도록 부모가 신앙 양육에 힘써야 합니다. 마지막으로 부모는 아이를 하나님께 바치고, 겸손한 마음으로 하나님의 은혜를 의지하며 친히 경건의 본을 보이고 아이를 위해 기도하고, 거룩한 진리의 도를 가르치고, 주의 교훈 가운데서 성장할 수 있도록 최선을 다해야 합니다.

서약은 굉장히 중요한 일입니다. 결혼식에서도 서약이 가장 중요한 순서라는 걸 떠올리면 쉽게 알 수 있습니다. 우리가 하나님 앞에서 하는 서약 자체가 얼마나 큰일인지 웨스트민스터 신앙고백서를 보면 다음과 같습니다.

웨스트민스터 신앙고백서 제22장: 정당한 맹세와 서약에 대해서
1항. 정당한 맹세는 예배의 한 부분이다. 곧 예배할 때, 적절한 경우, 엄숙하게 맹세하는 것은 사람이 자신이 단호하게 주장하거나 약속하는 바에 대해 하나님께서 증언해주시기를, 또 자신이 맹세한 것의 참과 거짓 여부를 따라 자신을 심판해주시기를 하나님께 청원하는 것이다.
2항. 사람들은 오직 하나님의 이름으로만 맹세해야 하며, 맹세할 때는 거룩한 두려움과 존중하는 마음을 가지고 하나님의 이름을 불러야 한다. 그러므로 하나님의 영광스럽고 두려운 이름으로 헛되고 경솔하게 맹세하거나 어떤 다른 것의 이름으로 행세하는 것은 죄악이 되고, 혐오스러운 것이다. 그러나 무겁고 중용한 사안의 경우에 맹세는, 구약만이 아니라 신약에서도 하나님의 말씀으로 보장된다. 정당한 권위가 부과한 정당한 맹세는 그런 사안의 경우에 행해져야 한다.[1]

---

1. 웨스트민스터 총회, 『웨스트민스터 신앙고백 노트』, 288.

하나님 앞에서 하는 서약에 거짓이 있다면 하나님께서 심판해달라는 의미가 있습니다. 모든 것을 아시고 강한 능력을 갖추신 분이 심판하시니, 우리는 하나님의 이름으로 맹세할 때 거짓과 헛된 맹세를 해서는 안 됩니다.[2] 서약은 언약의 10가지 말씀(십계명) 중 제3계명의 핵심입니다. 서약을 가볍게 여기는 것은 "여호와의 이름을 망령되게 부르는 것"과 같습니다. 그래서 상황과 형편에 따라서 지키지 못할 것 같으면 "서약을 취소하겠습니다"라고 가볍게 처리할 문제가 아닙니다. 서약을 가볍게 여기는 것은 하나님을 우습게 여기는 것과 같기 때문입니다. 그러므로 유아세례의 서약은 입교까지 유효합니다.

언약의 부모는 유아세례식을 통해서 하나님과 여러 증인 앞에서 자녀가 언약의 복을 누리고, 하나님 나라의 영광스러운 백성으로 살아가도록 지도하기로 서약합니다. 하나님 나라의 원리와 그 백성의 영예가 무엇인지를 교육하기로 서약합니다. 루터는 성경을 근거로 자녀를 신앙으로 양육하는 것은 하나님의 명령임을 강조하였습니다. 그는 시편 78편 5-6절 말씀을 인용하면서 부모의 교육적 권위는 하나님이 주신 영적인 권한임을 말합니다.[3] 이제 구체적으로 어떤 서약을 하는지 내용을 살펴봅시다.

자녀에게 복음을 전해야 한다

유아세례 서약의 첫째는 자녀에게 복음을 전하는 것입니다. 부모는 그들의 자녀 또한 타락한 사람이요, 예수 그리스도의 보혈로 죄 씻음을 받아야 하는

---

2. 쇼, 『웨스트민스터 신앙고백 해설』, 457-459.
3. 마틴 루터, "그리스도교 학교를 건립 운영하도록 호소한 글," 『루터선집』 9권, 지원용 역 (서울: 컨콜디아사, 1983), 294-295.

존재임을 끊임없이 선포해야 합니다. 기회를 만날 때마다 증언해야 합니다. 그런데 실제로 아이에게 복음을 전달할 때 머뭇거릴지 모릅니다. 너무나 사랑스럽고 예쁜 아기를 보면서 어떻게 타락한 사람으로 생각하며 대할 수 있을까요. 하지만 아이에 대한 부모의 감상과 상관없이 성경은 말씀합니다. 이 아이는 타락했기에 멸망의 자식이며 그리스도의 보혈로 죄 씻음이 없으면 죗값을 받아야 합니다. 유일한 희망은 오직 그리스도를 통해서 죄 사함을 받아야 합니다.

그렇다면 어떻게 부모가 아이들에게 복음을 전할 수 있을까요? 아마도 이 부분이 가장 궁금하고 막막한 지점일 것입니다. 아이들을 모아놓고 교육해야 할까요? 그렇다면 아이들이 부모의 말을 이해할 나이가 될 때까지는 복음을 듣지 못할 것입니다. 그래서 전통적으로 가장 손쉬운 방법이 있었습니다. 가정예배입니다. 가정예배는 선택 사항이 아니라 언약 가정이라면 해야 할 필수 사항입니다. 가정예배를 통해서 신앙은 부모로부터 자녀에게 전수되고, 아이들은 복음을 듣게 됩니다. 예배와 안식일을 고백하는 신앙고백서 21장 6항에서 이 사실을 잘 보여줍니다.

> 웨스트민스터 신앙고백서 21장: 예배와 안식일
> 6항 … 따라서 매일 각 가정에서, 은밀히 홀로 예배해야 하고, 하나님께서 말씀과 섭리로 공적 예배 모임을 명하시는 때에는 공적 예배 모임을 경솔하거나 고의로 소홀히해서도, 저버려서도 안 되며, 더욱 엄숙하게 예배해야 한다.[4]

---

4. 웨스트민스터 총회, 『웨스트민스터 신앙고백 노트』, 272-274.

우리는 매일 가정에서, 그리고 홀로 예배하는 예배자입니다. 부모가 참된 예배자로서 예배를 가장 중요하게 여기는 사람이라면 자연스럽게 자녀도 예배를 중요하게 여기게 됩니다. 더하여 가정예배를 중요하게 여기는 가정이 공예배를 소홀하게 여길 가능성은 없습니다. 그러므로 매일 가정에서, 교회 공예배를 통해서 복음은 끊임없이 선포될 것입니다. 부모의 특별한 열심과 상관없이 하나님이 말씀을 통해서 가정과 교회에 은혜를 주실 것입니다. 하나님은 말씀의 선포를 통해서 자신의 백성을 기르시고 양육하시기를 기뻐하기 때문입니다.

에드워드 로렌스는 우리 자녀들이 세례를 받고 구원에 이르러 하나님의 언약에 동참하도록 인도하는 여섯 가지 방법을 다음과 같이 제시합니다.[5]

1) 당신 자녀들은 반드시 죄악의 위험성을 알고 있어야 한다.

2) 자녀들과 더불어 성부, 성자, 성령 곧 삼위일체 하나님에 관한 교리를 배워야 한다.

3) 자녀들이 예수 그리스도를 믿고 하나님께 순종하는 삶이 얼마나 복된 것인지를 확신하도록 노력해야 한다.

4) 자녀들에게 하나님의 집을 사모하여 교회를 사랑하도록 가르쳐야 한다.

5) 자녀들에게 하나님의 규례를 준수하도록 가르쳐야 한다.

6) 자녀들에게 시간은 짧으며 소중한 것임을 깨우쳐 줌으로써 그들이 시간을 아껴 쓰도록 지도해야 한다.

로렌스가 제시한 여섯 가지 내용은 가정예배에서 나누기에 아주 적합합니다. 부모는 가정예배를 통해서 자녀들이 전적으로 부패한 죄인임을 알게 해야 합니다. 그리하여 우리의 유일한 구원자는 오직 예수 그리스도이심을 알아듣든

---

5. 에드워드 로렌스, 『구원받지 못한 자녀, 어떻게 할까?』, 임종원 역 (서울: COMPASS BOOKS, 2019), 91-106.

지 못 알아듣든지 담대히 선포해야 합니다. 우리의 인생이란 하나님의 은혜가 주어지지 않으면 살 수 없고, 하나님의 도우심으로 사는 인생임을 고백하도록 도와야 합니다.

아이들이 조금 성장하면 각종 요리문답과 신앙고백서를 통해서 자신의 신앙을 명확하게 고백할 수 있도록 도와야 합니다. 만약 자녀들이 의심할 때는 함께 기도하며 성령님의 인도하심을 구해야 합니다. 이때, 경건의 모양을 갖추려 하거나 보여주기식 경건은 위험합니다. 이를 위해서라도 가정예배를 통해서 경건의 능력을 일상 속에서 자연스럽게 경험하도록 해야 합니다. 가정이 위기를 만나면 함께 무릎 꿇고, 금식하며 기도해야 합니다. 이런 과정을 통해 자녀들은 하나님을 의지하는 법을 배우게 될 것입니다. 더 구체적인 사항은 2부를 통해서 확인하시길 바랍니다.

언약의 부모로서 우리는 자녀들의 구원을 위하여 노력하는 것이 가장 중요함을 확신해야 합니다. 아이가 좋은 것을 먹고 잘 자는 것, 친구들과 사이좋게 지내는 것, 학교에서 공부하고 관심 분야에 열정을 쏟는 것 등은 누가 강조하지 않아도 잘하실 것입니다. 그러나 자녀가 죄로부터 떠나 거룩하고 성결한 삶을 살도록 지도하는 것, 말씀으로 격려하고 위로하는 것, 하나님의 말씀을 사랑하여 암송하고, 그분을 찬송하는 일에는 어떻습니까? 유아세례의 서약은 부모에게 이 일을 묻고 있습니다. 가정예배는 시간과 방법의 문제가 아닌 의지의 문제입니다.

자녀들이 그리스도인다운 삶을 살도록 한다

부모는 매일의 삶에서 자녀에게 '거룩한 진리의 도'를 교육해야 하고, 동시에 '주의 교훈 가운데 생활하도록' 최선을 다하여 지도해야 합니다. 이것이 서약의 세 번째 내용입니다. 여기서 주의 교훈 가운데 생활하도록 지도한다는 것은 무슨 말일까요? 주의 교훈은 에베소서 6장 4절에 나오는 말씀입니다.

> 또 아비들아 너희 자녀를 노엽게 하지 말고
> 오직 주의 교훈과 훈계로 양육하라

여기서 교훈이라고 번역된 단어는 파이데이아^{paideia}입니다. 이 단어의 뜻은 모든 인류가 소유해야 할 교양 교육을 의미합니다. 외적인 삶의 훈련을 포함하는 말입니다. 훈련에는 격려, 책망, 때로는 징계도 포함하고 있습니다.[6] 즉, 우리가 세상에서 배우는 모든 지식을 총망라하는 말입니다. 그러므로 언약의 부모들은 교육의 책임자로서 아이들이 배우는 모든 교과과정이 하나님의 것이 되도록 지도해야 할 책임이 있습니다.

주의 교양으로 생활하는 것이 충분하게 준비가 안 된 자녀들이 학교와 사회라는 지적, 윤리적, 종교적인 전쟁터로 내몰리는 현실은 정말 큰 위험요소입니다. 우리 자녀들은 유아세례에서 입교에 이르는 과정을 통하여 그리스도인으로서 이 세상을 분별하고 선택하는 방법을 배워야 합니다.

우리 아이들이 이런 훈련을 받고 있습니까? 선교지에 새로 파송받은 선교사가 그 땅의 언어나 지형, 선교할 대상도 모르고 특별한 훈련과 준비 없이

---

6. 김헌수, 『영원한 언약』, 193.

떠나는 예가 있습니까? 없습니다. 정말 까다롭고 철저한 훈련을 거쳐 선교사로 임명되어 파송됩니다. 그런데 우리는 자녀들에게 세상에 나갈 준비와 훈련을 시키지도 않고, 기회도 제공하지 않으면서 사회에서 "소금과 빛"의 역할을 하라고 주문하면 어떻게 될까요? 더 나아가 '왜 너는 세상의 수많은 공격으로부터 자신을 지키지 못했느냐'고 질책하기라도 한다면 아이들은 얼마나 황당할까요? 이 질책은 자녀가 아니라 부모가 받아야 마땅합니다. 그러므로 부모는 자녀가 그리스도인의 삶을 살아갈 수 있게 충분히 훈련하고 준비시켜야 합니다.

세상에는 다양한 지식이 많으나 참된 지식은 없습니다. 참된 지식은 하늘과 땅을 만드시고 지금도 역사하는 하나님을 아는 것입니다. 세계가 다 주님께 속했기 때문에 하나님을 소유하는 자가 세상을 소유합니다. 이것은 하나님께서 우리에게 약속하신 것입니다. 하나님을 아는 지식을 자녀들에게 가르쳐야 합니다. 이 지식으로 다양한 세상의 지식을 분별하고 활용할 수 있게 해야 합니다. 이것이 진리에 기초를 둔 참교육이며, 진정한 그리스도인의 삶을 추구하는 것입니다.

아시다시피 오늘날 사회와 교육 환경은 자기 자신을 높이기를 권유, 아니 강요하고 있습니다. 이런 상황에서 성실과 정직은 자기 성공을 위한 발판일 뿐이요, 섬김과 배려조차도 더 높아지기 위한 수단으로 전락합니다. 이런 상황에서 언약의 가정과 공동체는 이 세대를 분별하여 자녀들을 도전하고 격려하고 훈계해야 합니다. 무엇을 훈계해야 할까요? 여기서 훈계는 마음에 새기는 일입니다.

세상의 모든 지혜와 지식도 감당할 수 없는 귀한 진리의 보화가 하나님께 있음을 마음 판에 새기도록 부르짖어야 합니다(신 6:6-8). 자신이 속한 환경과 자리가 하나님께서 주신 것임을 알고 감사하도록 도와야 합니다. 있는 자리에서 정직과 성실로 최선을 다해야 함을 마음에 새기도록 해야 합니다. 자신이 걸어가는 길이 세상과 다른 길임을 발견할 때, 당황하거나 부러워하는 대신 오히려 즐거워하라고, 어려움이 닥치면 하나님 앞에 지혜를 구하라고 끊임없이 응원해야 합니다. 그리고 함께 길을 걸어가는 언약의 공동체의 자녀들을 함께 응원하고 보살펴야 합니다. 세상을 지으시고, 다스리시는 분이 우리와 동행하고 계심을 분명하게 보게 될 것입니다.

디모데를 떠올려보십시오. 그는 경건한 유대인 어머니 유니게와 이방인 아버지 사이에서 태어났습니다(행 16:1). 바울은 이런 디모데를 어렸을 때부터 성경을 잘 배웠다고 칭찬합니다(딤후 3:15). '어렸을 때'라는 단어의 활용을 볼 때[7] 아동 시기보다 이른 유아 때부터 시작된 성경공부라고 봐야 합니다. 믿음의 여인이었던 어머니 유니게와 외조모 로이스의 영향이라고 합니다(딤후 1:5). 이는 디모데가 어렸을 때부터 언약의 자녀로 가정예배를 통해 성경 읽기를 배우고, 하나님의 뜻을 배웠다는 것을 보여줍니다.

종교개혁 당시 루터는 1530년에 쓴 〈자녀들을 학교에 보내야 할 부모의 의무에 관한 설교〉를 통해서 매우 강력한 주장을 합니다. 부모가 하나님으로부터 받은 자녀양육에 관한 진지한 명령을 지키지 않는다면 부모와 자녀 모두가 멸절될 것이며, 하나님의 정죄함이 있다고요.[8] 루터는 부모들이 당대 사회 풍조에 휩싸여 물질의 풍요를 가장 큰 가치로 추구하는 위험성을 폭로하면서 부모들이 신앙에 기초한 올바른 자녀교육관을 가져야 함을 강조하였습니다.[9] 세속적 풍요와 안락함만을 따라 자녀의 장래를 지도하는 것에서 벗어나서 교회

---

7. 단어의 비슷한 쓰임새는 눅 1:41, 2:12, 18:15; 행 7:19; 벧전 2:2.
8. 루터, "자녀들을 학교에 보내야 할 부모의 의무에 관한 설교,"『루터선집』9권, 333-371; 양금희,『종교개혁과 교육사상』(서울: 한국장로교출판사, 1999), 336.
9. 루터, "자녀들을 학교에 보내야 할 부모의 의무에 관한 설교," 339.

와 국가에 꼭 필요한 지도자와 인재로 양성해야 하는 교육의 가치를 일깨웠습니다. 자녀교육을 통해 세상과 교회를 이끌어나갈 일꾼을 양성하는 부모들의 힘과 영향력을 루터는 개혁 당시 알고 있었던 것입니다. 지금은 루터의 시대보다 더 세속화되고, 더 개별화된 시대임을 기억한다면 부모의 의무를 감당할 지혜가 절실합니다. 내 자녀가 그리스도인다운 삶을 살 수 있도록 지혜 주시길 기도합시다.

보호와 양육을 함께하는 유아세례

지금부터 부모의 서약을 넘어 교회의 의무, 곧 유아세례식에 참여하는 공동체의 서약 내용을 살펴볼 것입니다. 어떤 교회에서는 이 부분이 생략될지 모릅니다. 이 부분은 참고사항으로 알아주셨으면 좋겠습니다.

세례를 받은 부모와 유아세례를 받은 유아 모두는 그리스도를 머리로 하는 한 몸이 되어 교회가 됩니다. 이 교회는 보이지 않는 교회로서 과거와 현재와 미래에 주님께 택함받은 사람들의 전체를 말하기도 합니다(웨스트민스터 신앙고백서 25장 1항). 더불어 보이는 교회로서 복음 아래 공교회요, 우주적 교회로서 참 믿음을 고백하는 모든 자와 자녀들로 구성됩니다(웨스트민스터 신앙고백서 25장 2항). 교회의 머리이신 그리스도께서는 이 보편적인 보이는 교회에 말씀과 하나님의 규례를 주심으로 현세에서 세상 끝날까지 성도들을 모으고 보호하시고, 자기 약속을 따라 자기의 임재와 성령으로 다스리고 말씀과 규례가 효력 있게 그 목적을 이루게 하십니다(웨스트민스터 신앙고백서 25장 3항).

그러므로 교회의 머리이신 그리스도와 성령으로 말미암아 믿음으로 연합한 모든 성도는 그리스도의 은혜, 고난, 죽음, 부활과 영광 안에서 그분과 충분하게 교제할 뿐 아니라 사랑으로 연합하였기에 서로의 은사와 은혜에 참여함으로 교제합니다. 우리는 공적 그리고 사적으로 다른 지체들의 선善에 서로 도움이 되는 의무를 다해야 합니다(웨스트민스터 신앙고백서 26장 1항). 성도들은 고백으로서 서약했으니 하나님께 드리는 예배나 상호 덕德을 세우기 위해 행하는 여타의 영적 봉사에서 힘이 닿는 대로 서로의 짐을 덜어줌으로써 거룩한 친교와 교제를 계속 유지해야 합니다(웨스트민스터 신앙고백서 26장 2항).

성도의 교제가 가장 선명하게 드러나는 곳은 예배의 현장입니다. 모이기를 폐하는 어떤 사람들의 습관과 같이 아니하고(히 10:25) 기회가 닿는 대로 함께 모여 하나님의 말씀을 듣고 성례에 참여해야 합니다. 초대교회처럼 "사도의 가르침을 받아 서로 교제하고 떡을 떼며 오로지 기도하기를"(행 2:42) 힘써야 합니다. 성도 간 사랑의 실천이 가장 선명하게 드러나고 서로의 덕을 세우는 영적 의무가 실제로 일어나는 곳이 바로 예배입니다. 서로를 위해 기도하고, 영적인 모임을 자주 갖고, 사랑과 선을 행하도록 서로 독려하고, 마음이 연약한 자를 위로하고 약한 자들을 직접 도와주며, 고통당하는 자들을 찾아보고 격려하는 것 등입니다(말 3:16, 골 3:16, 살전 5:11, 히 10:24).[10]

유아세례 예식에서 교우들에게 주는 질문은 성도의 교제의 의무를 확인하는 현장입니다. 의무를 확인하고 입술을 열어 고백으로 서약하는 시간은 남다릅니다. 예식문에서 교우들에게 던지는 질문을 보십시오.

---

10. 쇼, 『웨스트민스터 신앙고백 해설』, 525-526.

첫째, 여러분들은 언약의 자녀인 ○○○가 육신의 부모인 ○○○과 ○○○씨에게 선물로 허락하신 자녀이지만 동시에 우리 교회에 주신 자녀로서 함께 지체되었음을 믿으십니까?

교우: 예.

둘째, 여러분들은 오늘 세례를 받은 ○○○가 교회에서 자라는 동안, 거룩하신 하나님의 말씀을 통하여 자신의 죄인 됨을 깨닫고 더욱더 그리스도를 알아 닮아가면서 자신의 입으로 신앙고백 하여 함께 성찬에 참여할 때까지 부모와 함께 도우며 기도와 사랑의 관심을 기울일 것을 서약합니까?

교우: 예.

셋째, 여러분들은 이 아이가 자라는 동안 내 자녀처럼 돌봐야 하는 책임이 있음을 서약하십니까?

교우: 네.

유아세례식에 참여한 언약의 공동체는 유아세례를 받은 아이의 실제적 부모는 아니지만, 교회에 주신 우리 모두의 자녀 됨을 서약할 것을 묻습니다. 아직은 세례를 받는 아기가 어리기에 교회에서 주어진 자신의 의무를 다하지 못하지만, 그리스도의 몸을 이룬 한 몸 된 지체로 받아들일 것인지를 묻습니다. 내 자녀만 귀하고 소중한 것이 아니라, 유아세례를 받는 아이 모두가 그리스도 안에서 새로운 가족이 됨을 믿음으로 고백하는지를 묻습니다. 그리고 이 아이가 자라는 동안 내 자녀처럼 돌볼 것인지, 내 아이와 똑같은 무게로 키울 수 없더라도 공동의 책임이 있음을 말하고 있습니다. 교우들은 하나님 앞에서 이 질문들에 진실하게 서약합니다. 이렇듯 교회는 유아세례를 통해 서로를 함께 보호하고 양육하는 공동체가 됩니다.

유아세례의 효력이 빛날 때

은혜 언약 안에 있는 아이들에게 표와 인으로 주어진 유아세례의 효과는 그의 일생 동안 지속됩니다.

> 웨스트민스터 신앙고백서 28장: 세례
> 6항 세례의 효과는 세례가 베풀어지는 바로 그 순간에 나타나는 것은 아니다. 그럼에도 이 성례를 바르게 사용한다면 하나님께서 정하신 때에, 하나님의 뜻에 따라, 성인이든 유아든 약속된 은혜에 속하는 모든 사람에게 약속된 은혜가 성령님에 의해서 제공될 뿐만 아니라 실제로 나타나고 주어진다.[11]

유아세례가 진정으로 빛날 때는 아기가 성년이 되어 입교를 받아서 성찬상으로 나아갈 때입니다. 유아세례 때 인치신 약속을 자기 것으로 받아들이고 신앙을 고백하는 그때입니다.[12] 그날을 상상해봅시다. 부모가 믿는 하나님, 부모가 고백하는 하나님을 지금 유아세례를 받은 아이가 공적 신앙고백을 통해 입교하여 함께 성찬을 받는 날을 말입니다. 그날은 반드시 올 것입니다. 우리의 사랑하는 자녀들이 부모와 교회 공동체의 서약대로 순종하고 그리스도만

---

11. 웨스트민스터 총회, 『웨스트민스터 신앙고백 노트』, 362-364.
12. 김헌수, 『영원한 언약』, 225.

을 바라보며 성령의 인도하심을 받아 하나님의 영광만을 위한다면 약속된 은혜가 분명히 함께 있을 것입니다. 삼위 하나님이 약속하셨고 교회의 역사가 증거합니다.

이 글을 쓰고 있는 지금, 저의 첫째 아이는 입교를 앞두고 있고 막내는 유아세례를 받았습니다. 입교를 앞둔 첫째가 언제쯤 자신의 신앙을 공적으로 고백할지는 모르겠습니다. 어느덧 세월이 흘러 이 시기를 맞이했지만, 지난 날을 되돌아보니 쉽지 않은 과정이었음은 분명합니다. 날마다 나의 불성실함과 아이의 타락한 본성과 끊임없이 싸워야 했습니다. 사춘기가 찾아오면서 싸움은 더욱 치열해졌습니다. 자기 자신과 싸움, 세상과 친구들의 유혹에 맞선 싸움, 자기가 만든 우상과 싸움, 부모와의 싸움이 동시에 일어났습니다. 하지만 싸움이 거셀수록 유아세례의 효력도 빛났습니다. 하나님의 은혜가 없이는 이기기는커녕 싸움 자체를 할 수 없었을 것입니다. 그래서 저는 첫째가 입교하는 그날이 기다려집니다. 아이가 자신의 유일한 소망과 위로가 그리스도임을 공적으로 고백하는 날을 설렘으로 기다립니다.

동시에 막내가 유아세례를 받으면서 함께 공적으로 서약한 내용을 되새깁니다. 둘째를 보면서 서약한 대로 교육하고 왔는지 점검합니다. 언약의 부모로서 주어진 의무를 즐겁게 감사함으로 충실하게 보내왔는지 살펴봅니다. 그리고 다시금 다짐하고 기도합니다. 우리 가정에 주님의 크신 은혜와 돌보심이 있기를요. 폴 트립은 『완벽한 부모는 없다』라는 책에서 다음과 같이 말합니다.

"우리를 부모로 보내신 지혜롭고, 섬세하고, 강력하신 하나님의 인도하심 아래 있지 않은 그 어떤 순간도, 장소도, 상황도 없다는 위로를 준다."[13]

그렇습니다. 우리는 이 크신 하나님의 위로 가운데 있습니다.

---

13. 폴 트립, 『완벽한 부모는 없다』, 김윤희 역 (서울:생명의말씀사, 2021), 242.

사랑하는 언약의 부모 여러분! 교회의 지도자 여러분! 언약의 자녀를 교육하는 일에 자신을 의지하지 말고 삼위 하나님을 바라봅시다. 모든 일에 주님의 은혜는 삼위 하나님의 뜻에 따라, 삼위 하나님의 때에, 삼위 하나님의 방식으로 주실 것입니다. 여러분의 모든 수고에 하나님의 은혜가 가득하길 기도하며 응원합니다.

질문 및 나눔

1) 나는 약속을 잘 지키는 편인가요? 공식적인 약속과 서약에 대해 어떻게 생각하시나요?

2) 자녀에게 복음을 전할 때 어떤 점이 나를 가장 주저하게 하고 어색하게 만드나요?

3) 나의 자녀뿐 아니라 다른 교우의 자녀를 함께 돌보아야 하는 이유는 무엇인가요?

4) 유아세례 받은 자녀가 입교한 뒤 성찬에 함께 참여할 모습을 상상해봅시다. 어떤 감정이 드나요?

2부
유아세례 교인의 성장과 양육

7장 유아세례 교인 교육의 핵심

 지금까지 유아세례를 준비하는 부모와 자녀가 누리는 유익이 무엇인지 살펴보았습니다. 여기서는 1부 내용을 다시 간략하게 살펴봅시다.

1. 우리의 자녀는 왜 유아세례를 받아야 할까요? 우리 아이를 포함한 모든 인류는 타락한 죄인이므로 죄와 비참 가운데 태어납니다. 죄인은 거듭나지 않는 한 하나님 나라에 들어갈 수 없습니다. 그러므로 신자의 자녀라 할지라도 그리스도의 피(물)와 성령을 통해 죄를 해결 받기 전에는 하나님 나라에 들어갈 수 없습니다.

2. 그런데 문제가 있습니다. 이제 막 태어난 유아는 자신의 입으로 죄를 회개하고 신앙을 고백하지 못합니다. 그런데도 세례를 주어야 할 근거는 무엇입니까? 믿음의 가정에서 태어난 아이는 하나님의 언약 안에 있기 때문입니다. 아브라함과 맺으셨던 영원한 은혜 언약의 약속은 그리스도를 통해 언약의 가정에 주어집니다.

3. 이렇게 언약의 가정(한쪽이라도 믿는 부모)에서 태어난 유아는 하나님의 영원한 언약 안에서 하나님의 온갖 복들을 받게 될 것을 유아세례가 표시(표)하고 보장(인)합니다.

4. 그러므로 신자의 자녀는 누구도 예외 없이 삼위 하나님의 명령에 따라 세례를 받아야 합니다. 삼위 하나님은 사랑하는 언약의 자녀에게 세례를 주시면서 성부, 성자, 성령 하나님의 일하심에 따른 약속을 주십니다.
5. 교회는 유아세례 교인에 대한 의무를 성실히 가르쳐야 합니다. 왜냐하면 하나님의 영원한 사랑의 언약에는 약속과 더불어 사랑의 의무와 하나님을 경외하는 삶이 필수적이기 때문입니다.
6. 마지막으로 유아세례의 효력이 빛나는 순간은 자녀가 성찬 상에 나오는 순간입니다. 이 교제의 식탁에 나오기까지 부모는 서약한 대로 최선을 다해 자녀를 양육해야 합니다. 언약의 부모는 언약의 자녀에게 복음을 끊임없이 전해야 하며, 그리스도인다운 삶을 살도록 부모가 모범을 보여야 합니다.

어떻습니까? 공부한 내용이 새록새록 떠오르나요? 유아세례가 무엇을 의미하는지, 유아세례를 받는 아이와 언약의 자녀를 키우는 부모에게 삼위 하나님이 주시는 유익을 확신하십니까? 유아세례 문답에 따라 서약한 여러분은 언약의 자녀를 하나님이 기뻐하시는 방법으로 훌륭하게 키울 자신이 있습니까? 하나님의 방법에 따라 아이를 양육하여 아이 스스로 자신의 신앙을 고백하는 나이가 될 때까지 부모로서 충실하고 성실하게 의무를 다할 수 있겠습니까?

이제 막 부모님이 되신 분들은 아이에 대한 기대와 사랑으로 큰 결심과 다짐을 하겠지만 부모가 된다는 그 자체가 주는 두려움이 클 것입니다. 둘째, 셋째 아이를 양육하는 부모들은 아이를 키우면 키울수록 자녀양육에 대해 좌절할지 모르겠습니다. 저도 아이들이 하나씩 늘어날 때마다 두렵고 떨립니다. 다만 제가 어떤 분보다 조금 일찍 양육을 시작했고, 지금도 여전히 청소년, 유아, 영아를 키우면서 해온 다양한 시도의 결과물을 나누고 싶습니다.

자녀교육에 있어서 가장 어려운 부분은 변화를 두려워하고 완고하게 굳어버린, 저 자신을 발견할 때입니다. 어떤 면에서 부모인 나에게 가장 큰 은혜가 필요합니다. 자녀양육이라는 극한 삶의 현장에 은혜가 없다면 부모는 아무것도 할 수 없을 것입니다. 이 글을 쓰는 저도 여전히 자녀양육에 있어서 좌충우돌합니다. 하나님은 우리가 완벽하기에 아이를 양육하라고 하지 않았습니다. 폴 트립은 『완벽한 부모는 없다』라는 책에서 "하나님께서 당신을 부모로 부르신 까닭은 당신에게 그것을 감당할 만한 능력이 있어서가 아니다"라고 합니다. 어떤 사람도 훌륭한 부모의 역할을 감당할 지혜와 지식, 인내와 끈기를 가진 사람은 없습니다. 하나님은 부모로서 완벽한 성공을 위해 당신을 부르신 것이 아니라 부모의 역할을 통해 하나님을 더 깊이 만나고, 하나님을 누구보다 더 사랑하고, 하나님의 은혜가 아니면 아무것도 할 수 없으며, 이 일을 통해 하나님께 영광을 돌리는 삶을 살게 하려는 것입니다.[1] 그러니 용기를 내어 함께 시작해봅시다.

이제부터 본격적인 유아세례 교인 교육이 시작됩니다. **유아세례 교인 교육은 유아세례를 받기 위해서가 아니라, 유아세례식을 시작으로 유아세례 교인이 자기 스스로 신앙고백 하는 입교에 이르러서야 비로소 끝납니다.** 장로교회에서 입교는 만 14세부터 시행되므로 유아세례 교인 교육 기간은 짧게 잡아도 약 14년이 필요합니다. 만만치 않은 기간입니다. 하지만 언약의 가정에 주어진 이 기간은 너무나 소중한 시간입니다. 우리 아이의 평생을 결정하는 사고와 정서와 인격 체계를 세우는 시기이기 때문입니다. 하나님은 이 중차대한 시기에 언약의 자녀를 완전한 지혜이신 하나님의 말씀으로 키우도록 언약의 부모인 우리를 부르셨습니다. 하나님은 가장 연약하고 부족한 부모를 통해서 세상에서 가장 놀라운 일인 자녀양육이라는 영광의 기회를 주셨습니다. 이 초

---

1. 폴 트립, 『완벽한 부모는 없다』, 김윤희 역 (서울: 생명의말씀사, 2021), 47-48.

대에 모두가 기쁘게 응답하길 바랍니다. 지금까지 유아세례식 교육을 받았다면 2부에서는 입교 전 유아세례 교인 교육을 본격적으로 시작해봅시다.

하나님께 영광을 돌리는 자녀양육

DINK딩크족을 들어보셨나요? 이는 'Double Income No Kids'의 약자로 '맞벌이 무자녀 가정'을 말합니다. 1986년 미국을 중심으로 결혼 후 맞벌이를 하면서 자식을 낳지 않으려고 하는 사람들이 급속도로 많아졌습니다. 이와 반대로 맞벌이지만 자녀가 있는 가정은 듀크족Dual Employed With Kids이라고 합니다.[2] 딩크족이 유행처럼 번지는 이유는 부모 중 한 명의 수입으로는 자녀를 양육하면서 생활하기 어렵기 때문입니다. 아이 한 명을 양육하기 위한 시간, 돈, 에너지가 엄청납니다. 자연스럽게 양육을 위해서 맞벌이를 해야 하고, 맞벌이 하다 보면 아이를 양육하기가 힘들어집니다. 그러다 둘째라도 생기면 누구 하나는 직장을 포기해야 하는 악순환이 시작됩니다. 이럴 바에야, 아이를 갖지 않는 것이 속 편한 것이죠. 딩크족은 아이로부터 해방된 돈과 시간, 에너지를 온전히 자신에게 쏟습니다. 취미 생활은 물론 부부가 평생 연애하는 기분으로 자유와 만족감을 누리며 산다고 합니다. 하지만 딩크족은 모순적으로 애완동물을 키우는 경우가 많고, 취미활동을 과하게 하는 등의 소비 형태를 보인다고 합니다.

언약의 부모인 당신은 아이가 있으니까 듀크족이신가요? 그렇다면 여러분

---

2. https://namu.wiki/w/%EB%94%A9%ED%81%AC%EC%A1%B1 나무위키 딩크족 검색 (2022년 3월 27일 접속)

은 왜 딩크족이 아닌 듀크족이 되려고 결심했습니까? 삼위 하나님을 믿는 우리는 하나님 안에서 한 남자가 부모를 떠나 한 여자와(그의 아내) 합하여 둘이 한 몸을 이룬(창 2:24) 부부가 되었습니다. 하나님 안에서 한 몸을 이룬 부부는 생육하고 번성하여 땅에 충만하라는 하나님의 명령을 당연한 것으로 받아들입니다. 누군가는 자식 낳는 것을 부모의 선택과 의지의 문제로 오해합니다. 하지만 아이는 여호와께서 주신 가정의 기업이요, 태의 열매는 하나님의 상급입니다(시 127:3).

딩크족이든 듀크족이든, 맞벌이든 외벌이든, 중요한 것은 '부부가 같은 방향으로 걸어가고 있는가'입니다. 부부가 한 몸을 이룬다는 것은 한마음으로 하나님을 가장 두려워하여 삼위 하나님만 경배하고, 삼위 하나님의 영광을 위해 일치된 방향으로 함께 걸어가고 있는가로 증명됩니다. 자연스럽게 '경건한 자녀'를 얻기 위해 노력할 것입니다. 우리 삶의 목표가 하나님의 영광을 위한 삶과 상관없이 자녀를 낳아 양육한다면, 자녀를 아무리 사랑으로 키워도 경건한 자녀로 자라지 않습니다. 왜냐하면 하나님을 경외하지 않는 부모는 하나님 영광을 위한 자녀교육을 하지 않을 가능성이 크기 때문입니다.

웨스트민스터 대소요리문답 1문에 따르면 인간의 목적은 "하나님을 영화롭게 하며 그를 영원토록 즐거워하는 것입니다." 하나님이 우리에게 자녀를 선물로 주신 이유도 여기에 있습니다. 부모가 받은 삶의 목적을 이루는 의무들이 부모가 세상을 떠난 후, 자녀에게 계승되고 대체됩니다.[3] 부모나 자식 모두가 하나님의 백성으로서 하나님의 영광을 위한 삶을 살아갑니다. 이 사실을 아는 경건한 부모는 자녀 역시, 경건한 자녀로 자라도록 가르칠 것이 분명합니다. 자녀가 내 소유라고 여기며 내 마음대로 양육하지 않습니다. 부모는 하

---

3. 시 78:6 "이는 그들로 후대 곧 태어날 자손에게 이를 알게 하고 그들은 일어나 그들의 자손에게 일러서"

나님으로부터 받은 삶의 목적을 자녀도 함께 받았음을 알기에 하나님의 뜻에 따라 양육합니다. 결국 부모는 사랑하는 아이들에게 있어 하나님의 대사로서, 양육의 대리자이므로 맡겨주신 임무를 충실하게 감당할 것입니다. 유아세례 교인 교육에서 기억할 가장 중요한 핵심은 하나님을 대신해서 날마다 자녀의 안전과 건강을 보살피고 하나님의 말씀으로 훈련하여 그리스도의 장성한 사람으로 길러내는 것입니다. 하나님에게 영광 돌리는 아이, 삼위 하나님을 즐거워하며 기뻐하는 아이로 키워야 합니다.

올바른 방향을 설정하기

다시 한번 명심합시다. 유아세례를 받은 자녀들이 입교 전까지 받아야 할 유아세례 교인 교육의 목표는 모든 영광을 삼위 하나님께 돌리는 일입니다. 가정공동체에서 자녀교육의 모든 방향과 방법은 하나님을 깊이 사랑하여 모든 영광을 하나님께만 돌리도록 하는 것입니다. 다른 목표와 방향은 없습니다. 물론 아이가 건강하게 자라고, 이웃과 평화롭게 지내며, 재능을 갈고닦아 인류를 위해 쓰임받는 것과 하나님의 영광은 분리될 수 없습니다. 다만 언약의 부모는 수단과 목적을 혼동하지 않습니다. 자녀의 재능을 갈고닦아서 하나님께 영광 돌리는 것이 아니라, 하나님 영광을 위해 재능을 갈고닦도록 합니다. 우리의 목적과 수단이 분명해야 아이가 바르게 자랄 수 있습니다.

언약의 부모들이 아이를 양육하면서 가장 먼저 실수하는 지점이 수단을 정당화하면서부터입니다. 부모의 욕심과 과도한 집착을 하나님 영광으로 거룩하게 포장하는 것입니다. 자녀가 품 안에 있을 때와 달리 어린이집에 가고, 유치원에 다니고, 학교에 입학하면서부터 비교와 경쟁이 시작됩니다. 우리 아이만

뒤처지는 건 아닐까 하는 염려가 싹트기 시작합니다. 언어발달이 늦거나 신체 성장이 다른 아이들에 비해서 더디고, 학습 능력이 조금이라도 뒤처지면 초조해집니다. 최대한 일찍 경쟁에 뛰어들어 우위를 선점하려고 합니다. 앞서지는 못할지언정 뒤처지는 것은 참기 어렵기 때문입니다. 유치원과 초등 저학년 때까지는 건강과 인성의 함양을 바라는 마음으로 태권도, 수영, 피아노 등을 보내다가 고학년이 될수록 영어와 수학으로 바뀌는 모습이 부모의 불안감을 증명합니다. 아이들이 중학생 이상이 되면 자기 의지와 상관없이 대부분 시간을 학원에서 보냅니다. 주일도 예외가 아니지요.

이런 현상은 주변에서 흔히 볼 수 있습니다. 코로나도 학원을 이길 수 없었습니다. 주일에 교회는 안 가도 학원은 빠지지 않습니다. 언약의 자녀라고 별반 다를 바 없지요. 학원 자체가 나쁜 것은 아닙니다. 부족한 이해와 뒤처진 학습 보충을 위해서 학원은 필요합니다. 하지만 누구나 예외 없이 똑같은 과목으로 똑같은 학원에 다니는 건 이상하지 않습니까? 우리 자녀가 하나님 영광을 위해 열심히 공부하는 것이지, 좋은 대학, 좋은 점수를 얻어야 하나님께 영광을 돌리는 것이 아닙니다.

"비교는 바보들의 놀이"라는 노래 가사가 있었습니다. 비교가 우리 자신을 잘못된 방향으로 이끄는 것은 아닌지 모르겠습니다. 잘못된 경쟁이 언약의 자녀들을 하나님 나라 통치 방식이 아닌 세상 통치 방식으로 내몰고 있지 않은가요? 우리 자녀들은 누구와 비교되어야 합니까? 하나님 영광을 위해, 하나님 나라의 통치가 이루어지길 노력하는 사람들과 비교해야 하지 않을까요? 하나님 알기를 열망하는 자들과 비교해야 하지 않을까요? 하나님의 아름다우심을 찬송하는 자들과 비교해야 하지 않을까요? 그렇다면 자녀가 하나님을 너무나 사랑하여 그분과 더 가까이 있기를 원해서, 하나님 말씀을 더 자세히 알기 원해서, 저녁마다 성경을 붙잡고 있다면 부모는 어떤 마음이 들까요? 토요일마다 교회 가서 찬송과 기도로 시간을 보내는 아이들을 보면 부모는 어떤 마음이 들겠습니까? 신학 공부를 할 것도 아닌데 당장 그 일을 멈추라고 하실 건가요?

이 지점에서 청소년부 사역자들의 깊은 한숨이 있습니다. 교회 중직자 자녀들의 예배 참석률이 낮고, 아이들 대부분이 시험 기간이면 예배당이 아닌 학원으로 가는 비율이 높다고 아우성칩니다. 대놓고 "우리 아이는 대학 간 뒤에 교회 올게요"라고 하신 분도 있다고 합니다. 이렇게 자란 아이들이 과연 하나님과 올바른 관계를 맺고, 하나님 영광을 최고로 여기며, 하나님 나라를 위해 자신을 헌신하며 살아갈까요? 암울한 교회의 현실은 그렇지 않다는 것을 보여줍니다. 대다수 교회 대학청년부를 보면 대답은 예상할 수 있습니다.

공부가 가장 중요한 아이는 이미 부모로부터 세상의 가치가 하나님을 섬기고, 그분께 영광을 돌리는 일보다 더 중요하다고 세뇌당했습니다. 이런 아이가 어떻게 하나님을 가장 사랑하고, 하나님의 영광을 위해 자신의 목숨까지 버리겠습니까? 어렸을 때부터 하나님의 영광을 위해 자라야 한다고 수없이 강조하고 노력해서 키워도 조금만 자라면 자기 욕심을 버리지 못합니다. 그냥 내버려두면 인간은 자기를 사랑하고 자기의 유익과 만족을 위해 모든 것을 헌신합니다. 아시다시피 우리 마음은 하나님을 향해 스스로 서지 못합니다. 끊임없이 하나님 영광을 위한 삶을 교육하지 않으면 안 됩니다. 마음을 다하고 뜻을 다하고 힘을 다하여 하나님만 사랑하도록 교육해도 쉽지 않습니다(신 6:5). 부지런히 기회가 있을 때, 하나님의 말씀을 가르쳐야 합니다. 집에서든, 밖에서든, 앉았을 때든, 길을 갈 때든, 누워 있을 때든, 일어날 때든지 부지런히 말씀을 가르쳐야 합니다(신 6:7).

여러분! 아무리 강조해도 지나치지 않습니다. 우리가 "다 하나님의 아들을 믿는 것과 아는 일에 하나가 되어 온전한 사람을 이루어 그리스도의 장성한 분량이 충만한 데까지"(엡 4:13) 이르러야 합니다. 그래서 "그 보배롭고 지극히 큰 약속을 우리에게 주사 이 약속으로 말미암아 너희가 정욕 때문에 세상에서 썩어질 것을 피하여 신성한 성품에 참여하는 자가"(벧후 1:4)되려고 해야 합니다.

6가지 핵심 원칙

그렇다면 자녀들이 그리스도의 장성한 분량이 충만하여 신성한 성품에 참여하기 위해서, 하나님께 영광 돌리는 삶을 살기 위해서 무엇을 가르쳐야 할까요? 저는 다음의 6가지 원칙을 말씀드립니다. 하나님을 가장 사랑하는 것, 하나님의 말씀을 가르치는 것, 하나님께서 기뻐하는 것을 보여주는 것, 하나님께서 싫어하는 것을 보여주는 것, 하나님 명령에 순종하는 것, 하나님 약속을 신뢰하는 것입니다. 구체적으로 하나씩 살펴보도록 합시다.

> 너희는 강하고 담대하라 두려워하지 말라 그들 앞에서 떨지 말라
> 이는 네 하나님 여호와 그가 너와 함께 가시며
> 결코 너를 떠나지 아니하시며 버리지 아니하실 것임이라 하고 신 31:6

1) 하나님을 가장 사랑하는 것

언약의 자녀를 교육하는 데 있어서 가장 우선해야 할 가르침은 자기 자신이 아닌 하나님을 사랑하도록 하는 것입니다. 하나님을 사랑하는 것은 생각보다 어렵습니다. 말로는 사랑한다고 쉽게 할 수 있습니다. 하지만 내 인생의 결정적인 순간을 보면, 결국은 자신이 가장 신뢰하여 믿는 것과 사랑하는 것을 의지하는 것을 볼 수 있습니다. 당신의 삶을 되돌아보십시오. 선택의 순간마다 하나님을 가장 신뢰하고, 하나님을 사랑하는 일을 선택했나요?

자식을 낳으면 더 확실해집니다. 당신은 누구를 가장 사랑합니까? 아이들이 어렸을 때는 부모님을 가장 사랑합니다. 그러다 나중에는 친구를 사랑하지요. 인생의 반려자를 만나면 그 배우자를 사랑합니다. 그리고 결국에는 자식을 가장 사랑하게 됩니다. 자식을 위해 목숨까지 내놓을 사람들이 많습니다. 하지만 하나님을 부모보다, 친구보다, 평생의 반려자보다, 자식보다 더 사랑하십니까? 만약 당신이 하나님을 가장 사랑한다면 언약의 아이들을 하나님의 방법으로 양육해야 합니다. 하나님을 신뢰한다면 믿음으로 아이를 양육해야 할 것입니다.

2) 하나님의 말씀을 가르치는 것

하나님을 사랑하는 사람은 하나님 말씀 듣기를 세상의 어떤 말을 듣는 것보다 귀하게 여길 것입니다. 덩달아 하나님의 말씀을 배우고 가르치기를 즐거워합니다. 우리 주변에는 다양한 육아 정보가 넘쳐납니다. 육아서, 자녀교육서는 수를 헤아리기 어렵습니다. 믿음의 부모 역시, 자녀를 올바로 키우기 위해 다양한 매체를 통해 교육받고, 책을 탐독하면서 열심히 공부합니다. 언약의 부모는 아이가 이 세상에서 건강하고 훌륭하게 자기 역할을 다하며 사는 것을 꿈꿉니다. 그리고 이왕이면 넉넉하게 살기를 원합니다. 그렇다면 여러분은 더욱더 하나님 말씀 가르치는 것을 최고의 목표로 삼아야 합니다. 하나님이 이 세상의 주관자이시기 때문입니다. 하나님이 자기 백성의 미래를 책임지시기 때문입니다. 부모가 하나님을 사랑하는데 아이를 하나님의 말씀으로 키우지 않는다면 이상하지 않겠습니까? 아이 육체가 건강하게 잘 자라기 위해서 좋은 음식과 영양제를 먹이면서 영혼의 양식인 말씀을 주지 않는 부모를 상상할 수 없습니다. 인간은 육체와 영혼이 전인적으로 발달되어야 합니다. 이것이 하나님이 원하시고 기뻐하시는 삶입니다.

3) 하나님께서 기뻐하는 것을 보여주는 것

부모는 아이보다 먼저 이 땅에 부름받아 살면서, 삶의 목표와 가치가 하나님 영광임을 몸소 보여주는 사람입니다. 하나님의 말씀을 어떤 세상의 가치보다 더 귀한 것으로 여기며 살아가는 사람임을 자녀에게 증명합니다. 언약의 자녀는 믿음의 부모를 보면서, 부모의 삶의 양식을 따라 하나님 영광을 위한 삶을 살아갑니다. 부모가 이 세상을 떠난 후에도 말입니다. 그리고 부모를 따라 하나님을 기뻐하는 것을 최고의 가치로 여기며 성장한 아이는 자녀에게 하나님 영광을 위한 삶을 물려줍니다. 그러므로 부모는 이 세상에서 사람의 제일 되는 목적이 무엇인지를, 하나님이 기뻐하시고 좋아하시는 것이 무엇인지를 몸소 보여주어야 합니다. 당신은 인생의 최고 가치를 추구하기 위해 어떤 길을 걸어가고 있습니까? 어떤 삶을 분투하며 살아가고 있습니까? 시편 1편은 그 길을 보여줍니다. 복 있는 의인의 길과 망하는 악인의 길입니다. 잠언은 우리에게 하나님을 사랑하는 지혜로운 자의 길을 보여줍니다.

4) 하나님께서 싫어하는 것을 보여주는 것

언약의 자녀양육에 있어서 하나님을 사랑하는 것이 최고의 가치임을 보여줌과 동시에 하나님께서 싫어하는 행동을 하지 않도록 교육하는 것도 중요합니다. 하나님은 십계명을 통해서 자기 백성들이 해야 할 것과 하지 말아야 할 행동이 무엇인지 알려주셨습니다. 아이가 하나님께서 싫어하는 행동을 할 때 부모는 이를 징계해야 합니다. 이것이 원칙입니다. 하나님을 사랑하지 않을 때, 하나님께 예배하지 않을 때, 부모를 공경하지 않을 때, 마음과 입술로 살인할 때, 눈과 마음으로 음욕을 품을 때, 남의 것을 도둑질할 때, 이웃에 대하여 시기하며 정직함을 숨길 때, 모든 탐심을 물리치지 못할 때 징계해야 합니다. 땅에 있는 지체를 죽이도록 끊임없이 교육해야 합니다(골 3:1-10).

5) 하나님의 명령에 순종하는 것

우리 아이가 하나님을 믿고 사랑하며, 하나님의 말씀을 열심히 배우고, 하나님이 기뻐하시는 일을 하며, 하나님께서 싫어하시는 일을 하지 않으려면 무엇이 가장 필요할까요? 바로 순종입니다. 순종하지 않는 아이는 하나님을 믿지 않고, 사랑하지 않으며 말씀을 배우는 데 게으르고, 하나님이 기뻐하시는 일보다 싫어하시는 일을 합니다. 부모인 당신은 하나님 명령에 순종하는 자입니까? 사도 바울은 로마서에서 첫 사람 아담이 타락한 이유를 "순종"하지 않아서라고 합니다. 한 사람이 순종하지 않아 인류를 타락하게 했고 한 사람이 순종하여 많은 사람을 의인이 되게 했습니다(롬 5:19). 순종의 결과는 분명합니다. 순종은 우리가 하나님 안에서 살아가는 방식입니다. 우리 자녀들도 마찬가지입니다. 하나님 명령은 순종하라고 주신 것이지, 알아서 재량껏 판단하라고 주신 것이 아님을 기억해야 합니다.

6) 하나님의 약속을 신뢰하는 것

하나님의 택하신 언약 백성에게는 하나님의 약속이 있습니다. 세례를 받는 아이들에게 삼위 하나님은 분명히 약속을 주셨습니다. 성경에 등장한 수많은 믿음의 사람들도 하나님의 특별하신 약속을 받았습니다. 그들이 삶에서 믿음을 가지고 살 수 있었던 이유가 무엇입니까? 약속을 신뢰했기 때문입니다. 믿음의 주요 온전하게 하신 이인 예수를 바라봤기 때문입니다(히 12:2).

입교 전 세례 교육의 내용

언약의 가정은 그리스도의 학교가 되어 지성, 감정, 관계, 도덕에서 하나님의 형상을 닮아가는 하나님의 백성을 길러내야 합니다. 하지만 앞서 제가 안내한 유아세례 교인 교육의 6가지 원칙만으로는 구체적으로 어떻게 해야 할지 막막할 수 있습니다. 그래서 지금부터는 실제적인 방법을 안내하려고 합니다. 모든 내용은 제가 집에서 아이들과 함께 실천하고 적용한 것입니다. 6가지의 기본 원칙들을 총 4가지 실천 사항으로 적용했습니다.

첫째, 하나님을 믿고 사랑하기 위해서 성경의 위대한 이야기를 많이 들려주어야 합니다. 하나님 말씀을 교육하십시오. 주일 한 번만으로는 하나님을 알아갈 수 없습니다. 최선을 다해 기회가 될 때마다 말씀을 들려주고 교육합시다. 말씀의 핵심을 요약 정리한 교리도 가르쳐야 합니다. 더하여 기도하는 법을 가르쳐야 합니다. 아이들이 기도를 제대로 배우지 못하면 하나님을 램프 속 지니나 도깨비 방망이처럼 생각할 가능성이 큽니다. 우리의 모든 필요와 기쁨을 얻는 기도를 꼭 가르쳐주십시오. 기도를 통해 삼위 하나님과의 진정한 교제가 이루어지게 하십시오.

두 번째, 신앙의 선배들, 교회 역사 이야기를 들려주어야 합니다. 하나님이 기뻐하시는 일을 어떻게 보여줄까요? 그 방법은 하나님이 자기 백성을 지켜오신 과정을 살펴보는 겁니다. 복있는 자의 길과 악한 자의 길을 성경의 인물과 교회 역사 속 인물, 특별히 한국 교회 초기 선교사님들의 열정과 사역을 통해 배울 수 있습니다. 더하여 각 가정의 할아버지, 할머니, 아빠, 엄마와 친척들이 걸어간 믿음의 여정을 이야기해주십시오. 교회의 목사님, 장로님, 인생 선배들의 이야기를 많이 들려주십시오. 이야기는 큰 힘이 있습니다. 이를 통해 아이들은 하나님이 오늘 살아계심을 직접 체험할 수 있을 것입니다.

세 번째, 하나님께서 기뻐하시는 선한 삶과 미워하는 악한 삶을 구분하도록 훈련해야 합니다. 십계명을 내 삶에 적용하면서 이 훈련을 진행할 수 있습니다. 십계명을 적용하는 방법은 교리문답을 공부하면 가능합니다. 생활 습관

교육을 할 때 이 의미를 꼭 기억하십시오. 생활 습관이 하나님이 기뻐하는 것이 되게 하십시오. 하나님은 우리 자녀들의 영혼을 사랑하시고 그들이 믿음 안에서 행하고 진리를 알고 사랑하는 것을 가장 크게 기뻐하신다는 사실을 알게 하십시오.

네 번째, 하나님의 명령에 순종하고 약속을 신뢰하는 것을 배우기 위해 가정예배를 지켜야 합니다. 자녀들은 가정 경건회에서 부모님에게 순종함으로 신뢰를 체득합니다. 가정 경건회의 유익은 말로 다 설명할 수 없습니다. 우리 가정의 최고 가치가 어디에 있는지 그리고 아빠의 위치, 엄마의 존재를 확인할 수 있는 최고의 방법입니다. 또한 불순종하며 자기의 고집을 꺾지 않는 악한 자녀를 징계함으로써 하나님의 명령에 따르는 자녀양육을 할 수 있게 됩니다. 하나님은 이 모든 과정에서 하나님의 선하신 약속을 신뢰하는 부모에게 무한하신 사랑과 자비하심으로 격려하실 것입니다.

8장 성경의 위대한 이야기를 많이 들려주기

　시편 1편은 언약의 복을 받는 사람들의 아름다움을 노래하고 있습니다. 복 있는 사람은 오직 하나님의 말씀을 즐거워하고 아침저녁으로 묵상하는 사람이지요. 여기서 묵상한다는 말은 되새김질하여 곱씹고 잘근잘근 씹어 먹는 것을 뜻합니다. 하지만 악인들은 그렇지 않습니다. 주야로 말씀을 보기보다는 다른 일로 분주합니다. 세상의 재미에 흠뻑 빠져 즐기기에 바쁩니다. 당신은 얼마나 말씀을 사랑하며 묵상합니까? 아이들에게 성경 사랑을 가르치기 전에 부모가 먼저 성경을 사랑해야 합니다. 성경의 위대한 이야기를 많이 알아야 합니다. 아래 OX 퀴즈를 통해서 나는 얼마나 성경을 잘 알고 있나 살펴볼까요?

1번) 야곱이 천사와 씨름을 했는데 그곳의 이름은 브니엘이다.
2번) 야곱의 아들 중 라헬에게서 태어난 아들은 유다와 요셉이다.
3번) 엘르아살, 아비새, 브나야는 다윗의 용사들이다.
4번) 게네사렛 호수는 갈릴리 호수의 다른 이름이다.
5번) 사도행전에 나오는 아나니아는 총 3명이다.

　그럼 1번부터 정답을 알아봅시다. 1번은 O입니다. 창세기 32장에 나오는 이야기로 브니엘은 하나님과 대면하여 보았다는 뜻이 있습니다. 2번은 X입니다. 야곱과 라헬에게서 태어난 아들은 요셉과 베냐민입니다. 창세기 29장과 35장에 나오지요. 3번은 O입니다. 사무엘하 23장과 역대상 11장에는 다윗을 따른 용사들의 이름이 나옵니다. 처음 듣는 분들도 있으시죠? 4번도 O입니다. 갈릴리 호수의 다른 이름이 게네사렛(막 6:53), 긴네렛(수 13:27)입니다. 마지막으로 아나니아는 사도행전 5장에서 삽비라 남편, 9장에서 바울을 도운 주님의 제자, 23장에서 대제사장으로 총 3명이 맞습니다. 그래서 마지막 5번도 O입니다.

모두 맞추셨나요? 사실 제가 일부러 까다로운 문제를 내려고 했습니다. 하지만 혹시라도 하나도 정답을 맞히지 못한 분이 있다면, 앞으로 성경을 부지런히 읽어야겠다는 결심으로 삼으시길 바랍니다. 어떤 분들은 문제를 풀면서 성경의 기본적인 내용을 많이 아는 것과 말씀의 뜻을 아는 것에는 차이가 있다고 생각할지 모르겠습니다. 하지만 제가 강조하고 싶은 것은 성경의 기본적인 내용을 잘 알고 있어야 설교를 잘 들을 수 있다는 점입니다. 하나님께서 은혜를 주시는 방법이 설교인데, 성경의 내용을 많이 그리고 잘 알수록 설교를 더 잘 듣고 올바르게 알 수 있습니다. 아무래도 성도가 성경 잘 모르면, 목사는 설교 시간 대부분을 배경 설명에 할애하게 됩니다. 이런 일이 반복되다 보면, 설교자는 가능하면 어려운 본문은 피하고, 설명이 많이 필요 없는 본문을 선택할 가능성이 큽니다. 하지만 성도들이 성경의 기본적인 내용을 잘 알고 있다면 목사의 설교 수준도 높아질 것입니다. 그러므로 부모는 언약의 자녀들이 성경의 기본적인 내용에 익숙해지도록 가르쳐야 합니다.

언약의 부모가 성경의 내용을 언약의 자녀에게 가르쳐야 할 사명을 신명기 31장 11-12절은 다음과 같이 분명히 이야기합니다.

온 이스라엘이 네 하나님 여호와 앞 그가 택하신 곳에 모일 때에

> 이 율법을 낭독하여 온 이스라엘에게 듣게 할지니
> 곧 백성의 남녀와 어린이와 네 성읍 안에 거류하는 타국인을 모으고
> 그들에게 듣고 배우고 네 하나님 여호와를 경외하며
> 이 율법의 모든 말씀을 지켜 행하게 하고

하나님은 듣고 배워야 할 대상으로 백성의 남녀, 어린이와 타국인이라고 합니다. 우리의 어린 자녀인 어린이가 포함도 었다는 것을 유념하십시오. 느헤미야서 8장 2절도 마찬가지입니다.

> 일곱째 달 초하루에 제사장 에스라가 율법책을 가지고 회중 앞
> 곧 남자와 여자나 알아들을 만한 모든 사람 앞에 이르러

본문은 고레스의 명령으로 바벨론 포로에서 돌아온 백성들이 성벽을 다시 쌓을 때 일입니다. 느헤미야와 에스라의 지도로 영적 부흥이 일어나 백성들이 집회에 참석했던 모습을 보여주고 있습니다. 여기에 남자와 여자, 그리고 어린아이까지 율법책(성경책)을 듣고 알아들을 만한 사람은 모두 모였습니다. 이렇듯 어린이들은 성경을 배우는 일에 배제된 적이 없습니다. 오히려 어릴 때부터 부지런히 하나님의 말씀을 배우도록 했습니다.

웨스트민스터 대요리문답 157문은 우리가 어떤 자세로 하나님의 말씀을 읽어야 하는지 다음과 같이 설명합니다.

문: 하나님의 말씀은 어떻게 읽어야 합니까?
답: 우리는 하나님의 말씀을 크게 높이며, 경건하고 매우 존경하는 마음으로 읽어야 합니다. 성경이 바로 하나님의 말씀이며, 하나님께서만이 우

리가 성경을 이해하게 하실 수 있다는 굳은 확신을 가지고 읽어야 합니다. 또 성경에 계시된 하나님의 뜻을 알고 믿고 순종하고자 하는 열망을 가지고 읽어야 합니다. 부지런히 읽어야 하고, 성경의 내용과 목적에 주의하며 읽어야 하고, 묵상하고, 적용하고, 자기를 부인하고, 기도하며 읽어야 합니다.

가정에서 성경을 배우는 방법

가정에서 성경을 가장 잘 배우는 방법은 무엇일까요? 가장 좋은 방법은 나이에 따라 적합한 성경책을 골라서 반복해서 함께 보는 것입니다. 글을 읽지 못할 때는 아니, 글을 읽을 수 있는 나이가 되더라도 계속해서 부모님이 읽어주십시오. 저는 첫째 아이에게 거의 14년 동안 여러 가지 버전의 성경책을 읽어주었습니다. 어떤 경우는 한 가지 버전을 3번 이상 읽어주었습니다. 지금은 둘째에게 첫째와 함께 했던 성경책을 다시 반복하고 있습니다. 옆에 있는 첫째도 자연스럽게 반복하고 있는 셈입니다. 이제 곧 셋째와 함께하면 둘째도 또 다시 반복하겠지요.

반복은 생각보다 좋은 점이 많습니다. 잘 아시겠지만 몇 번 읽는다고 다 기억하지 못합니다. 잊고 다시 기억하고를 반복해야 합니다. 어느날 가정예배 시간에 첫째가 약 10년 전에 나와 함께 읽었던 내용을 둘째와 함께 읽으면서 말합니다.

"여기에 이런 내용이 있었어요?"

첫째가 3번도 넘게 읽었던 책인데도 말이죠. 저도 마찬가지입니다. 첫째랑 읽었던 성경책을 6년만에 다시 둘째랑 읽으니 무척이나 새롭게 다가옵니다.

사실 성경을 읽어주는 제가 은혜와 감동이 되어 읽다가 잠시 멈출 때가 많습니다. 사랑하는 언약의 부모들이여! 성경을 읽어주시고, 다양하게 반복하여 낭독해주십시오.

성경책은 가능하면 아버지가 자녀들에게 읽어주는 것이 좋습니다. 수많은 연구자료에 의하면, 아이들의 뇌파는 엄마의 소리보다 아빠의 소리에 더 활발하게 반응한다고 합니다. 대체로 아버지들은 아이들에게 어떤 책이든 읽어주는 일을 어색해하는데, 하다 보면 디즈니 만화의 성우보다 더 재미있게, 더 멋있게 읽어주는 자신을 발견할 수 있습니다. 태초에 하나님께서 아버지들을 장난꾸러기로 만드셨기에, 깨알 재미를 잘 알고 있을 뿐만 아니라 아재 개그를 무장한 최고의 개그맨이니까요. 저는 아이들에게 성경을 읽어줄 때, 대본에 나와 있지 않은 말을 창작하기 위해 이리저리 머리를 굴리고, 제 마음대로 대역을 바꿔가면서 연기하는 재미에 흠뻑 빠질 때가 있습니다. 아이들은 제가 멈칫하면 금세 알아차리고, 아빠의 장난을 막으려고 목청껏 부르지요. 뭔가 이상하다고요. 저는 그 시간이 너무나 즐겁습니다. 여러분도 가정에서 이 기쁨을 함께 나누길 소원합니다.

엄마가 성경을 읽어줘도 좋습니다. 엄마의 섬세한 목소리 톤이 아이들의 지루함을 떨쳐내니까요. 사실 아빠의 피곤함과 중저음이 성경 낭독과 만나면 지루함이 생길 가능성이 크거든요. 또한 엄마는 아이들의 감성을 누구보다 잘 파악하잖아요. 하여튼 누가 읽어주느냐와 상관없이 자녀들과 성경을 함께 읽는 것 자체가 중요합니다. 지금 당장 아이들 나이와 상관없이 바로 실천하시길 바랍니다.

그럼 부모가 직접 성경을 낭독하여 많이 들려주되 언제까지 읽어주어야 할까요? 아이가 혼자서 읽겠다고 하기 전까지 하주십시오. 예상과 달리 자기가 알아서 읽겠다고 하는 아이는 많이 없습니다. 대부분의 아이들은 부모가 책 읽어주는 시간을 좋아하거든요. 어느덧 아이가 많이 자라서 한자리에 모일 시간이 부족하지 않은 이상은요. 아이가 한 명이라면 또 다른 문제가 있을 수 있습니다. 너무 오랫동안 부모님이 성경을 읽어주다 보면 서로가 지칠 수 있기 때문입니다. 이때 해결책으로 쓸 방법은 역할을 바꿔 아이가 성경을 부모에게 읽어주는 겁니다. 아이들은 낭독을 위해 더 집중하게 될 것입니다. 더하여 여러 명의 아이가 있다면 성경을 읽을 수 있는 아이에게 부탁하는 것도 좋습니다. 성경을 읽는 아이는 자기 목소리를 통해서 반복의 효과를 누리게 되고, 부모는 아이가 어떤 내용을 재밌어하는지, 어떤 내용을 어려워하는지 알게 됩니다.

성경 낭독을 마치면, 온 가족이 함께 들은 말씀을 중심으로 짧은 퀴즈대회를 추천합니다. 문제는 어렵지 않아야 합니다. 방금 읽은 말씀을 중심으로 즉흥적으로 문제를 내면 됩니다. OX, 괄호, 주관식, 객관식 등등 재미있게 합니다. 아이들이 문제를 다 맞히도록 하는 것이 목표입니다. 가족 모두가 말씀을 통해 교훈을 받고, 마음에 새길 내용으로 출제하면 됩니다. 저는 확신합니다. 퀴즈 시간은 가정예배를 즐거운 시간으로 만들 것입니다. 저희 가정의 경우, 문제가 짧은 날이나 제가 피곤해서 어물쩍 넘어가려고 하면 아이들이 아우성칩니다. 그래서 제가 더 정신을 차립니다. 또한 간혹 읽은 내용을 중심으로 문제 내는 것이 곤란할 때가 있습니다. 그러면 저는 미리 말씀을 묵상하기도 합니다. 얼마나 좋습니까? 꼭 도전해보시길 바랍니다.

박신웅은 『가정신앙교육 설명서』에서 아이들에게 말씀을 가르치는 훈련을 위한 좋은 제안을 합니다.

"책상에 앉으면 눈높이에 말씀이 눈에 띄게 해보자. 누워 있으면 천장에 말씀이 보이도록 해보자. 일어나면 자녀들과 함께 성경을 읽어보자. 읽는 것이 어려우면 함께 듣도록 해보자. 규칙적으로 함께 큐티를 해보자(같은 본문으로).

핸드폰에 앱을 온 가족이 깔아보자"[1]

핵심은 "해보자" 입니다. 뒷 부분에 큐티를 통해서 가정예배를 하는 방법을 안내하도록 하겠습니다. 부모와 자녀가 함께 성경을 읽는 일을 어려워하지 않고 해보는 것이 중요합니다.

이제 소개할 책들은 제가 집에서 아이들과 함께 읽었던 성경입니다. 안내에 따라서 직접 해보시길 바랍니다. 물론 제 안내에 따른 순서를 반드시 지킬 필요는 없습니다. 혹시 아이가 초등학생이면 그 나이에 적합한 성경부터 읽어도 됩니다. 갑자기 성경을 읽기 시작하면, 처음에는 부모의 생각과 달리 아이가 집중하지 않고 싫어할 수 있습니다. 그렇지만 인내하십시오. 언약의 자녀 양육은 처음부터 마지막까지 말 그대로 '인내'입니다. 하지만 무조건 참으라는 말은 아닙니다. 주님께서 당신의 도전에 좋은 열매를 허락하실 테니까요. 교회의 역사가 증명합니다. 하나님은 분명히 자신에게 순종하는 자에게 은혜 풍성히 내려주실 것입니다.

---

1. 박신웅, 『가정신앙교육 설명서』 (서울: 생명의양식, 2018), 172.

성경 읽어주는 방법

1) 유아 유치부

『두란노 어린이 그림성경』
두란노

　다양한 어린이 성경이 출판되어 있습니다. 경험상 많은 책을 활용하는 것보다 하나를 여러 번 반복해서 읽어주는 것이 더 효과적이었습니다. 3-4세까지는 『두란노 어린이 그림성경』을 이용하시면 좋습니다. 스티커를 붙이는 『놀이북』도 있어서 재미있게 사용할 수 있습니다.

　4-7세부터는 부흥과개혁사에서 나온 『큰 그림 이야기 성경』을 적당한 분량으로 나누어 무한 반복하십시오. 부모부터 먼저 내용을 전부 암기하면 더 좋겠지요.

2) 초등학생

『두란노 이야기 성경』
두란노

초등학교 저학년(1-2) 때는 『두란노 이야기 성경』이 좋습니다. 한 번 다 읽으면 다시 반복해 3회 정도까지 읽는 것이 좋습니다. 이 책은 구속역사적인 관점으로 성경 이야기를 이끌어가는 힘이 있습니다. 우리 집 아이들은 잠자리에 들기 전에 유튜브로[2] 한 편씩 들었습니다.

초등학교 3-4학년이 되면 제법 글밥이 있는 책을 선택하는 것이 좋은데, 부흥과개혁사의 『어린이 성경 이야기』를 추천합니다. 단편적인 이야기 모음으로 된 성경책은 동화책이나 위인전과 다름이 없습니다. 하지만 『두란노 이야기 성경』과 마찬가지로 『어린이 성경 이야기』에서는 일관된 하나님의 구속 이야기를 볼 수 있습니다. 아마도 이 책을 낭독하는 부모님이 가장 큰 유익을 얻을 겁니다. 이 책도 한 번이 아니라 여러 번 반복해서 읽어주시고, 아이 스스로 읽기까지 지도하시길 바랍니다.

성경 읽기가 어느 정도 반복이 되면, 어릴 대 읽은 『두란노 어린이 그림성

---

[2] https://www.youtube.com/watch?v=62kdkjxw1rs&list=PLO0_Udk32NdGrO4-v1MD9le8_vEZpDTZZ

경』,『큰 그림 이야기 성경』,『두란노 이야기 성경』과 서로 비교하며 읽는 것도 재미와 깨달음이 있을 겁니다. 그림 그리기를 좋아하는 나이가 되면, 삽화가 없는 이야기에 아이만의 그림을 그리게 하는 것도 하나의 방법입니다.

마지막으로 어린이 성경 읽기를 통해 영어 공부도 할 수 있습니다.『큰 그림 이야기 성경』의 부록 CD를 따라 영어로 함께 읽으십시오. 이미 익숙한 내용이라 쉽게 따라 읽을 수 있습니다. 영어로 읽게 되면 또 다른 성경 읽기의 맛을 느낄 수 있습니다. 저는 아이가 초등학생일 때 한 과씩 영어로 따라 읽기를 시켰는데 처음에는 어려워하기도 했지만 반복의 힘은 대단했습니다. 아이가 영어 학원에 가는 것보다 훨씬 좋은 방법이었습니다.

아이가 고학년(5-6)이 되면 지금까지 부모와 함께 읽은 책이 제법 많을 뿐 아니라 혼자서도 책을 보는 나이가 됩니다. 이제부터는 혼자 읽는 연습을 시켜야 합니다. 주니어 지평에서 나온『이야기 성경』은 혼자 보기에도 좋고 부모님과 함께 보기에도 훌륭한 책입니다. 그렇다고 '이제부터는 너 혼자서 읽어!'라고 하시면 안 되겠지요. 계속 함께 읽어주세요. 저는 아이가 갑자기 글밥이 많아져 지루할지 몰라서『만화 스토리 바이블』(성서원)을 함께 읽었습니다. 만화책을 읽어줄 때는 드라마 대본을 읽는 듯 연기를 했다고 봐야 정확하지만요. 아이들이 아주 즐거워했습니다.

『만화 스토리 바이블』
성서원

『이야기 성경』
주니어지평

3) 중학생 (입교 전)

초등학교 고학년 이상 중학생은 입교를 본격적으로 준비할 나이입니다. 지금까지 부모님과 함께 성경책을 읽었고, 나름 성경의 기본적인 줄거리나 하나님의 구속역사에 대한 그림이 그려졌으므로 성경 통독에 도전하기 가장 좋은 시기입니다. 하지만 개역개정 성경은 아이들이 혼자 읽기에 한자어가 많고 어투가 친숙하지 않습니다. 그래서 처음에는 『우리말 성경』이나 『새번역 성경』으로 통독하는 것이 좋습니다. 부모님과 다양한 미션을 하면서 함께 통독하면 더 좋겠지요? 이왕이면 이때 아이가 가지고 싶었던 값비싼 선물로 격려하는 것을 추천합니다.

『우리말 성경』
두란노

『새번역 성경』
아가페

성경 통독을 시작하면서 너무 어려워서 내용 파악이 너무 어렵다면, 예비 단계로 『성경 2.0』(CM크리에이티브)을 활용하여 쿵독에 도전하기를 추천합니다. 전체적인 그림을 그리면서 시작하고 싶다면 「바이블프로젝트」를 추천합니다. 다양한 애니메이션이 추가되어 한눈에 각 권의 내용을 종합 정리할 수 있습니다.[3] 그럼에도 이스라엘의 역사 기록이 담긴 사무엘기, 열왕기, 역대기는 그냥 읽으면 헷갈릴 수 있습니다. 이때 만화는 큰 도움이 됩니다. 『이스라엘 왕들의 역사』(포이에마)로 도움을 받길 바랍니다. 이렇게 함께 성경을 통독하면서 모르는 단어는 국어사전을 찾아보고, 영어 성경(ESV 성경을 추천합니다)도 병행해서 보시면 좋습니다. 성경은 아무리 많이 읽어도 해가 되지 않는답니다. 다양한 방법으로 같이 가능한 많이 읽으세요.

『만화로 보는 이스라엘 왕들의 역사』
포이에마

『성경 2.0』
CM크리에이티브

교회 공과 활용법

교회학교에서는 공과 교재로 성경을 공부합니다. 옛날과 비교하면 요즘 교회학교 공과는 아주 훌륭합니다. 제가 속한 고신 교단의 교재인 〈킹덤 스토리〉가 획기적인 변화를 시도했습니다. 체계적인 교육과정에 따라 다양한 콘텐

---

3. 홈페이지 https://bibleproject.com/Korean/ 를 방문하시거나, 유튜브에서 바이블프로젝트를 검색하시면 됩니다.

츠를 활용해 아이들이 흥미를 잃지 않도록 도우며 여러 활동을 곁들여 교육합니다. 문제는 교재가 없어서가 아니라 이 좋은 공과가 일주일에 한 번, 교회학교 교사들에게만 맡겨졌다는 데 있습니다. 물론 신앙교육에 관심을 가지신 몇몇 부모의 경우, 자녀들이 교회학교에서 무엇을 배웠는지 관심을 가지고 숙제로 내준 암송 구절을 함께 외우기도 합니다.

반면에 대부분 부모님은 교회학교 교육에 관심을 두지 않습니다. 자녀가 학교에서 배운 내용을 집에서 확인하는 것과 마찬가지니까요. 하지만 코로나로 교회학교 교육은 처참하게 무너졌습니다. 교회학교 예배에 참석이 어려워진 마당에 공과는 더욱 심각한 상황입니다. 공과는 소그룹에서 빛을 내니까요. 이런 상황에서는 부모가 더욱 큰 관심을 가지고 교육해야 합니다. 부모는 얼마든지 좋은 교재를 사용해 언약의 자녀를 양육할 수 있습니다. 다시 한번 부모의 서약을 떠올려봅시다. 그리고 지금부터 제가 사용했던 교회 공과 활용 방법을 소개해드리겠습니다.

첫 번째, 어린이 대회를 이용합니다. 대체로 노회나 총회가 주최하는 어린이 대회가 있습니다. 고신의 경우, 노회 대회가 11월, 전국 대회가 1월에 있습니다. 이 대회를 적극적으로 활용하시길 바랍니다. 특별히 성경 고사 종목을 추천합니다. 성경 고사는 공과 교재를 중심으로 출제됩니다. 기본적으로 매년 50개 구절을 암송해야 하고, 공과 내용을 잘 알고 있어야 문제를 풀 수 있습니다. 입상을 목표로 하면 나름 성취감도 느낄 수 있습니다. 성경 고사뿐만 아니라 성경 암송이나 성경 퀴즈도 추천합니다. 저희 첫째의 경우, 1-2학년 때는 성경 암송을, 3-4학년 때는 성경 퀴즈를, 5-6학년 때는 성경 고사를 하도록 했습니다.

두 번째, 어느 정도 교회 구모가 있다면 자체 성경 퀴즈대회를 준비하십시오. 물론 소규모로도 아주 재미있게 가능합니다. 온라인으로도 충분히 할 수 있습니다. 공과를 중심으로 문제를 내면 됩니다. 아이들만 출전하는 게 아니라 가정별로 출전하게 합니다. 어른들 중심으로 하던 것을 벗어나 가정별 퀴즈대회를 한다면 아이들이 집에서도 공과를 다시 공부할 것입니다. 또 하나는 아이가 교회에서 공과를 배워오면 오후나 저녁에 직접 부모를 가르치는 방법도 있습니다. 이렇게 되면 공과를 배울 때 아이의 집중력은 배가되고, 집에서 하는 발표를 통해 표현력도 얻을 수 있습니다. 한 가지 더 팁을 드리면, 암송 구절을 꼭 함께 외우십시오. 아마 대부분 부모보다 아이가 암송을 더 잘할 겁니다. 그러면 아이는 자기가 부모보다 더 잘하는 것이 있다는 걸 알고 만족하고 뿌듯해 할 것입니다.

세 번째, 가정예배에서 교회학교 공과를 활용합니다. 가정예배를 잘하고 싶지만 성공하지 못하는 여러 가지 이유가 있습니다. 시간, 장소, 어색함 등등이죠. 여기에 더해 '무엇을 가지고 가정예배를 해야 할까?' 하는 콘텐츠 문제도 있습니다. 요즘은 다양한 가정예배 교재가 발간되어 도움을 받을 수 있지만, 여전히 가정예배를 준비하는 부모는 부담입니다. 이럴 때, 교회 공과는 최고의 가정예배 교재입니다. 교회학교 교재는 공통으로 교사용이 따로 있습니다. 부모가 교사용을 보시고 아이들이 각자의 교재로 가정예배를 하면 됩니다. 한 과씩 암송 구절도 함께 외우고, 다양한 활동도 함께하고, 성경도 공부하고 정말 좋습니다.

저는 이 세 가지 방법을 모두 적절하게 활용했습니다. 아이와 함께 성경 고사를 준비했고, 암송대회도 나갔고, 성경 퀴즈대회도 적극적으로 활용했습니다. 매일 가정예배를 하면서 일주일에 하루는 공과를 활용했습니다.

만약 집에서 공과를 활용하기 힘들다면 반드시 부부가 상의해서 교회학교 교사를 지원하길 바랍니다. 사실 가정예배에서 공과를 활용해야 하는 가장 큰 이유는 단순히 부족한 콘텐츠를 확보하기 위함이 아닙니다. 부모와 아이 사이에 신앙의 단절을 막기 위해서입니다. 여러분이 출석하는 교회가 세대별 통합

예배를 하는 경우가 아니라면, 아이들은 교회학교에서 따로 시간을 보낼 것입니다. 이때 부모가 관심을 가지고 확인하지 않으면 아이가 교회학교에서 배운 말씀이나 공과 내용을 알기 어렵습니다. 이런 상황이다 보니, 부모와 아이가 주 6일을 함께 보내면서도 주일에 들은 말씀을 삶에 적용하고, 하나님의 지도를 받고, 하나님에게 기도하는 일이 일어나지 않는 것입니다.

그러므로 언약의 부모는 가능한 한 교회학교 교사를 해야 합니다. 언약의 자녀들을 교육하는 책임이 일차적으로 부모에게 있음을 기억합시다. 부모가 교사가 되면 자녀들이 어떤 신앙교육을 받았는지 확인할 수 있고, 도전하고 함께 기도할 수 있습니다. 교사인 부모는 같은 공과를 사용하여 집에서 연계하여 지도할 수 있습니다. 여러분! 언약의 자녀인 우리 유아세례 교인이 예배자로 성장하는 것을 지켜봐주십시오. 감시와 지적이 아니라 필요와 도움을 주면서 말이죠.

지금까지 제가 언약의 자녀들에게 성경의 위대한 이야기를 전달할 여러 방법을 제안했습니다. 방법은 방법일 뿐 가장 중요한 것은 부모의 의지와 결단입니다. 첫 숟가락에 배부르지 않고, 너무 많은 것을 하면 쉽게 지칠 수 있습니다. 우리 가정에 맞는 방식과 적당한 교재를 선택하면 됩니다. 부모가 아무리 바빠도 아이들의 학교 과제와 학원 숙제는 빼놓지 않도록 챙기지 않습니까? 마찬가지로 우리 생활에서 성경을 읽고, 묵상하고, 적용하는 일이 최우선임을 삶으로 보여주십시오. 아이가 숙제는 못하더라도 성경은 매일 보고, 공부하는 가정이 되길 바랍니다. 마지막으로 다시 한번 강조합니다. 아이들이 성경의 내용을 잘 알아야 하는 이유는 설교를 듣기 위함임을 잊지 마십시오. 하나님을 사랑하는 사람은 하나님 말씀 듣기를 즐거워하고 하나님 말씀은 설교를 통해 선포됩니다. 조엘 비키의 말을 꼭 기억합시다.

"자녀들에게 모든 설교는 영원히 중요하다는 것을 가르치라. 구원은 믿음을 통해 오고, 믿음은 하나님의 말씀을 들으므로 온다(롬 10:13-16). 따라서 모든 설교는 생사의 문제다(신 32:47, 고후 2:15-16). 전파되는 복음은 우리를 하늘나라로 끌어올리거나 지옥으로 던져버릴 것이다. 그것은 우리의 구원을 돕거나 우리의 정죄를 심화시킬 것이다. 그것은 우리를 사랑의 끈으로 끌어당기거나 불신의 덫에 걸린 채 내버려둘 것이다. 그것은 우리를 부드럽게 하거나 완고하게 할 것이며(마 13:14-15), 우리의 눈을 밝히거나 어둡게 하고(롬 11:10), 그리스도를 향해 우리의 마음을 열거나 혹은 닫아버릴 것이다."[4]

---

4. 조엘 비키, 『조엘 비키의 교회에서의 가정』, 유정희 역(서울: 개혁된실천사 2019), 20-21.

9장 요리문답을 통해 입교 준비하기

　언약의 부모는 유아세례 교인을 양육하는 데 있어서 말씀으로 가르칠 뿐 아니라 성경을 체계적으로 요약하여 구원에 필요한 지식을 가르치는 일도 함께해야 합니다. 이 일을 쉽게 하려고 우리 신앙의 선배들은 각종 요리문답을 만들었습니다. 저는 요리문답이란 말을 세례를 준비하면서 처음 들었습니다. 성경에 돼지고기는 먹지 말라 했으니 소고기를 어떻게 요리해서 먹으면 좋은지 같은 내용이 요리문답이라고 생각하는 사람들도 간혹 있습니다. 음식을 만드는 일인 요리料理와 요리문답의 요리要 중요할 요/理 다스릴 리는 한자가 다르고 당연히 뜻도 다릅니다. 요리문답의 요리는 '중요한 교리'라는 뜻입니다. 요리문답은 교리敎理문답과 혼용하여 쓰이기도 합니다.

　요리문답Catechism, 카테키즘은 헬라어의 '카테케오'에서 나왔습니다. 뜻은 '소리를 내다, 입의 말로 가르친다, 다른 사람의 말을 되풀이하다' 입니다. 선생님이 묻고 학생이 답하는 모습을 떠올리면 쉽게 이해됩니다. 성경에도 이 단어가 나옵니다. 갈라디아서 6장 6절에 바울은 "가르침을 받는 자는 말씀을 가르치는 자와 모든 좋은 것을 함께하라"에서 "가르침을 받는 자"가 카테케오입니다. 우리는 언제나 하나님의 말씀을 배우는 학생입니다.

　전통적으로 요리문답을 배우는 자를 카테큐멘Catechumen이라 불렀습니다.

카테큐멘에는 두 부류가 있었는데 한 부류는 성인들로, 먼저 요리문답 교육을 받고 세례를 받아 성찬에 참여하는 사람입니다. 주로 이방 종교에서 회심한 사람을 일컫는 말입니다. 두 번째는 교회의 어린아이들, 믿음의 부모에게 태어난 언약의 자녀입니다. 아이들이 출생하면 바로 유아세례를 받아 교회의 회원으로 인정받으며, 글자를 배우면서 요리문답으로 교육을 받고 나중에 입교하는 부류입니다. 이들을 가르치는 자들을 카테키스트Catechists라고 불렀습니다.[1]

이렇듯 언약의 부모는 목사와 함께 카테키스트로서 유아세례 교인들인 카테큐멘을 요리문답을 통해서 입교하도록 도와야 합니다. 하이델베르크 요리문답의 저자인 우르시누스는 언약의 부모가 자녀에게 요리문답을 소개하고 가르쳐야 하는 이유를 9가지로 설명합니다. 첫 번째는 하나님의 명령이기 때문입니다. "그것을 너희의 자녀에게 가르치며"(신 11:19). 두 번째는 성인뿐 아니라 아이들도 하나님을 올바로 알고 경배해야 하기 때문입니다. 세 번째는 우리의 위로와 구원 때문입니다. 구원과 위로를 위해 예수 그리스도를 바로 알아야 하고, 바로 알기 위해서 요리문답이 필요합니다. 네 번째는 요리문답 공부(십계명 교육)는 경건과 덕성을 열매 맺어 건강한 시민으로 성장시키기 때문입니다. 사회와 교회의 보존을 위해 공부해야 합니다. 다섯 번째는 온갖 생각과 독단을 올바로 판단하고 결정할 수 있도록 요리문답이 도와주기 때문입니다. 내 생각이 아니라 하나님의 말씀에 따라 판단을 하게 합니다. 여섯 번째는 요리문답을 적절히 배운 사람들은 설교를 잘 듣고 분별할 수 있기 때문입니다. 일곱 번째는 교육을 받지 못한 사람들을 위한 교육 제공 목적 때문입니다. 여덟 번째는 어린아이들이 진리를 깨달아 이단들의 오류를 분별하게 되기 때

---

1. 자카리아스 우르시누스, 『하이델베르크 요리문답 해설』, 원광연 역 (고양: 크리스천 다이제스트, 2006), 51.

문입니다. 자녀들이 요리문답만 제대로 공부하면 어떤 이단도 무서워할 필요가 없습니다. 마지막 아홉 번째는 교사를 양성하기 위해서 요리문답이 필요합니다. '그리스도 예수의 좋은 일꾼이 되어 믿음의 말씀과 그 따르는 좋은 교훈으로 양육을 받게'(딤전 4:6) 되어야 하기 때문입니다.[2]

언약의 자녀를 키우면서 신앙적으로 고민하는 모든 내용이 여기에 있지 않습니까? 우리 자녀들이 요리문답을 공부하면 경건한 신자가 될 수 있습니다. 세월이 지날수록 더 고통받고 절망하는 시대에 유일한 소망과 위로가 그리스도에게 있음을 고백하는 아이들이 될 수 있습니다. 그뿐 아니라 4차 산업혁명 시대에 필요한 '정서적, 사회적으로 건강하고 덕성을 갖춘 인재'가 되는 길이 여기에 있습니다. 교리를 가르치는 것은 독단적이지 않고 배려하며 사랑이 넘치는 분별력 있는 시민을 기르는 길입니다. 그러므로 요리문답을 가르치십시오. 그런 후에 반복하고 또 반복하길 바랍니다.

1618년 도르트 신경을 작성한 도르트 종교 회의는 요리문답을 청소년에게 가르치는 일을 '교회와 학교와 가정'에서 각각 담당하도록 결정합니다.

"그리스도인 젊은이들이 어려서부터 참된 신앙의 기본적인 것을 부지런히 배워서 참된 경건에 이르게 하려면 세 가지 방법으로 요리문답을 가르칠 것이다. 집에서 부모가 가르치고, 교사가 가르치며, 교회에서 목사와 장로와 심방하는 사람이 가르칠 것이다."[3]

교회, 학교, 가정이 각각 꼭짓점을 이루어 가장 안전한 삼각 편대를 만드는 것입니다. 공중의 권세 잡은 자와 세상의 악한 영으로부터 우리 자녀들을 지키기 위한 삼각 수호 편대를 이루도록 말입니다.

---

2. 우르시누스, 『하이델베르크 요리문답 해설』, 57-58.
3. 유해무, 김헌수, 『하이델베르크 요리문답의 역사와 신학』(서울: 성약, 2006), 21.

요리문답을 배우는 최고의 방법

자, 그렇다면 부모는 가정에서 자녀들에게 요리문답을 어떤 방법으로 가르치면 효과적일까요? 성경은 읽기만 해도 되지만 요리문답은 교리적인 지식이 없어서 가르치지 못하나요? 그렇다면 제가 썼던 방법으로 해보시면 어떨까요? 목사라고 해서 태어나면서 요리문답을 잘 알고 있지는 않았으니까요.

사실 요리문답은 자주 접하다 보니 익숙해지고, 익숙해지니 쉬워졌습니다. 어찌 보면 요리문답은 쉽고 어렵고의 문제가 아니라 익숙함의 차이입니다. 처음에는 무엇이든 어색하고 불편합니다. 특별히 요리문답과 신앙고백서는 오래전에 만들어졌기 때문에 더욱 그렇습니다. 하지만 자주 보다 보면 구조가 보이고, 구조가 보이면 선배들의 기발한 아이디어가 보입니다. 요리문답의 작성자들은 저마다 특별한 의도를 가지고 만들었기 때문입니다.

가장 먼저 해야 할 일은 주요 신앙고백과 요리문답의 흐름을 파악하기입니다. 부모는 먼저 옛날 이름과 지명, 연도 등에 천천히 익숙해지도록 여러 번 읽으면서 확인합니다. 그리고 위키피디아나 나무위키에서 각각의 요리문답의 특징을 찾아 눈 맞춤을 자주 하는 것을 추천합니다.

1) 꼬마 요리문답

처음에는 이 책 부록에 있는 〈꼬마 요리문답〉으로 시작합니다. 아이에게 여러 번 반복해서 읽어주는 것이 공부 방법입니다. 총 50문답으로 아주 쉽게 반복할 수 있습니다. 처음에는 부모님이 묻고 답을 합니다. 이때 아이는 듣기만 하는 것이죠. 그러다 보면 분명 아이가 따라할 때가 옵니다. 바로 이 시점에서 부모님의 협업이 필요합니다. 아빠가 질문하고, 엄마가 아이를 도와서 함께 대답하는 것입니다. 반대로 엄마가 질문하면 아빠가 큰 소리로 답합니다. 가끔은 일부러 틀리게 답해보시길 바랍니다.

목표는 암송입니다. 그렇다고 완벽하게 암송하는 것이 아닙니다. 완벽하게 암송하려다 부모가 먼저 지치기 마련이거든요. 그런데 신기하게 자주 하다 보면 암송이 됩니다. 오랫동안 반복하다 보면 장벽을 만날 수 있습니다. 지루함이라는 거대한 장벽입니다. 이때도 쉽게 넘는 방법이 있습니다. 암송하는 소리를 녹음하거나 동영상을 촬영해서 함께 보는 것입니다. 그리고 동영상 촬영은 완벽한 작품을 만드는 것이 아니라 NG를 많이 만들어내는 것입니다. 부모님이 일부러 까먹은 척 뜸을 들이기도 하고, 틀리기도 하면서 암송하십시오. 그럼 아이들도 그런 부모를 보며 긴장하는 대신 요리문답 시간을 웃으면서 즐기게 될 것입니다.

2) 뉴시티 교리문답 키즈

〈꼬마 요리문답〉을 다 외우셨다면(익숙하시다면 혹은 지루하다면)『뉴시티 교리문답 키즈』(죠이북스)로 한 단계 나아갈 차례입니다. 이것은 기존의『뉴시티 교리문답』의 어린이용으로 하나님, 죄, 그리스도, 성령 등 기독교의 기본교리를 52문답으로 구성하여 부담스럽지 않습니다. 현대의 변화하는 문화 속에서 복음이 당면한 여러 가지 도전과 오류에 명확하게 답할 수 있게 도와줍니다. 요령은 전과 같습니다. 부모님과 아이가 서로 질문하고 대답하면서 순서대로 외웁니다. 외우는 방법은 반복해서 읽기입니다. 꼬마 요리문답과 마찬가지로 암송의 목표는 강박적으로 완전히 똑같이 외우는 것이 아닙니다. 아이가 큰 줄거리를 중심으로 자연스럽게 외우도록 도와주세요. 더하여 이때부터는 아이가 문답을 필사할 수 있도록 합니다. 모르는 단어는 함께 찾아서 뜻을 써가면서 개념을 정리하도록 합니다.

『뉴시티 교리문답 키즈』
복음연합, 리디머 장로교회 저,
조이선교회 출판부 역(죠이북스, 2018)

『웨스트민스터 소요리문답 이해 쓰기』
세움북스 편집부 저,
권율 해설(세움북스, 2021)

3) 소요리문답

『뉴시티 교리문답 키즈』을 마치면, 본격적으로 『소요리문답』을 할 차례입니다. 이 과정의 목표도 역시 암송입니다. 지금까지 했던 것과 마찬가지로 자꾸 반복하고 또 반복하여 입에서 답이 술술 나올 때까지 암송하시면 됩니다. 토씨 하나, 조사 하나까지 꼼꼼하게 할 필요는 없습니다. 중요한 것은 개념입니다. 왜냐하면 소요리문답은 입교 문답의 기준이 되기 때문입니다. 그러므로 지금까지 암송했던 요리문답이 교리의 맛보기 형태였다면, 소요리문답을 통해서는 확실한 교리적 개념을 정리할 필요가 있습니다. 각 문답의 순서와 문답의 연관성을 확인하면서 개념 중심으로 외우도록 지도하면 됩니다. 소요리문답의 암송은 필사를 병행하도록 지도하십시오. 또한 부모님이 시중에 나와 있는 소요리문답 해설서의 도움도 받기를 부탁드립니다.

요리문답 암송을 하다 보면 딱딱하고 지루하게 느껴질 수 있습니다. 아래의 도서를 참고해서 함께 읽고 공부하면 재미있고 유익합니다. 나이별로 적용할 수 있는 요리문답 팁은 부록에 있습니다. 참고하세요.

- 『어린이들이 꼭 알아야 할 교리문답 77』 싱클레어 퍼거슨 저, 김향석·권혜영 역 (우리시대, 2021)
- 『만화 어린이 주기도문』 백금산 저(부흥과개혁사, 2014)
- 『만화 어린이 사도신경』 백금산 저(부흥과개혁사, 2014)
- 『만화 어린이 십계명』 백금산 저(부흥과개혁사, 2014)

반복과 암송이 길이다

지금까지 말씀드린 요리문답 공부의 핵심은 암송이었습니다. 여기서 잠시, 왜 이렇게까지 암송을 중요시하는지 확인할 필요가 있습니다. 옛날 우리 조상들은 글을 배울 때 "하늘 천, 따 지, 검을 현, 누를 황, 집 우, 집 주" 하면서 큰 소리로 글자를 외치면서 깨우쳤습니다. 어느 가정이든지 아이들이 글을 배울 때가 되면 이러한 방법을 사용했습니다. 밤낮 가리지 않고 천자문 암송을 수도 없이 반복하다 보니, 어느덧 외운 것입니다. 소리를 내어 외움으로써 글을 배우는 것이 우리네 조상들의 전통이었습니다.

사극의 한 장면을 떠올려보십시오. 꼿꼿하게 흐트러짐 없이 정자세로 앉아, 책을 한 장 한 장 넘기며 큰 소리로 읽어내려갑니다. 가장 중요한 요소는 빠르게 읽거나, 그냥 읽는 것이 아니라 천천히 반복적으로 운율에 따라 읊조리는 것입니다. 이렇게 운율과 리듬을 사용해 암송하는 것이 바로 공부工夫입니다.

우리 자녀들이 하루 중 가장 많이 듣는 단어는 무엇일까요? 아마 자기 이름 다음이 '공부'일 겁니다. 어느 집 아이든지, 아니 어떤 사람이든지 공부로부터 자유로울 사람은 아무도 없습니다. 왜냐하면 공부는 외부 세계를 자기 세계의 체계로 받아들이는 방식 자체이기 때문입니다. 외부의 다양한 정보를 자신만의 독특한 방식으로 받아들이고 익숙하게 만드는 것이 공부입니다. 이렇듯 우리는 공부에서 벗어날 수 없습니다. 공부가 이렇게 중요하고 필요하지만, 공부는 참 어렵습니다. 어려운 공부를 잘하는 방법은 무엇일까요?

공부의 가장 기초적인 방법이 반복과 암송입니다. 암송이 기초 방법인 동시에 왕도입니다. 개념을 이해하고 정리한 다음, 무한 반복하여 암송해야 공부가 됩니다. 암송과 반복을 싫어하거나 게을리하면 세상에서 아무것도 배울 수 없습니다. 최신의 기가 막힌 공부법도, 최첨단 교육 기자재를 사용해도, 공부에 있어서 가장 기본은 반복과 암송입니다.

요리문답의 교육 원칙도 반복과 암송입니다. 요리문답의 형식 자체가 반복과 암송을 위해 만들어졌습니다. 그런데 아쉽게도, 교리교육을 시도하는 많은 분이 이 부분을 놓치고 있습니다. 교리교육이 가정을 떠나 교회가 이를 도맡았기 때문입니다. 교회에서 교리를 배우면 일주일에 한 번 배우는 꼴이 되다 보니 암기가 전혀 되지 않습니다. 물론, 교리교육은 목사에게 맡겨진 중요한 직무입니다. 성경 교리의 바른 개념과 내용은 목사를 통해서 배워야 합니다. 하지만 교리 암송은 목사와 있을 때만 할 수 있는 것이 아닙니다. 오히려 계속 반복하여 암송할 수 있도록 지도하는 것은 가정에서, 언약의 부모에게 맡겨진 일입니다.

유아세례를 받은 내 아이가 옹알이를 하는 즉시, 지체하지 말고 〈꼬마 요리문답〉을 주고받으며 암송하십시오. 사도신경과 십계명과 주기도문을 외울 수 있도록 무한 반복하십시오. 저희 아이들은 한글을 읽고 쓰기 전에 사도신경, 십계명, 주기도문을 외웠습니다. 아이들이 특별하게 똑똑해서가 아닙니다. 매일 가정예배를 하다 보니 자연스레 '습득'했던 것이죠. 저같은 경우는 중학생 때 예배 사회를 보기 위해 전날 밤에 어렵게 사도신경과 주기도문을 외웠던 슬픈 기억이 있습니다. 그런데 아직 '밥'이라는 말도 못하는 우리 집 막내가 '아멘'이라고 하는 것을 보면 정말 놀랍습니다. 결국, 아이들에게 무엇을 반복하여 들려주느냐가 중요합니다. 꼭 요리문답을 반복하여 자주 함께 암송하십시오.

그래도 요리문답이 어렵다는 부모가 있을 수 있습니다. 그렇다면 이렇게 생각해봅시다. 보통의 부모는 아이가 한글을 떼기 전에 한글 낱말카드를 무수히 사용합니다. 집안 곳곳에 낱말 스티커를 사용합니다. 공룡이 한때 유행한 적이 있었습니다. 그때 저는 정말 신기한 광경을 여러 번 봤습니다. 한글도 제대로 읽지 못하는 아이가 저도 발음하기도 어려운 무수한 공룡의 '학명'을 줄줄 꿰차고 있던 것이죠. 어떻게 아이들이 알 수 있었을까요? 반복의 힘입니다. 발음이 문제가 아니라 반복입니다.

여러분은 아이들에게 글씨를 가르칠 때 'ㅎ'은 어떤 단어로 알려주십니까? 대부분은 '하마', '하늘' 이렇게 알려줍니다. 혹시 '하나님'으로 가르쳐주시는 분이 있습니까? 만약 그렇지 않다면 왜 우리는 이런 교육을 하지 않을까요? 왜 'ㄱ'은 '기도', 'ㅇ'은 '예수님', '아멘'이라고 가르치지 않을까요? 제가 어느 교회에서 부모 교육과 관련하여 강의하던 중 비슷한 질문을 했었는데, 다들 마찬가지더군요. 우리가 미처 생각하지 못해서 그럴 뿐입니다. 한글을 가르치는 교재에 성경과 관련된 단어가 없기 때문입니다.

우리 신앙의 선배들은 글자를 요리문답을 통해서 배웠습니다. 1683년에 처음 출판된 『뉴 잉글랜드 초급 읽기 교본 The New England Primer』을 보면 "A(Adam, 아담의 타락을 통해 우리 모두 죄를 지었다)"부터 "Z(Zachaeus, 삭개오는 주님을 보려고 나무 위에 올라갔다)"까지 모두 기독교 신학으로 구성되어 있었습니다. 그다음 과정으로 출판된 읽기 교본은 『웨스트민스터 소요리문답』을 토대로 만들어졌습니다.[4] 그렇다면 우리도 얼마든지 자음과 모음을 활용하여 성경과 요리문답으로 한글을 가르칠 수 있습니다. 냉장고라는 단어를 가르치기 위해 낱말카드를 만들 듯이, 하나님, 예수님 낱말카드도 만들기 바랍니다.

또한 아이들이 글자를 배우기 시작하면, 요리문답 필사를 꼭 시작하길 바랍니다. 『뉴시티 교리문답 키즈』 또는 『웨스트민스터 소요리문답 이해 쓰기』(세움북스)를 이용해 천천히 또박또박 쓰도록 도와주세요. 번역이 다른 것은 전혀 문제 되지 않습니다. 오히려 여러 버전을 사용함으로써 지루함을 달랠 수 있습니다. 어려운 단어가 나오면 국어사전도 함께 찾아보면서 한자도 익히면 좋습니다. 모르는 단어 옆에다 뜻을 쓰면 자연스럽게 용어 개념도 알 수 있습니다. 이렇게 요리문답을 배우다보면 언약의 자녀보다 부모님이 먼저 깜짝 놀랄지 모릅니다. '내가 이렇게 많이 몰랐나?' 하는 생각과 함께 자꾸 교리 공부에 빠져드는 재미를 느끼게 됩니다. 한번은 아이들과 이런 일이 있었습니다.

"아빠, '타락'은 무슨 한자를 써요?"

---

4. Paul L. Ford, ed. The New-England Primer: A History of Its Origin and Development with a Reprint of the Unique Copy of the Earliest Known Edition and Many Facsimile Illustrations and Reproductions (New York: Dodd, Mead and co, 1897). 조엘 비키, 『하나님의 약속을 따르는 자녀 양육』, 258. 재인용.

"어떤 한자를 쓸 것 같아?"

"음, 칠 타打에 즐거울 락樂? 그럼 '맞는 것은 즐겁다'인가? 뭔가 이상한데?"

"떨어질 타墮에 떨어질 락落이야. 죄를 범허서 불신에 빠졌다, 품행이 잘못되어 못된 구렁에 빠진다는 뜻이지."

이런 개념은 요리문답을 필사하다 보면 브수적으로 챙길 수 있는 유익입니다.

더 나아가 우리나라는 왜 타락이라고 번역했을까요? 이 과정은 한글 필사본과 비교해서 우리말로 번역을 할 때, 어떤 단어를 사용했는지 살펴보는 것입니다. 먼저 타락을 한영사전에서 찾아봅니다. 'corruption, depravity, decadence'라고 나옵니다. 그런데 소요리문답 16문을 찾아보면 "모든 인류가 아담의 첫 범죄로 타락했습니까?"를 "Did all mankind fall in Adam's transgression?"이라고 해서 우리가 찾는 단어가 나오지 않습니다. 소요리문답은 한영사전에서 주로 쓰는 타락의 단어가 아닌 '추락하다', '빠지다'로 번역되는 'fall'을 사용했습니다. 대신 18문에서 사람의 타락한 죄의 상태를 말할 때 "the want of orginal righteousness and the corruption of his whole nature", "근본적인 의로움이 결핍된 것과 온 성품이 부패한 것"에서 corruption부패를 사용합니다.[5] 그러니까, 원문의 단어를 영어사전에서 찾으면 없을 수 있다는 것이죠. 왜 이런 일이 일어났을까요? 흔히 타락을 부패로 알고 있는 것의 오류를 알려주는 것입니다. 소요리문답에서 타락은 말 그대로 어떤 상태에서 미끄러진 것, 떨어질 것, 다른 상태로 가버린 것을 말합니다. 한자어 그대로 '떨어지다' 입니다. 그리고 '타락했다'는 말은 '부패했다'로 바꿔 사용해야 한다는 것을 알려줍니다.

---

5. Ross, Confession of Faith, 290.

대요리 문답에서는 정확하게 타락과 부패를 구분하여 질문하고 대답합니다. 타락은 21문에서 "사람은 하나님께서 처음에 창조하신 본래의 상태에 계속 머물렀습니까?"라고 질문한 뒤, 답하기를 "… 처음 창조된 본래의 무죄한 상태에 타락했습니다(and thereby *fell form the estate of innocency* in which they were created)." 이어서 23문에 "타락으로 인해 인류는 죄에 빠지고 비참하게 되었다"[6]라고 답함으로써 창조 상태, 무죄하고 순결했던 상태에서 벗어나 죄와 비참의 상태가 된 것으로 설명합니다. 계속해서 요리문답은 인간이 타락으로 갖게 된 죄책, 원의의 상실, 본성의 부패로 설명합니다. 종합하면 타락은 창조의 무죄와 순결에서 벗어난(떨어진) 죄와 비참의 상태를 말하고, 부패는 죄의 상태 중 하나로 설명합니다.

어떻습니까? 재미있나요? 어렵나요? 부모가 조금만 관심을 가지고 하나하나 정리하다보면 아이보다 먼저 변화된 자신을 발견하게 될 것입니다. 지금부터는 요리문답 교육에 도움이 될만한 교재를 소개해드리겠습니다.

하이델베르크와 소요리문답 이용하기

저는 오랫동안 청소년 사역을 하면서 입교 교육에 많이 참여했습니다. 교재는 보통 교단에서 나온 문답서를 사용했지요. 합동이나 고신에서 나온 교재였는데, 소요리문답과 하이델베르크 요리문답을 중심으로 만들어졌습니다. 또한 기독교 학교에서 교리 교사로 초등학생과 청소년들에게 요리문답을 강의했었는데요. 항상 교재가 문제였습니다. 암기와 흥미라는 두 마리의 토끼를

---

6. Ross, Confession of Faith, 138-39.

잡기가 힘들었기 때문입니다. 아이들이 흥미를 느끼고 재미있게 참여해야 하고, 기본적인 교리에 대해서는 암기를 해야 하니까요. 저는 흑곰북스에서 나온 『특강 소요리문답』과 『특강 하이델베르크 요리문답』을 사용했습니다. 이 교재의 독특함을 최대한 살려서 교육했습니다.

『특강 소요리문답 상하 세트』
황희상 저(흑곰북스, 2020)

『특강 하이델베르크 요리문답 상하 세트』
이성호 저(흑곰북스, 2013)

제가 두 교재를 활용했던 방법을 소개해드리겠습니다. 입교 교육 기간은 약 3년으로 계획하여 진행합니다. 장로교 헌법은 만 14세부터 입교를 허락합니다. 현재 나이로 15세인 중 2-3학년에 해당합니다. 고등학생이 되면 시간도 없고, 머리가 많이 커져서 말을 잘 듣지 않습니다. 교리는 어리면 어릴수록 공부하기 좋습니다. 그러므로 13세인 6학년 때부터 입교 교육을 시작하는 것을 추천합니다. 이때는 중학생과 지성적으로는 큰 차이가 없고, 시간상으로 좀 더 여유가 있습니다. 이때 아이들에게 요리문답 교육을 시작하면서 신앙에 대해 진지하게 고민하도록 기회를 제공하는 것입니다. 게다가 아이가 아니라 어른처럼 존중해주니 스스로 뿌듯함을 느끼며 좋아합니다.

처음 입교 교육을 시작하면서 사용할 교재는 하이델베르크 요리문답이 좋습니다. 물론 가정예배에서 암송했던 소요리문답을 잊지 않도록 반복해야겠지요. 그렇다면 왜 소요리문답이 아니라 하이델베르크 요리문답을 먼저 시작할까요? 이유는 하이델베르크 요리문답이 가지고 있는 다음의 특징들 때문입니다.

첫째, 하이델베르크 요리문답의 주요 주제인 '위로'는 감성적 접근을 도와줍니다. 언어와 시대가 너무 오래된 요리문답의 경우, 감수성이 예민한 시기인 청소년들에게 별 매력이 없을 수 있습니다. 하지만 하이델베르크 요리문답은 큰 울림이 있습니다. 웨스트민스터 소요리문답이 체계적이고 조직적으로 믿음의 뼈대를 세우는 데 도움이 된다면, 하이델베르크 요리문답은 지적인 사색을 넘어서 "우리가 사나 죽으나 유일한 소망과 위로가 하나님에게 있다"는 감성적 접근이 가능합니다. 우리 아이들이 하이델베르크 요리문답을 통해 자신의 평안과 기쁨과 즐거움은 삼위 하나님의 위로 안에서만 발견할 수 있음을 고백하게 될 것입니다.

둘째, 전통적인 교리문답의 체계인 사도신경, 십계명, 주기도문의 순서를 따라 설명합니다. 소요리문답도 사도신경의 내용을 담고 있지만 분명하게 언급하지 않기 때문에 아쉬움이 있습니다. 반면 하이델베르크 요리문답은 사도신경을 통해 삼위 하나님의 구속을 설명하고, 구원을 주신 삼위 하나님께 순종과 감사하는 삶의 방법으로 십계명과 주기도문을 해설합니다.

셋째, 유아세례 교인이 앞으로 해야 할 참된 고백과 죄에 대한 참된 회개를 위해 무엇을 깨달아야 하는지 분명하게 알려줍니다. 바로 참된 믿음입니다. 하이델베르크 요리문답이 알려주는 참된 믿음이란 그리스도에게 연합된 자가 삼위 하나님에 대한 확실한 지식과 성령께서 주시는 굳은 신뢰를 가지는 것입니다.

넷째, 성찬 상에 나갈 때 유아세례 교인이 알아야 할 성례가 가지는 의미와 뜻을 하이델베르크 요리문답이 잘 설명합니다. 세례의 의미와 유아세례를 받았음에도 성찬을 받지 못한 이유에 대해서 소요리문답보다 더 상세히 알려주기 때문에 유익합니다.

이제, 『특강 하이델베르크 요리문답』과 『특강 소요리문답』 교재를 이용하는 방법을 알아보도록 하겠습니다. 유일한 방법은 아니지만 참고하시면 좋습니다.

1) 부록에 있는 마인드맵을 펼쳐서 특징들을 찾아보도록 합니다. 색깔별로 구분된 것을 중심으로 재분류합니다. 분기점과 전환점에 사용된 접속사를 중심으로 비교, 대조합니다.

2) 앞서 말한 것처럼 하이델베르크 요리문답을 먼저 공부합니다. 책의 학습 플랜을 따라도 좋지만, 가정에서 할 때 18단원을 두 개로 쪼개서, 일주일에 한 번씩 총 36주 동안 여유 있게 계획을 짜는 것이 더 좋습니다. 계획은 한 달 단위로 정합니다. 일 년 학습을 미리 짜놓고 계획이 틀어질 경우, 수습하기 어렵습니다. 소요리문답의 경우 상권을 1년에, 하권을 1년에 끝내는 것을 추천합니다.

3) 하이델베르크 요리문답 공부를 영어단어 시험 치듯이 공부할 필요가 전혀 없습니다. 그야말로 술술 넘겨 가면서 편하시 하시길 바랍니다. 『특강 하이델베르크 요리문답』 속에는 읽을거리와 참고할 내용이 풍성합니다. 감수성이 예민한 청소년 시기에 맞게, 감성적 접근을 할 수 있는 자료가 많습니다. 천천히 개념을 중심으로 함께 공부하십시오. 목표는 "부록에 있는 요약맵을 안 보고 작성하기"로 정하시면 됩니다. 엄격할 필요는 없지만, 마인드맵을 똑같이

완성할 수 있도록 자주 암송하는 것은 필요합니다. 물론 부모가 함께하셔야 자녀들이 잘 따라하겠지요?

4) 하이델베르크 요리문답 공부가 끝나면 이어서 소요리문답 공부를 시작합니다. 이쯤 되면 이미 오랫동안 '뉴시티 교리문답 키즈', '휴대용 소요리문답'을 암송했기 때문에 쉽게 시작할 수 있습니다. 이번에는 하이델베르크 요리문답과 달리, 밀도 있게 문답을 분석하는 데 시간을 많이 쓰기 바랍니다. 영어 원문 구와 절을 구분하여 문장 구조를 분석하면서 원문의 맛을 느끼며 공부하면 좋습니다. 중학생이면 충분히 할 수 있는 영어입니다. 한글 번역과 영어 문장을 비교하면서 차이가 무엇인지, 왜 이런 단어가 쓰였는지 찾으면서 공부하길 바랍니다.

5) 한 과 공부가 끝나면 꼭 아래 질문에 부모님과 함께 답을 해보도록 합니다. 이미 여러 요리 문답을 살폈기 때문에 나름대로 정리할 수 있습니다. 이 과정은 공적 신앙고백으로 자연스럽게 이어주는 단계입니다.

이미 알고 있었던 내용 / 잘못 알고 있었던 내용	
공부를 하면서 새롭게 알게 된 내용 / 느낀 점	
도전/ 다짐/ 결심	

6) 소요리문답 속 십계명과 주기도문을 공부할 때는 이미 공부한 하이델베르크 요리문답 속 십계명과 주기도문 해설을 비교, 대조해봅니다. 소요리문답을 기준으로 관련된 대요리 문답의 더 상세한 설명도 참고합니다. 십계명과 관련해 온 가족이 함께 대토론회를 해보는 것도 즐거운 일입니다. 관련 나눔 주제를 선정한 뒤 '가정 청문회', '가정 결사대' 같은 이름을 붙여 토론회를 합니다. 토론회는 영상으로 제작하여 보관하기를 바랍니다. 이렇게 토론회 때 논의된 내용을 중심으로 각자의 결심문이나 다짐들을 액자나 책자로 만든다면 교리가 삶에 뿌리내리는 것을 경험하게 될 것입니다. 교회의 다른 가정과 함께 연합해서 진행하면 더 재미있겠죠.

7) 마지막으로 우리의 최종 목표인 마인드맵을 통째로 외웁니다. 제가 기독교 학교에서 교리를 가르쳤을 때, 초등학교 1학년부터 고등학교 1학년까지 마인드맵 전체를 그대로 따라 쓰는 숙제를 내준 적이 있습니다. 마인드맵 전체를 한 번 쓰는 데 저학년의 경우 3-4시간, 고학년의 경우 1-2시간 정도 걸렸습니다. 마인드맵을 여러 번 반복해서 쓰게 되면 자연스럽게 외우게 됩니다. 저도 청년 때, 소요리문답을 저만의 마인드맵을 만들어서 여러 번 쓰면서 외웠습니다.

8) 추가로 보충해서 공부할 책도 필요하겠죠? 정말 좋은 책을 추천합니다. 『교리문답으로 배우는 장로교 신앙』(김진홍, 생명의양식)과 『하이델베르크 교리문답으로 보는 사도신경 십계명 주기도문』(코르넬리스 프롱크, 그책의사람들)입니다. 김진홍 목사의 책은 하이델베르크 요리문답과 대소교리문답의 내용을 잘 엮어서 장로교 신앙을 정리합니다. 이 책의 가장 큰 강점은 성경 본문 묵상으로부터 시작하는 것입니다. 교리가 성경에서부터 시작한다는 것을 잘 알려주지요. 마지막에 있는 기도문과 실천 사항은 은혜롭고도 적실한 것들이 많습니다. 꼭 함께 보시길 추천합니다. 두 번째로 추천하는 프롱크 목사님의 책의 최

고 강점은 각 장에 제시된 "더 깊은 공부와 나눔을 위한 질문"입니다. 지금까지 아이들과 요리문답을 여러 번 공부했다면 충분히 답을 할 수 있습니다. 부모님이 먼저 질문에 답을 하면서 정리해보세요. 자기가 제대로 알고 있는 것과 모르는 것을 확인하는 방법으로 사용하십시오.

『교리문답으로 배우는 장로교 신앙』
김진흥 저(생명의양식, 2017)

『하이델베르크 교리문답으로 보는 사도신경 십계명 주기도문』
코르넬리스 프롱크 저, 임정민 역
(그책의사람들, 2017)

10장 교회 역사를 통해 배우는 하나님의 일하심

하나님은 언약 백성을 선택하여 부르신 다음, 각자가 알아서 살도록 내버려두지 않습니다. 하나님은 순간마다 자기의 사랑하는 백성을 돌보시고 동행하며 힘주십니다. 하나님은 지금, 이 순간에도 우리와 함께하십니다. 우리는 유아세례 교육을 통해서 삼위 하나님께서 주시는 은혜 언약의 표와 인임을 확신할 수 있었습니다. 그렇지만, 아무래도 아이들에게는 구체적이고 살아있는 실재가 필요합니다. 언약의 자녀들은 하나님께서 자기 백성을 어떤 방식으로 지켜 오셨는지 교회의 역사를 통해 공부해야 합니다. 역사 속에서 하나님의 선하신 손길이 어떻게 교회와 개인과 함께했는지 알게 도와주어야 합니다.

시편 44편 1절은 고백합니다.

> 하나님이여 주께서 우리 조상들의 날
> 곧 옛날에 행하신 일을 그들이 우리에게 일러 주매
> 우리가 우리 귀로 들었나이다.

여기서 누가 조상들에게 베푸신 하나님의 은혜를 자녀들에게 알려주었을까요? 아버지입니다. 더 정확히는 아버지의 아버지입니다. 이때 아버지는 엄마, 할머니를 다 포함하는 말입니다. 이렇게 하나님의 구원 역사는 대대로, 세대에서 세대를 지나는 동안 전달되었습니다. 크레이기는 신앙이 대를 이어서 전달되는 것에 대해 다음과 같이 말합니다.

"과거가 현재에 언제나 유용하다는 것, 또한 믿음의 백성은 미래의 영향을 잉태한 과거 하나님이 행하신 행적의 연속성을 지금, 현재 이 순간에 볼 수 있다는 것이 히브리 신앙의 정수였다."[1]

히브리 신앙의 정수는 듣기로 전달됩니다. 신앙은 듣는 것과 깊은 관계가 있습니다. 믿음은 들음에서 난다(롬 10:17)고 하신 말씀과 같습니다. 그뿐 아니라 말씀을 들을 때, 성령께서 우리의 마음에 역사하여 우리가 하나님의 영광을 보고 거룩하게 변화합니다(고후 3:18). 그러므로 언약의 부모는 언약의 자녀들에게 하나님의 명령에 따라 우리 삶 속에 일하시는 하나님의 위대한 이야기를 끊임없이 들려주어야 합니다. 언약의 자녀는 교회 역사와 경건 생활 교육을 통해 하나님이 우리를 어떻게 지켜오셨는지를 더 확신하게 됩니다.

교회 역사를 통한 교육

역사는 누구나 배우고 싶지만, 지루하고 딱딱한 느낌 때문인지 배우기가 힘듭니다. 다행히 요즘에는 유튜브나 방송에서 쉽고 재미있게 가르치는 강사나 콘텐츠들이 많이 등장했습니다. 스토리텔링의 역사 교양서도 꽤 많은 편입니다. 그렇다면 사람들이 역사를 배우고 싶어 하는 이유는 무엇일까요? 최태성은 『역사의 쓸모』라는 책에서 우리가 왜 역사를 공부해야 하는지 22가지로

---

1. Peter C. Craigie, Psalms 1-50, WBC19 (Nashville: Nelson, 2005), 333.

이야기합니다. 그중 몇 개를 소개하면 "역사는 나보다 앞서 살았던 사람들의 삶을 들여다보면서 나는 어떻게 살 것인지를 고민하고 실천하는 것을 돕고, 역사를 통해 무수히 많은 선택과 결과를 확인'할 수 있게 해주는 아주 쓸모 있는 공부라고 합니다. 이어서 "내가 가야 할 길을 보여주는 역사, 다른 사람과의 관계 안에서, 그리고 '우리'라는 공동체 안에서 어떻게 행동해야 할지 알려주기에 꼭 공부해야 한다"고 말합니다.[2]

언약의 부모가 언약의 자녀에게 교회 역사를 가르쳐야 하는 이유도 비슷합니다. 성경에 나타난 믿음의 조상들의 삶을 브면서, 지금 이 시대를 살아가는 우리의 모습을 투영해볼 수 있습니다. 우리가 걸어가고 있는 현재의 길을 과거를 통해 되돌아보고 조정하여 앞으로 길을 내다보는 것입니다. 역사를 통해 믿음의 선진들이 했던 선택과 결정을 보면서, 만약 우리가 과거의 그곳에 있었다면 어떤 행동과 결정을 했을지 상상해보는 것입니다. 그런 다음, 우리가 앞으로 걸어가야 할 길과 방향을 결정하여 나아가는 것입니다.

그런데 역사를 통해서 우리의 걸음을 되돌아보는 데 큰 어려움이 있습니다. 언약의 부모인 우리가 교회 역사를 공부해본 적이 거의 없다는 사실입니다. 그리스도인으로서 당신은 교회 역사에 대해서 얼마나 알고 계십니까? 교회에서 성경 이외에 교회 역사에 대해 배운 적이 있습니까? 교회 역사는 중고등학교 시절 종교개혁 시대를 배운 정도가 전부인 경우가 많습니다. 이런 상황이다 보니, 언약의 자녀들에게 교회 역사를 가르치고 싶어도 부모가 잘 모르니 망설여집니다.

그렇다면 이번 기회에 다음의 순서를 따라, 자녀와 함께 시작해보는 것은 어떨까요? 부모가 먼저 교회 역사를 공부해보는 것이죠. 교회 역사를 가르치

---

2. 최태성, 『역사의 쓸모』(서울: 다산초당, 2019), 6-11.

는 좋은 책을 지도 삼아 아이와 함께 공부하는 것입니다. 성경도 쉬운 책으로 시작하듯이, 교회 역사도 쉬운 책으로 시작하면 부담 없이 재미있게 배울 수 있습니다. 두 가지 방법으로 시작하십시오. 전체 흐름을 잡을 수 있는 통사와 구체적인 인물사로 나눠 공부를 진행합니다.

1) 통사 추천

『교양있는 우리 아이를 위한 세계역사 이야기 세트』
수잔 와이즈 바우어 저, 정병수 그림(꼬마이실, 2005)

『어둠 후에 빛』
허순길(생떼르레포르만다, 2014)

초등학생 아이와 부모를 위한 세계사 책으로 가장 유명합니다. 저자가 자녀들을 홈스쿨링으로 키우면서 아이들을 위해 만든 책입니다. 마치 아이를 무릎에 앉혀놓고 읽어주는 느낌을 줍니다. 책을 보시면 엄마의 사랑이 듬뿍 담겨 있다는 것을 확인할 수 있습니다. 두께에 놀라지 마십시오. 생각보다 술술 넘어간답니다.

세계사를 하나님의 아들이며 만왕의 왕이신 예수 그리스도의 역사로 설명한 탁월한 책입니다. 책 제목은 칼뱅의 개혁 구호인 '어둠 후에 빛'을 따라 어둠이 물러가고 복음의 빛이 왔음을 강조합니다. 하나님께서 역사를 교회 중심으로 어떻게 이끌어 가는지 확인할 수 있습니다.

『기독교로 보는 세계 역사』
김동주(킹덤북스, 2020)

고대부터 1970년대까지 세계사를 기독교 관점으로 일관되게 설명합니다. 방대한 내용을 사진과 함께 간단명료하게 잘 설명했습니다. 『어둠 후에 빛』과 비교해서 보아도 재미있습니다.

『한국교회사의 뒤안길』
이상규(킹덤북스, 2015)

잡지 『월간 고신』에 기고한 글을 모은 책입니다. 한국의 첫 세례자는 누구인지, 학습, 새벽기도, 금주, 금연의 처음 모습은 어땠는지 등 재미있는 내용이 많습니다. 초기 선교사님의 자취도 느낄 수 있습니다.

『한국교회 역사와 신학』
이상규(생명의양식, 2007)

제목 그대로 한국교회 역사를 잘 설명해줍니다. 선교 시작부터 장로교 분열이나 선교사들의 일대기 등입니다. 더하여 한국교회의 독특한 금주, 금연, 제사, 신사참배 문제도 심도 있게 다루고 있습니다. 마지막으로 한국교회에 영향을 끼친 신앙의 선배들을 소개해주는 소중한 책입니다. 선배들의 결단과 도전을 배우고 자기 백성을 지키시는 하나님의 역사를 배울 수 있습니다.

임경근 목사님의 교회사 걷기를 보면 교회사가 재미없다는 말은 사라질 것입니다. 이 책은 직접 교회에서 아이들을 상대로 알기 쉽고 친절하게 강의한 내용을 바탕으로 만들어졌습니다. 저도 『세계 교회사 걷기』 한 토막을 예배당에서 직접 들을 기회가 있었는데요. 아이들이 정말 귀를 쫑긋하여 집중해서 듣는 모습이 인상적이었습니다. 강의 내용이 아이들의 눈높이에서 어떻게 하면 쉽고도 재밌게 알려줄까에 대한 노력과 땀이 배어 있기 때문입니다. 그냥 펼쳐서 함께 읽기만 하면 됩니다.

2) 인물사 추천

이제부터는 인물 중심으로 소개하겠습니다. 아이들이 쉽게 접근할 수 있도록 만화책을 중심으로 소개하겠습니다. 아마 서점에 가시거나 검색을 하시면 제가 소개한 책뿐 아니라 다양한 도서를 확인할 수 있습니다. 관심에 따라 적절한 책을 구매하셔서 함께 읽으시기를 바랍니다. 저는 이상규 교수님이 『한국교회 역사와 신학』에서 소개한 인물을 중심으로 소개하겠습니다.

- 『산돌 손양원』 이경윤 저, 이창윤 그림(키아츠, 2017)
- 『만화 장기려』 김재욱 저, 홍선경 그림(키아츠, 2015)

- 『만화 박윤선』 김재욱, 박윤선 기념사업회 저, 홍선경 그림 (키아츠, 2019)
- 『주기철』 김학중 저 (넥서스CROSS, 2010)

특별히, 우리 아이들이 한반도 땅에 목숨을 걸고 복음의 씨앗을 뿌린 선교사님 이야기를 많이 알도록 도와주시길 바랍니다. 그런 다음, 국내 여행으로 교회사 유적지 및 다양한 순교지를 탐방하는 것을 추천합니다. 포털사이트에 '국내 성지순례'를 입력하시면 다양한 탐방 안내를 받을 수 있습니다. 예를 들면, 서울 양화진, 경기 화성 제암리, 인천 강화, 광주 양림동, 대구 계명대, 전남 영광 등이 있습니다.

- 『하나님이 조선을 이처럼 사랑하사』 방위량, 한부선 저, 강영선 역 (지평서원, 2016)
- 『그들은 왜 목숨 걸고 조선 땅에 왔을까?』 조임생 글, 신은재 그림 (해와비, 2012)

경건 생활을 통한 교육

하나님은 언약 백성들이 하나님을 경외하는 경건한 백성이 되는 것을 가장 기뻐하십니다. 언약의 부모는 언약의 자녀에게 하나님을 경외하는 삶을 가장 큰 유산으로 남겨줍니다. 언약의 부모는 다음과 같이 서약합니다.

"셋째, 여러분은 이 아이를 온전히 하나님께 바치고, 겸손한 마음으로 하나님의 은혜를 의지하며 이 아이가 성장함을 따라서 부모로서 친히 경건의 본을 아이에게 보여주고 그를 위하여 기도하며 그와 함께 기도하고 거룩한 진리의 도를 가르치고 기독교 신앙에 기초한 지식에 따라 주의 교훈과 훈계로 교육하고 교육받게 하며 만약 그것을 게을리하면, 당신과 당신의 자녀를 향한 하나님의 진노 위험이 있음을 알고 최선을 다하기로 작정하십니까?"

언약의 부모는 기쁜 마음으로 "예"로 화답합니다. 진심으로, 간절함으로 아이를 주님의 뜻에 합당하도록, 경건한 아이로 양육하기를 소원합니다. 하지만 현재, 당신의 모습은 어떻습니까? 유아세례 때의 서약을 마음에 두고 실천하고 있나요? 특별히 "부모로서 경건의 본을 아이에게 보여주고"라는 문장은 부모인 당신을 한없이 작아지게 만들고, 부끄럽게 하지 않습니까?

저라고 다르지 않습니다. 물론 저는 아이들에게 성경도 가르쳐주고 기도도 많이 합니다. 그러나 제 삶의 모습을 보면 흡사 경건의 모양은 있으나 경건의 능력을 부인하는 자처럼(딤후 3:5) 살고 있지 않은지 두렵습니다. 아이들의 눈은 매섭거든요. 운전할 때 순간적으로 튀어나오는 저의 언어에 놀랄 때가 있습니다. 내가 손해를 본다 치면 손해를 끼치는 사람에게 고압적인 태도를 보입니다. 아이의 핸드폰 사용에 대해서는 민감하면서 저는 누구의 통제도 받지 않고 마음껏 사용합니다. 자녀들은 이런 부모의 말과 행동을 매서운 눈으로 살펴보고 있습니다.

그렇다고 부모가 완벽한 경건의 사람이어야만 자녀에게 하나님을 경외하는 법을 가르칠 수 있는 건 아닙니다. 주님은 언약의 부모인 우리가 부족하다는 것을 누구보다 더 잘 아십니다. 그런데도 부모로서 아이에게 모범을 보이고 가르치라고 하셨습니다. 이렇게 하신 이유는 너희가 부족하니 나를 더 의지하여 지혜를 구하면서 배우고 깨달은 것을 자녀에게 가르치라 하신 것이죠. 그래서 칼뱅은 『기독교 강요』에서 경건을 "하나님이 베푸시는 온갖 유익들을 아는 데서 생각나는 바 하나님에 대한 두려움과 그를 향한 사랑이 하나로 결합된 상태를 뜻한다"라고 했습니다.[3] 부모가 경건의 모습이 부족하고, 실패하

---

3. 칼빈, 『기독교 강요』, 1.2.1.

고 좌절하는 중에도 하나님을 두려워하고 하나님만을 깊이 사랑하는 것을 보여주어야 합니다.

그렇다면 자녀들이 부모의 일상생활에서 어떤 모습을 보고 하나님을 두려워하는 동시에 가장 사랑하는지 알 수 있을까요? 기도하는 모습일까요? 성경을 보는 모습일까요? 바르고 고운 언어생활일까요? 다 좋습니다. 우리에게 매우 필요한 모습입니다. 만약 가정에서 이런 모습이 부족하다면 더욱 노력해야 합니다. 하지만 아이들은 이런 외적인 모습보다는 부모가 하는 선택의 순간을 유심히 살펴봅니다. 부모가 무엇을 욕망하는지 보는 것이죠. 부모가 욕망하는 대상에 따라 행동이 달라지니까요.

내가 욕망하는 것이 무엇인지를 쉽게 아는 방법은 나의 시간, 돈, 에너지 사용처를 보면 압니다. 내가 무엇을 할 때 가장 즐거운지를 보면 압니다. 저는 개인적으로 예능 프로그램을 잘 보지 않고 좋아하지 않습니다. 연예인들이 웃고 떠들며, 게임하고, 먹고, 여행하는 모습을 보는 것이 시간 낭비라고 생각했습니다. 그렇다고 예능을 보지 않은 것은 아닙니다. 즐겨 본 프로그램들이 있습니다. 그래서일까요? 저희 아이들은 제가 좋아하는 프로그램을 다 알고 있었습니다. 심지어 10년 전에 본 프로그램까지 기억하고 있더군요. 지금은 시간 낭비라고 아이들에게 보지 말라고 했던 프로그램을 과거의 제가 즐겨봤다는 사실입니다.

아이들은 제가 어떤 것을 좋아하여 선택하는지 다 꿰뚫고 있을 뿐 아니라 관찰하고 있다는 것이 섬뜩하기도 했지만 부끄럽기도 했습니다. 저는 나름대로 일관된 행동을 하고 있다고 생각했는데, 그것은 저의 합리화일 뿐이며 조작된 과거일 뿐이었습니다. 아이들이 말을 안 할 뿐이지 부모의 지금과 다른 과거의 연약하고 부족한 모습을 기억하고 있습니다. 저와 여러분도 우리 부모의 모습을 기억하고 있지 않습니까? 그래서 부모인 우리가 욕망의 대상들을 하나님보다 더 사랑하는 모습, 악한 것을 단호히 버리지 못하고 머뭇거리는 모습을 보인다면 아이들이 가장 먼저 알게 될 것입니다.

언약의 부모인 우리는 일상생활을 통해서 선하신 하나님을 똑바로 바라보고 의지해야 합니다. 그분에게서 은혜와 삶의 활력을 받는 모습입니다. 하나님은 모든 선의 주인이므로 우리를 보호하고 평안을 누리도록 자비를 베풀어 주시는 분임을 일상을 통해 신뢰해야 합니다.[4] 동시에 하나님께서는 악을 엄히 징벌하시는 의로운 재판장이시니 진노를 촉발하지 않도록 자신을 가다듬는 모습이 필요합니다.

그러므로 경건한 부모는 하나님은 악을 벌하시는 분이요, 경건한 자에게 사랑을 베푸시는 분임을 자신의 삶에서 행동으로 보여야 합니다. 자신의 모습을 바탕으로 자녀들을 훈련하고 가르쳐야 합니다. 이것이 경건 훈련의 비법이며 왕도입니다. 이 훈련을 통해 자녀들이 세상에 눈을 돌리지 않고, 세상보다 하나님을 더 사랑하게 될 것입니다. 지금부터는 아이들의 경건 훈련을 돕는 도서를 소개하겠습니다.

---

4. 칼빈, 『기독교 강요』, 1.2.2.

1) 하나님을 두려워하는 삶

『회개가 뭐예요?』
캐린 매켄지 저, 나타샤 우글리아노 그림,
김경희 역(성서유니온선교회, 2013)

이 책은 성경 속 22개의 회개 이야기를 통해 회개가 무엇인지 쉽게 알려줍니다. 회개를 간단히 하면 죄를 향하고 있던 자세에서 하나님을 향해 몸을 돌리는 것입니다. 성곁에 나타난 회개 이야기를 함께 나누면 참 좋습니다.

『아이들의 회심 이야기』
제임스 제인 웨이, 코튼 매더 저,
송용자 역(지평서원, 2004)

이 책을 통해 경건한 아이들의 진수를 맛볼 수 있습니다. 대부분 10세 이하의 어린이들이 질병과 죽음 앞에서도 구원의 확신으로 하나님을 어떻게 기뻐할 수 있는지를 보여줍니다. 우리 가족은 함께 읽으면서 참 충격을 많이 받았습니다.

『어린이 천로역정』
존 번연 저, 김계만 그림,
주경희 역(몽당연필, 2007)

성경 다음으로 많이 읽힌 기독교 고전 『천로역정』을 어린이용으로 만든 것입니다. 등에 죄의 짐을 지고 멸망의 도시를 떠나 하늘도성으로 떠나는 그리스도인의 모험에 아이들도 동참하길 바랍니다.

『세상에서 가장 위대한 이야기』
케빈 드영 저, 돈 클락 그림,
박총 역(성서유니온선교회, 2015)

크리스마스 이야기를 독특한 시각으로 이야기하는 책입니다. 자기를 배신한 백성들을 구하기 위한 하나님의 은혜가 넘치는 책입니다. 책의 일러스트가 아름다워서 자녀들이 특히 좋아할 겁니다.

2) 하나님을 사랑하는 삶

『어린이 게으름』
김남준(생명의말씀사, 2010)

김남준 목사님의 『게으름』을 어린이용으로 만든 책입니다. 인터넷, 잠, TV, 게임 등등 삶 속에서 만나는 다양한 적들을 어떻게 효과적으로 이길지 알려줍니다.

『어린이 싫증』
김남준(생명의말씀사, 2010)

예배를 싫어하고 기도와 찬송도 재미없어 하는 아이, '싫어, 안해, 몰라'가 점점 늘어나는 아이에게 하나님의 사랑을 알려주는 책입니다.

『만화로 보는 차마 신이 없다고 말하기 전에』
박영덕 원저, 크레마인드 글, 그림(생명의말씀사, 2011)

『차마 신이 없다고 말하기 전에』를 만화로 만들었습니다. 아이들 생각이 변하기 시작하면서 순종적인 아이들이 하나님에 대해 점점 더 멀어지려고 할 때, 이 책을 보여주시면 좋습니다.

『신앙탐구노트 누리 1, 2』
이재국 글, 그림(지평서원, 2016-2017)

초등학생들에게 좋은 책입니다. 교회를 다니며 궁금했으나 아무도 가르쳐주지 않았던 다양한 일들을 재미있게 소개해줍니다. 자연스럽게 신앙의 기초를 다집니다. 부모님이나 교회학교 교사가 함께 읽기에 좋습니다.

3) 세상을 올바르게 살아가는 삶

『당당히 맞선 할리』
폴 트립 저, 조 혹스 그림,
김은 역(젠틀레인, 2021)

『씰룩거리는 잭스의 꼬리』
데이비드 폴리슨 저, 조 혹스 그림,
김은 역(젠틀레인, 2021)

어린이의 마음 코칭을 위한 성경적 상담 동화라는 명칭에 걸맞은 수준 높은 책입니다. 상담가이자 목사인 폴 트립은 고슴도치 할리를 통해서 따돌림에 대한 문제를 어떻게 대처해야 하는지를 유쾌하게 풀어갑니다. 자녀들에게도 신앙의 문제와 실제의 문제가 부딪힐 때 어떻게 풀어야 하는지 안내가 필요합니다. 고민이 많은 아이의 마음을 따뜻한 손길로 헤아려주면서 성경의 답을 찾는 지혜를 얻을 것입니다.

이 책은 우리의 영원한 숙제인 '화'을 어떻게 다뤄야 하는지 안내해줍니다. 잭스 가족이 중요한 도토리를 모으지 못하자 꼬일 대로 꼬여버리게 됩니다. 그러나 이 과정을 통해서 가족은 하나님의 말씀으로 진정한 화해와 용서, 버려를 배우게 됩니다. 『당당히 맞선 할리』오- 마찬가지로 책 부록에는 부모님에게 도움이 될 안내가 풍성히 담겨 있고, 말씀 구절도 있어서 활용 가치가 높습니다.

『하나님과 나 시리즈』
조엘 비키, 메리 비키 저, 카신드라 클라크 그림, 김균필 역(도서출판 언약, 2021)

조엘 비키 할아버지와 메리 비키 할머니가 일상에서 일어나는 일들을 가지고 믿음, 소망, 사랑을 통해서 참된 복음을 전해줍니다. 자기 손주들에게 직접 읽어주는 것과 같은 따뜻함을 맛볼 수 있습니다.
세트는 총 4권으로 이루어져 있습니다.
1권 『하나님을 믿어야 해요』
2권 『하나님께 소망을 두어야 해요』
3권 『하나님을 사랑해야 해요』
4권 『다른 사람을 사랑해야 해요』

『드래곤 씨드』
마티 마쳐스키 저, 박은선 역(홈앤에듀, 2020)

기독교 출판시장에서 청소년에게 추천할 만한 책은 찾아보기가 힘듭니다. 나니아 연대기 정도가 전부이지요. 비슷한 유형으로 맥그라스의 『에이딘 연대기』가 있습니다. 이런 상황에서 『드래곤 씨드』는 보석과 같습니다. 해리포터나 나니아 연대기처럼 아이들이 좋아하는 판타지 소설 장르지만 스토리가 탄탄합니다. 그리고 핵심 주제가 간명합니다. 주인공 닉을 통해서 겸손의 중요성과 교만의 위험성을 알도록 해줍니다. 『드래곤 씨드』는 항상 화를 달고 다니는 십대에게, 아이와 끊임없는 다툼 속에서 소망을 잃어가는 부모에게, 영적 어둠에서 벗어나 예수 그리스도의 참된 빛을 보게 할 것입니다.

11장 기도를 가르치고 함께 기도하기

기도를 가르치라

　당신의 아이들은 어떻게 기도하나요? 저는 모태신앙이 아닙니다. 당연히 집에서 기도하는 소리를 들어본 적도 없고, 기도해본 적도 없으며, 기도 자리에 가본 적도 없었습니다. 초창기 저에게 기도 시간이란 눈 감고 누군가가 평상시 사용하는 말이 아닌 특별한 말(하옵나이다, 하옵소서 등등)을 하는 시간이었습니다. 도통 알아들을 수 없는 말로 하는 데다, 기도하는 사람이 수없이 반복하는 "주여, 하나님, 아버지, 정말" 같은 단어들은 내용 파악을 더욱 어렵게 했습니다. 문장은 끝나지 않고 꼬리에 꼬리를 물었습니다.
　'도대체 무슨 말을 하는 거야!'
　혹시 우리 아이들도 어린 시절 저와 똑같은 생각을 하고 있지 않을까요?
　어느 교회에 초청을 받아 "언약의 자녀에게 기도를 어떻게 가르칠까?"라는 제목으로 강의를 한 적이 있습니다. 그때 다음과 같은 질문으로 시작했습니다.
　"여러분은 아이들에게 기도를 어떻게 가르쳤나요?"
　"왜 아이들은 기도하지 않을까요?"
　제가 생각하는 가장 결정적인 이유는 아이의 모든 필요를 부모가 알아서 채워주기 때문입니다. 정확한 정의는 아닙니다만, 기도하는 이유는 육적, 영적 필요를 채우기 위함입니다. 우리 자신의 노력과 힘으로는 육체와 영혼의 필요를 채울 수 없기에 하나님의 도우심을 바라는 것이죠.

그런데 자녀들의 필요를 누가 채워줍니까? 아이들이 기도하기도 전에 부모가 알아서, 즉각적으로, 풍족하게 채워줍니다. 엄마는 더 민감하게 반응하니 하늘 아버지의 이름이 아니라 엄마를 먼저 부릅니다. 그러면 다 얻을 수 있습니다. 요즘 아이들은 대체로 부족함 없이 자랍니다. 욕심에 따라 조금 더 누리고 덜 누리고 차이지, 대부분 먹고, 입고, 자는 데 필요한 것들을 부모로부터 공급받고 삽니다. 그러니 식사 때 자녀에게 기도를 가르치면서 "하나님께서 오늘 하루의 필요한 만큼의 양식을 달라고 기도해야 우리에게 먹을 것을 주신단다"라고 말하면 아이들이 어떤 생각을 할까요?

'응? 엄마가 마트에서 쌀이랑 반찬거리까지 주문해서 샀는데 무슨 말이지?'

이런 상황이니 하나님께 기도하지 않습니다.

우리의 모든 필요를 하나님께 기도하지 않으면 얻을 수 없다는 걸 경험으로 알지 못하면 기도를 배우지 못합니다. 언약의 자녀가 기도의 사람이 되기를 원하십니까? 그렇다면 부모 자신이 먼저 일상의 모든 필요를 하나님께 구하십시오. 기도해서 때를 따라 돕는 하나님의 은혜를 받으십시오. 부모도 기도하지 않는데 자녀에게 기도하라고 하면 참 이상하지 않습니까? 삶의 전부가 하나님의 베푸심과 도우심으로 가능했음을 기도로 가르치십시오. 어떻게 기도를 가르칠 수 있을까요? 기도를 배운 적이 없는 분이라도 걱정하지 마십시오. 기도 순서와 기도문 예시를 알려드리겠습니다.

예수님이 알려주신 기도의 순서

기도의 최고 모범은 예수님의 말씀입니다. 제자들이 예수님께 기도를 배웠듯이 우리도 주님이 가르쳐주신 기도, 즉 주기도문을 배우고 연습하고 기도해야 합니다.[1] 이어서 자신(가정)만의 기도문을 만들고 싶다면, 다음 안내하는 순서에 따라 여러 장의 모범 기도문을 만들면 좋습니다. 만든 기도문을 가지고 아이들을 위해 기도해주세요. 그러면 아이들이 부모를 따라서 올바른 기도의 순서와 내용을 알게 될 것입니다.

1. 하나님이 우리와 함께 계신다는 사실부터 시작하십시오.

아이들은 보이지 않는 하나님의 존재를 잘 믿지 못합니다. 하지만 듣지 않는 사람을 향해서 도와달라고 하지 않습니다. 우리가 하나님을 아버지로 부르는 것은 그분이 내 말을 들으신다는 확신 때문이지요. 그래서 기도를 시작하면서 '하나님은 가까이 계시고 들으시는 분'이라는 것을 꼭 먼저 말씀하십시오.

2. 하나님께서 모든 영광을 받으시길 기도하십시오.

모든 만물을 창조하신 창조주를 경배하며 찬송하십시오. 기도할 때 세상을 하나님께서 창조하셨고 그런 능력 있는 분이 가장 좋은 것을 주신다고 하십시오. 아이들이 하나님을 산타클로스보다 못하게 생각하지는 않는지 돌아보게 해야 합니다.

3. 하나님의 은혜와 영광의 나라를 소망하길 기도하십시오.

영원한 왕이신 그리스도께서 승리의 왕으로 오실 것을 소망하도록 해야 합니다. 세상의 왕은 거짓과 속임수로 우리를 유혹하지만 진정한 평화와 기쁨과

---

1. 조약돌, 『하나님이 내 기도를 들으실까?』(서울: 좋은씨앗, 2016), 17-21.

즐거움은 그리스도 안에서만 발견할 수 있습니다.

4. 하나님의 뜻을 말씀의 지도를 따라 분별하도록 기도하십시오.

내 생각과 기준이 아닌 말씀의 기준에 따라 살아가도록 기도해야 합니다.

5. 매일의 삶에서 필요한 것을 충족하며 살아가도록 기도하십시오.

아이들이 일상에서 배고프지 않고 두려움 없이 자유롭게 살 수 있도록 필요를 채워주신 것에 만족하고 감사하며 욕심 부리거나 비교하지 않도록 해야 합니다.

6. 용서의 힘을 기를 수 있도록 기도하십시오.

그리스도를 통해 진정한 용서를 받은 우리가 남의 허물을 들추지 않는 것이 진정한 용서의 힘임을 알도록 해야 합니다. 용서가 없는 곳에 복수가 있고, 복수가 있는 곳에는 또 다른 폭력이 일어납니다.

7. 유혹으로부터 자신을 잘 지키도록 기도하십시오.

이 땅에서의 삶은 유혹과 시험의 연속입니다. 대적은 우리가 하나님 영광이 아닌 자기의 영광을 위해 살도록 유혹합니다. 이를 이길 힘은 모든 시험(유혹)을 이기신 그리스도의 힘을 입는 것입니다. 그리스도를 바라보며 그분에게 힘을 공급받도록 해야 합니다.

8. 선한 데 지혜롭고 악한 데는 미련하기를 기도하십시오.

악은 선을 행하는 우리를 무너뜨리려 합니다. 자녀에게 혼란과 걱정과 스트레스를 주어 악을 따르게 해서는 안 될 것입니다. 지혜로우신 성령께서 참된 지혜를 주시어 부모와 자녀 모두가 선한 길로 가도록 구해야 합니다.

9. 눈을 들어 하늘을 바라보도록 기도하십시오.

하늘을 바라보며 기도하면 당신의 아들에게 주신 나라와 권세와 영광이 우리 것이 되도록 하시는 놀라운 일이 일어납니다.

10. 언약의 가정이 함께 사랑으로 기도하십시오.

언약의 자녀는 영적 싸움의 한복판에서 치열한 전투를 하고 있습니다. 그들을 도울 수 있는 가장 큰 힘이 기도입니다. 온 가정이 함께 사랑하며 삼위 하나님께서 주시는 복을 누리길 바랍니다.

기도문을 활용한 기도 훈련

아직 자녀들이 어려서 말을 하지 못할 때는 부모가 기도하는 모습을 보여주어야 합니다. 손을 모으고 조용하게 하나님께 기도하는 모습 말입니다. 어릴 때부터 부모가 하나님께 기도하는 모습을 본 자녀는 그 모습이 마음에 새겨질 겁니다. 하루에 5번 정도 혼자 기도하는 습관을 들이는 것이 좋습니다. 아침에 깨서, 저녁에 잠들기 전, 그리고 매 식사 시간마다입니다. 처음에는 크게 소리를 내며 기도하도록 훈련해야 합니다. 아래에 상황별로 기도문을 제시했습니다. 똑같이 할 필요는 없고, 참고하셔서 사용하시면 됩니다.

1) 식사 기도

식사 시간은 최고의 기도 훈련 시간입니다. 어떤 아이도 먹을 것을 앞두고는 기도에 집중합니다. 이런 이유로 평소보다 아주 쉽고 편하게 기도를 훈련할 수 있습니다. 두 손을 꼭 모으고 눈을 감고 기도 훈련을 시키십시오. 아이들이 어릴 때부터 반복하여 훈련하면 좋습니다. 아이가 태어나 젖을 먹을 때부터 시작하십시오. 이유식을 먹일 때도 부모가 아이를 꼭 안고, 머리에 손을 얹고 기도하십시오. 식사 기도할 때 아래 내용을 빼놓지 않고 하시길 추천합니다.

첫째는 은혜에 대한 감사입니다. 주신 음식에 대한 감사, 움직이는 힘을 주심에 감사, 풍족한 식탁을 주심에 감사, 식사를 섬기는 분들을 위한 감사, 누군가 맛있는 음식을 대접한다면 그분에게도 감사합시다.

둘째, 신명기 8장 3절에서는 "사람이 떡으로만 사는 것이 아니요 여호와의 입에서 나오는 모든 말씀으로 사는 줄을 네가 알게 하려 하심이라"라고 합니다. 우리는 음식으로 몸의 건강을, 말씀으로는 영혼의 건강을 지킵니다. 식사 시간에 영혼의 건강을 위해서도 기도하십시오.

셋째, 식탁에 같이 있지는 않지만, 가족과 이웃들을 위해서도 기도하십시오. 할아버지, 할머니, 친척, 출장이나 외출한 식구들, 교회 식구들, 불쌍하고 연약한 사람들을 위해 기도하시길 바랍니다. 아버지가 기도하시되 다음의 식사 기도문을 활용하시길 바랍니다.

사랑하는 하늘에 계신 우리 아버지,
우리에게 이렇게 맛있는 음식을 풍성하게 베풀어주신 은혜에 감사합니다. 주신 음식을 먹고 활동을 하며, 하나님 나라 백성으로 살게 하시니 감사합니다. 가족을 위해 기쁨으로 희생하고 봉사하고 섬기는 엄마를 주심에 감사합니다. 엄마의 섬김을 기억해주십시오. 이 음식을 통해 가족들이 더 건강해서 하나님 나라의 귀한 백성이 되도록 돌보아주십시오. 음식으로 입이 즐겁고 만족을 누리듯이 하나님의 말씀으로 우리 영혼이 즐겁고 건강해지는 것을 기억하도록 도와주십시오. 할아버지와 할머니, 교우들의 식사 시간에도 함께 해주시고, 불쌍하고 연약한 사람들의 식사 시간을 지켜주십시오. 늘 주신 것에 감사하고 만족할 줄 아는 하나님 나라 백성이 되게 해주세요. 예수님의 이름으로 기도합니다. 아멘.

아침, 점심, 저녁 식사마다 기도를 변형하여 사용하면 좋습니다. 점심때 엄마가 아이와 함께 아버지를 위해서 기도하거나 어린이집이나 학교에 간 다른 형제를 위해 기도하는 것도 좋습니다. 저녁 식사 때는 아버지가 기도하는 것을 추천합니다.

2) 아침 기도 (하루를 여는 기도)

우리는 하나님의 허락이 없이는 아무것도 가질 수 없습니다. 저녁에 잠이 든다고 당연히 아침이 오는 것이 아닙니다. 하나님께서 당신에게 새로운 날, 생명을 주셔야 얻을 수 있습니다. 무엇을 위해 새날을 주셨습니까? 무엇을 하도록 새 생명을 주셨나요? 나의 삶을 통해 하나님께 영광을 돌리며 찬송하도록 하기 위함입니다. 이런 면에서 아침 기도는 무척 중요합니다. 아이들에게 오늘 하루의 중요성을 가르쳐야 합니다. 선물로 주신 하루를 보람차게 보내도록 기도하십시오. 둘째, 하나님의 영광을 위해 살아야 하므로 죄짓지 않는 거룩한 하루가 되도록 기도하십시오. 셋째, 하루 일정 동안 안전하게 지켜주시길 기도하십시오. 부모가 이렇게 먼저 기도한다면 자녀들이 자연스레 기도할 것입니다. 예시를 두 가지로 나눴습니다. 아이가 어릴 때와 유치원 이상 초등학생의 등굣길에 기도할 수 있는 예문입니다.

선하고 자비하신 아버지 하나님,

오늘 이 새로운 날! 숨을 쉴 수 있고 움직일 힘을 주셔서 너무나 감사합니다. 밤 동안 저희를 지키시고 돌보아주셔서 새로운 아침을 열었습니다. 희망찬 하루를 새롭게 주셨으니 오늘 하루 동안 죄짓지 않고 거룩한 삶을 살도록 도와주십시오. 오늘 하루를 마치고 다시 온 가족들이 모이는 때까지 안전하게 우리와 동행해주십시오. 예수님의 이름으로 기도합니다. 아멘.

사랑과 은혜가 풍성하신 아버지 하나님,

오늘 이 아이가 세상을 향하여 나아갑니다. 하나님의 백성이 복음을 들고 행진합니다. 전능하신 아버지께서 이 아이의 발걸음에 동행해주시고 눈동자같이 보살펴주시고, 어려움과 유혹의 순간마다 죄짓지 않고 하나님의 백성다운 삶을 살아가도록 도와주십시오. 점심시간에 주신 음식에 감사하고 만족하게 하십시오. 오늘은 (체육대회, 현장학습, 발표회) 등이 있습니다. 경쟁하지 않고, 친구들과 사이좋게 지내고 도와주며, 배려하고, 험한 말로 상처를 주지 않게 해주십시오. 항상 약한 친구들을 도와주고, 양보해서 하나님 나라 백성의 품위를 잃지 않도록 도와주십시오. 돌아오는 발걸음을 안전하게 지키시고, 행복하고 즐거운 소식들을 한 아름 안고 돌아오게 하십시오. 예수님의 이름으로 기도합니다. 아멘.

저희는 아이의 등굣길에 앞서 안아주면서 기도합니다. 아이가 처음 어린이집을 갔을 때와 초등학교에 입학했을 때, 말할 수 없는 감동과 기쁨이 있는 동시에 걱정도 많이 듭니다. 그러니 더욱 기도하시길 바랍니다. 우리 자녀들이 부모의 품을 떠나 새로운 곳에 갈 때마다 항상 동행하시는 언약의 하나님을 잊지 맙시다. 하나님은 유아세례를 받는 아이에게 약속해주셨습니다. 항상 함께하시고 보호하신다 했습니다. 이 사실을 믿음으로 받아들이고 행동하십시오. 부모의 기도가 자녀의 걸음과 함께할 것입니다.

3) 저녁 기도 (하루를 닫는 기도)

저녁은 온 가족이 하루를 보내고 다시 만나는 시간입니다. 하나님의 은혜가 없었다면 가족들이 한자리에 다시 모이기 어려웠을 것입니다. 각자가 하루 동안 하나님의 백성다운 삶을 살기 위해 치열한 전투를 치렀을 것입니다. 죄에 지지 않기 위해 노력했지만 쉽게 굴복한 모습에 실망하기도 합니다. 육체적인 노동의 강도가 센 경우, 극심한 스트레스가 생기고 탈진도 올 수 있습니다. 아이들도 공부나 친구와의 관계 속에서 몸과 마음이 많이 지쳤을 겁니다.

그러므로 우리는 잠자리에 들기 전에 첫째, 하루를 지키신 하나님의 은혜에 감사와 찬송을 돌려야 합니다. 둘째, 우리는 날마다 범죄하기에 죄의 용서를 받아야 합니다. 그래야 하나님과 화평할 수 있습니다. 셋째, 몸과 마음의 피로를 단잠으로 풀고 회복할 수 있도록 도우심을 구해야 합니다. 특별히 질병으로 인해 몸이 아픈 경우는 더욱 하나님께 기도해야 할 것입니다. 다음 예시 기도문을 참고하여 기도하시길 바랍니다.

거룩하시고 공의로운 아버지 하나님,
오늘 하루 동안 안전하고 건강하게 지켜주신 은혜에 감사합니다. 하지만 오늘 하루의 삶을 돌아보면 참 부끄럽고 죄송합니다. 거룩하게 하나님의 영광을 위해 살아야 하지만 말과 생각과 표정으로 수많은 죄를 지었습니다. 우리를 용서해주십시오. 더욱 거룩해지도록 은혜주십시오. 이제 잠을 자려고 합니다. 오늘 하루 동안 상하고 지친 마음이 풀리고 회복되게 해주십시오. 해가 지도록 분을 품지 말라 하셨으니 해결되지 않는 문제들로 인해 상한 마음이 남아있지 않도록 도와주십시오. 단잠을 통해 몸의 피로가 회복되어 (질병의 고통에서 빨리 회복되어) 내일 아침에 상쾌한 몸으로 다시 시작할 수 있도록 도와주십시오. (만약 아직 집에 돌아오지 않은 식구들이 있다면 그들의 발걸음을 위해 기도하고, 출장 등으로 외출해 있다면 잠자리를 위해 기도합니다.) 예수님의 이름으로 기도합니다. 아멘.

하루를 닫는 기도는 엄마가 하는 것을 추천합니다.

기도회를 통한 기도 훈련

1) 가정 기도회

혼자 기도하는 것뿐만 아니라 가족이 함께, 교회(공동체)가 함께 기도해야 합니다. 먼저 가정기도회입니다. 적어도 일주일에 한 번은 온 가정이 각자 기도 제목을 내놓고 기도하는 시간을 가져야 합니다. 이 시간을 통해서 가족 구성원 각자가 가진 어려움이 무엇인지, 어려움 가운데 베푸시는 하나님의 손길이 어떤지 알게 됩니다. 가정 구성원들이 함께 슬퍼하고 즐거워함으로 서로를 향한 사랑을 맛보게 됩니다. 형제간에는 서로에 대한 오해를 풀고 하나님 안에서 가족의 하나 됨을 만끽하게 될 것입니다.

가정기도회는 자녀의 나이가 어려도 할 수 있습니다. 3살 이상이라면 충분히 가능합니다. 아이들이 좋아하는 가위바위보로 기도 순서를 뽑습니다. 기도는 순서에 따라 한 사람씩 자기를 위한 기도 제목 하나, 다른 사람을 위한 기도 제목 하나, 공동체를 위한 기도 제목 하나, 총 3~4가지 기도 제목을 설명과 함께 내놓습니다. 이때 아빠는 진행하고 엄마나 형제 중 가장 연장자가 가정기도회 노트에다가 기도 제목을 정리합니다. 꼭 노트에 날짜, 기도자, 기도 제목을 정리해서 하나님의 응답이 어떻게 되는지를 살피는 것이 중요합니다.

모두가 기도 제목을 나눈 후에 가정에서 특별히 필요한 기도 제목이 있다면 추가하고 반드시 소리 내어 기도합니다. 소리를 내어 기도해야 기도를 배울 수 있습니다. 부모가 소리 내어 기도하는 소리를 듣고 그 모습을 보는 과정에서 아이들의 기도가 많이 변합니다. 부모가 무엇을 소중하게 여기고, 누구를 위해, 무엇을 위해 기도하는지를 체험하는 것이죠. 가족들이 기도를 마칠 때쯤 기도 제목 순서 마지막 사람이 기도 노트를 보고 기도 제목 전체를 놓고 기도하고 주기도문으로 마치면 됩니다. 이렇게 하는 데 저희 가정의 경우

20-30분 정도 걸립니다. 이 시간이 상당히 은혜롭고 감사가 넘칩니다. 기도회 시작 전후로 아이들이 좋아하는 찬송이나 서로를 격려하는 축복송 종류의 노래를 하면 더욱 좋습니다. 손을 잡고 기도하는 것도 추천합니다. 손을 잡으면 상대방의 체온뿐 아니라 소리의 진동도 느낄 수 있습니다.

2) 공동체 기도회

교회와 함께 기도하는 것도 가르쳐야 합니다. 교회는 함께 모여 기도하는 시간을 소중하게 여기고, 기도 모임을 조직해야 합니다. 세대별, 가정별로 따로 떨어져 기도하는 것이 아니라 교회가 함께 모여 기도해야 합니다. 이때 기도할 내용으로는 교회의 문제, 말씀 봉사자, 총회와 노회, 신학교와 산하 단체, 공교회, 선교사님, 형제자매의 어려움과 아픔, 나라를 위해 목숨으로 봉사하는 경찰, 소방, 군인들을 위해서 등등입니다.

예수님도 마태복음 18장 19-20절에 기도 모임에 대해 명령을 하셨습니다.

> 너희 중의 두 사람이 땅에서 합심하여 무엇이든지 구하면
> 하늘에 계신 내 아버지께서 그들을 위하여 이루게 하시리라
> 두세 사람이 내 이름으로 모인 곳에는 나도 그들 중에 있느니라

여기서 '합심하다'는 말은 '같이 소리를 내다'는 의미로 악기의 화음을 묘사할 때 사용하는 단어입니다. 그러니까 공동체가 함께 소리 내어 간구하면 예수님이 그분의 뜻에 따라 우리가 구하는 것을 들어주신다는 말씀입니다.[2] 그러므로 교회의 공적 기도회 시간에 참석하면서 아이들을 집에 내버려두거나

---

2. 비키, 『조엘 비키의 교회에서의 가정』, 62-63.

유아실에서 놀게 해서는 기도를 가르칠 수 없습니다. 힘들더라도 기도하는 시간에 함께해 기도를 배우게 해야 합니다. 물론 교회도 아이들이 참여할 방법을 적극적으로 찾아야 합니다.[3]

사랑하는 부모 여러분, 우리는 자녀들이 하나님의 영광을 위해 살기 소원합니다. 아이들이 세상의 가치보다 하나님 나라의 가치를 알아가길 바랍니다. 하나님께서 주시는 복을 얻기를 원합니다. 그렇다면 기도하는 습관과 능력을 길러주십시오. 같은 행동을 반복하다 보면 기도하는 행동은 습관으로 굳어져 기도하는 아이로 변모할 것입니다. 하나님께서 기도하는 자에게 은혜를 주십니다. 다니엘은 기도하지 말라는 무시무시한 다리오 왕의 명령에도 불구하고 자기 집에 돌아와 예루살렘을 향하여 창문을 열고 "전에 하던 대로 하루 세 번씩 무릎을 꿇고 기도하며 그의 하나님께 감사하였다"고 합니다(단 6:10). 그는 습관대로 했습니다. 뜻을 정하여 외부의 어떤 위협과 위험에도 굴하지 않았습니다. 기도하고 찬송하며 하나님을 신뢰했습니다(단 2:17-23). 하나님은 사자 굴에서 사자 밥이 될 뻔한 다니엘을 구하셨습니다. 이 하나님은 살아계시고 영원히 변하지 않으시고 권세가 무궁하시며 자기 자녀들을 위험에서 건지시고, 하늘과 땅에서 이적과 기사를 행하시고, 무엇보다 자녀들의 기도를 들으시는 분입니다.

---

3. 조나단 에드워즈는 어린이들의 기도 모임을 권장하면서 다음과 같이 말했다. "하나님은 이 일 속에서 어린이들에 대한 놀라운 관심을 나타내셨다. 최근에 뉴잉글랜드에서 일어난 일 만큼, 어린이들 가운데서 영광스러운 역사가 일어난 적이 없었다. 하나님은 놀라운 방법으로 어린이들과 젖먹이들의 입에서 나오는 찬양을 기꺼이 온전케 해주셨다. 그리고 그들 중 많은 이들이 세상의 훌륭하고 박식한 많은 어른들보다 더 하나님을 기쁘시게 하는 지식과 지혜를 갖고 있고 합당한 예배를 드린다. 나는 어린이들의 종교적 모임들로 인한 행복한 결과들을 많이 보았다. 또한 하나님은 종종 그들의 모임 속에서 현저하게 그들을 자신의 소유로 삼으시고 실제로 하늘에서 내려와 그들 가운데 계시는 듯했다. 나는 그러한 모임에서 어린이들이 회심한 몇 가지 사례들을 알고 있다." J. B. Johnston, The Prayer-Meeting, and Its History, as Identified with the Life and Power of Godliness, and the Revival of Religion (Pittsburgh: United Presbyterian Board, 1870), 173. 재인용.

『루터와 이발사』

R.C.스프로울 저, T. 라이블리 플루하티 그림,
홍종락 역(IVP, 2016)

저자이신 스프로울 목사님이 역사적 사실에 상상력을 덧입혀 기도하기가 어려웠던 이발사 패터 아저씨에게 풍성한 기도 생활을 하는 비결을 알려줍니다. 종교개혁가 마르틴 루터를 통해서 주님께서 가르쳐주신 주기도문 사용하여 기도하는 법을 배울 수 있습니다. 기도는 배워야 합니다. 기도를 배울 수 있는 최고의 방법은 주기도문을 활용하는 것입니다. 패터 아저씨가 루터의 간단한 기도법을 배운 것처럼 우리 아이들도 기도를 배우도록 도와주시길 바랍니다.

『원더풀』

마티 마츠스키 글, 윤주란 역(홈앤에듀, 2022)

이 경이롭고 놀라운(Wonderfull) 책은 칼빈의 말과 같이 우리 영혼의 거울인 시편을 아름다운 삽화와 어울림 가운데 예수 그리스도에게 인도합니다. 자녀들과 한 편씩 읽으면서 시편이 우리의 영혼을 어떻게 해부하는지 즐기며 알아가는 맛을 보길 바랍니다. 아이들은 부모와 마찬가지로 슬픔, 두려움, 의심, 희망, 걱정, 근심 등을 가지고 살아갑니다. 이 모든 영혼의 문제는 복음으로만 해결됩니다. 아이와 함께 부모가 읽어나가다 보면, 예수 그리스도에 대한 풍성한 지식이 쌓여가며, 특별히 기도하는 방법을 배우게 되어 풍성한 기도의 맛을 보고, 삶에서 느끼는 여러 가지 희로애락을 삼위 하나님을 통해 찬송으로 올려드리게 될 것입니다.

12장 선악을 구분하는 생활 훈련

　부모는 아이로부터 받는 큰 기쁨과 위로가 많지만, 아무도 모르는 고통을 받기도 합니다. 때론 큰 어려움에 빠질 수도 있고요. 자식 문제를 어디에 말하기에는 부끄러워 혼자 속으로 끙끙 앓고 신음하는 부모님이 많습니다. 완고하게 불순종을 하거나 심지어 부모를 증오하고 저주하는 아이들도 있습니다. 형제, 자매간에 자주 다투어 몸과 마음에 상처를 주는 경우도 있지요. 자식은 부모 마음대로 되지 않는 듯합니다. 부모는 훌륭한데 아이는 훌륭하지 않은 경우를 종종 봅니다. 교회 직분자 가정 아이들이 삐뚤어지는 경우도 제법 있습니다.

　이런 문제가 오늘내일 일은 아닙니다. 17세기 청교도 목사 에드워드 로렌스의 책 『구원받지 못한 자녀, 어떻게 할까?』(미션월드 라이브러리)를 보면 로렌스는 자기 자녀 중 두 명이 불순종의 길을 걸어감을 슬퍼했습니다. 그래서 그들이 회개하고 거룩한 삶으로 돌아오기를 소망하며 이 책을 썼습니다. 로렌스는 자신이 당한 질병의 고통보다 자녀들이 하나님께 영광 돌리지 않고 저주의 길을 걸어가다 멸망할 것이 더 큰 고통이었다고 합니다. 육신의 질병으로 인해 죽음의 문턱을 드나들 땐 하나님의 능력과 선하심을 구하며 엎드리는 노력이라도 했지만, 하나님의 길을 떠나는 자녀들 앞에서는 자신이 얼마나 무능력하고

한계가 많은지를 절실히 깨달았다고 합니다.[1]

유아세례 때 한 서약에 따라 부모가 최선을 다해 아이를 훈계하고 교훈하여 가르쳐도 경건하지 못한 아이로 자랄 수 있습니다. "미련한 아들은 그 아비의 근심이 되고 그 어머니의 고통이"(잠 17:25) 되고, "미련한 자를 낳는 자는 근심을 당하나니 미련한 자의 아비는 낙이"(잠 17:21) 없을 수 있습니다. 로렌스는 이 일이 가정에 가장 큰 재앙이라고까지 합니다. 악하고 경건하지 못한 자녀를 두면 부모의 얼굴이 잿빛으로 변하여 수심과 슬픔이 가득하기 때문입니다.

이런 일이 일어나지 않도록 방지하는 방법은 무엇일까요? 로렌스는 여러 방법을 제시합니다. 가장 먼저는 나 스스로가 좋은 배우자가 되고, 좋은 배우자를 만나야 합니다. 경건한 배우자를 만나야 그리스도의 거룩한 법을 따라 하나님의 형상으로 자라도록 일관된 교육을 할 수 있기 때문입니다. 둘째로 자녀들의 구원과 경건을 위해 힘껏 노력해야 합니다. 학업이나 어떤 직업을 얻을 것인가에 관한 관심보다 더 많은 애를 써서 하나님의 진리를 믿고 사랑하도록 해야 합니다. 그런 다음 셋째로, 선한 것과 악한 것을 구분하는 법을 부모의 일관된 삶으로 보여주고 가르쳐야 합니다. 선한 것은 하나님의 말씀에 순종하는 삶이요, 악한 것은 하나님 말씀에 불순종하는 삶입니다. 죄 된 것과 영원한 지옥의 형벌에 이르게 하는 것이 무엇인지 깨달도록 훈련해야 합니다. 부모의 삶을 통해서 선한 길을 따라가는 것이 가장 복된 삶이요, 행복의 길임을 보여주시길 바랍니다.[2]

우리 자녀들은 부모가 어떤 것을 가장 소중히 여기고, 어떤 일을 위해 가장 노력하는지 금방 알아챕니다. 어떻게 아냐고요? 바로 부모의 카드가 어디

---

1. 로렌스, 『구원 받지 못한 자녀 어떻게 할까?』, 7-21.
2. 로렌스, 『구원 받지 못한 자녀 어떻게 할까?』, 83-106.

에 많이 긁히는지를 보고 압니다. 우리 시대 최고의 가치는 돈입니다. 거의 모든 일을 돈으로 해결하고, 돈만 있으면 안 되는 일이 없습니다. 예전에는 시간과 열정으로 해결하던 일들이, 지금은 돈으로 바뀌어버렸습니다. 예를 들어 아이 의자가 필요하다고 합시다. 옛날에는 의자 제품이 다양하지도 않고, 살 곳도 마땅치 않아 아버지가 나무를 구해 직접 자르고 망치질과 사포질을 해서 만들어주는 일이 많았습니다. 그러나 지금은 의자를 직접 만드는 건 여러 가지로 손해입니다. 시간, 힘, 장비 등등이 의자 사는 것보다 많이 듭니다. 심지어 직접 만든 의자가 돈 주고 산 의자보다 좋지 않을 수 있습니다. 돈만 있으면 많은 것이 해결되는 사회가 되었습니다.

돈은 인간 정체성을 좌우하는 힘이 되어버렸습니다. 돈이 가진 본래 기능을 넘어 세상의 모든 유형, 무형의 가치를 빨아들였지요. 아이들 장래 희망도, 대학생들이 선호하는 직장도 바뀌었습니다. 건강한 시민의 가치나 심지어 하나님 나라 영광을 위한 삶의 가치도 바꿔버렸습니다. 일의 성격과 보람, 가치와 상관없이 돈을 많이 벌 수 있고, 많이 주는 직업과 직장이 최고로 여겨지고 있습니다.[3]

어느덧 부모 자신이 돈의 힘에 눌려 혹은 돈 버는 것을 최고의 기쁨으로 여겨 먹든지 마시든지 무엇을 하든지 다 하나님의 영광을 위하여 하라(고전 10:31)는 하나님 명령을 어기고 있는 건 아닌지 모르겠습니다. 당신은 어디에 가장 많은 돈을 지출합니까? 어떤 것을 살 때 쉽게 카드를 꺼냅니까? 그것이 당신에게 가장 선한 것입니다. 내가 좋아하는 것이요, 내가 마음을 두고 있는 일입니다. 마음이 있는 곳에 돈이 있고, 돈이 있는 곳에 내가 있습니다.

---

3. 초등학생의 인기 장래 직업으로 유튜버가 등장하고, 대학생들의 희망 직장이 공무원에서 공기업으로 이동하는 지점을 살펴야 한다.

언약의 부모들이여, 당신의 마음을 하나님 사랑하는 일에 두십시오. 앞서 소개한 어린이 성경책, 역사책, 교리 책들을 사는 데 아까워하면 안 됩니다. 다른 책도 직접 구해서 책꽂이에 꽂아두십시오. 그러면 아이들이 봅니다. 부모가 소중히 여기는 일을 아이들도 소중히 여깁니다. 아이들이 좋은 신자로 성장하길 원하신다면, 하나님을 기뻐하는 사람이 되길 바란다면 수고하셔야 합니다. 교회 지체들과 교제하고, 선물하고, 나누는 일에 열심을 보이십시오. 목사와 많이 교제하여 가깝게 지내도록 하십시오. 교회를 사랑하는 행동을 보고 아이들이 배웁니다. 목사와 상담하는 것을 보고 자녀도 자신의 목양자가 목사임을 알게 됩니다. 아이들 헌금도 살펴보길 바랍니다. 키즈 카페 입장료보다 못하지 않습니까? 아이들이 좋아하는 과자 가격보다도 덜 하지 않습니까? 심지어 어떤 아이는 유아부부터 고등부까지 같은 금액으로 헌금하기도 합니다. 이러한 일들을 통해 우리 마음의 현주소를 알 수 있습니다.

혹시 우리 가운데 겉으로는 선을 좇는 듯하지만, 실상은 자신의 유익과 만족을 위한 선택을 하지 않는지 살피고 또 살펴야 합니다. 하나님께서 보고 계십니다. 사람은 외모를 보지만 하나님은 우리 중심을 보십니다(삼상 16:7). 우리가 하나님을 찾으면 만나게 되지만 하나님을 버리면 하나님도 우리를 버리십니다(대하 15:2). 하나님이 우리의 큰 상급이시고 방패이심을 잊지 맙시다(창 15:1). 이 세대의 가치에 매몰되지 않고 마음을 새롭게 함으로 변화를 받아 하나님의 선하시고 기뻐하신 길을 좇아 걸어가도록 분별합시다(롬 12:2). 선한 데는 지혜롭고 악한 데는 미련하도록 언약의 자녀를 양육하길 바랍니다(롬 16:19).

『어린이 생활 영성 시리즈』
(두란노 키즈, 2008-2009)

두란노 키즈에서 나온 어린이 생활 영성 시리즈입니다. 총 16권으로 구성되어 있는데, 아이들이 일상생활에서 흔히 겪을 수 있는 불평, 게으름, 속임수, 도둑질, 따돌림, 거짓말, 승부욕, 욕심, 때리기, 나쁜 말, 무시, 망가뜨림 등을 어떻게 다뤄야 할지를 알려줍니다. 복음이 정답입니다. 일상의 여러 가지 일들을 통해서 복음이 주는 하나님의 사랑과 용서를 경험하는 시간이 되길 바랍니다. 길지 않고 짧은 내용으로 쉽게 읽을 수 있습니다.

『하나님, 성품이 뭐예요?』
유경상 저(도서출판 CUP, 2017)

언약의 자녀교육에 있어서 가장 공들여서 다뤄야 할 부분은 아이들의 '마음' 교육입니다. 마음의 밭이 갈아져야 생각이 자라나고, 성품의 열매가 맺힙니다. 이 책을 통해서 마음의 힘을 키울 수 있습니다. 질문과 예화, 활동자로까지 곁들여 있으므로 가정과 교회에서 활용하기 좋습니다. 기독교 세계관 전문가들에 의해 탄생한 책이기에 더없이 훌륭합니다. 아이와 함께 즐겁게 책의 내용을 나누다 보면 아이는 어느덧 경청, 배려, 순종, 감사하는 마음으로 쑥쑥 자랄 것입니다. 시리즈인 『하나님, 생각이 뭐예요?』『하나님, 미디어가 뭐예요?』도 함께 보시길 추천합니다.

선한 것과 악한 것을 구분하는 생활 습관

우리나라의 전통적 어린이 교육은 '하학이상달下學而上達'로 아래에서부터 배워 위로 통달하는 교육을 했습니다. 언어, 응대, 효도, 공경과 같은 기본 생활 예절이 중심이었습니다. 소학에서는 "반드시 어릴 때 학습하고 익히게 하는 것은 그 익힘이 지혜와 함께 자라며 교화가 마음과 함께 이루어져서 거슬러 감당하지 못하는 근심을 없게 하기 위해서다"[4]라며 '습관 교육'을 강조했습니다. '습習'은 우羽와 백白의 합자입니다. 어린 새가 날갯짓을 수천 번 연습하다 보면 자연스럽게 날 수 있는 것처럼, 일상생활 속에서 바른 습관이 자리잡아 성격과 이성적 판단 그리고 선택에까지 영향을 미친다고 생각했습니다.[5]

우리 조상들의 지혜가 돋보이는 교육 방법입니다. 선한 데는 지혜롭고, 악한 데는 미련하기 위해서 조기 습관 교육이 필요합니다. 여러 생활 습관이 있지만, 저는 식사 습관과 언어 습관을 중심으로 교육했습니다. 식사 습관과 언어 습관이 가장 기본입니다. 이제 식사 습관과 언어 습관에 대해서 어떤 교육을 할지 살펴보도록 하겠습니다.

1) 먹는 것

세상의 어떤 즐거움이 먹는 즐거움에 비길까요? 먹는 즐거움은 정말 큽니다. 말씀도 먹는 것에 비유될 정도니까요. 그러므로 경건한 식사 습관 훈련은 무척 중요합니다. 우리 집에는 먹는 것과 관련된 큰 원칙이 있습니다.

"감사하며, 주는 대로, 남김없이, 나누며 먹는다."

---

4. 必使其講而習之於幼穉之時(필사기강이습지어유치지시) 欲其習與智長(욕기습여지장) 化與心成(화여심성) 而無扞格不勝之患也(이무한격불승지환야) 『소학』 소학서제 편
5. 김미라, 『조선의 밥상머리 교육』 (서울: 보아스, 2018), 35-36.

이 원칙은 선한 것을 선택하는 것을 돕습니다. 그렇다면 악한 것은 반대로 "감사하지 않지 않고, 자기 마음대로 먹고 싶은 것만 먹으며, 낭비하고, 좋은 것은 혼자만 먹는다"입니다. 이것은 꼭 피해야 합니다.

감사는 모든 것을 베풀어주시는 하나님께, 음식을 정성스럽게 만들어주신 엄마와 할머니께, 대접을 받거나 초대를 받아 식사하게 되는 경우 베푸신 분들에게 감사의 말을 하게 해야 합니다. 감사의 마음은 "표현"해야 합니다. 감사는 꼭 어릴 때부터 "언어"를 사용하여 훈련하길 바랍니다. 이런 실천이 없는 것은 악한 것입니다.

주는 대로는 말 그대로 엄마가 주는 대로 먹는 것입니다. 이 습관은 자기의 고집을 꺾고 편식을 막게 합니다. 자기가 좋아하는 음식을 많이 먹고, 안 좋아하는 것은 적게 먹어도 되지만 먹는 것을 자기가 마음대로 고르는 것은 안 됩니다. 주는 것을 먹어야 합니다. 너무 가혹한가요? 그렇지 않습니다. 사랑하는 자녀가 자기가 하고 싶은 대로 내버려두는 것이 더 나쁩니다. 엄마가 주는 대로 불평 없이 먹도록 끊임없이 교육해야 합니다. 초등학교 3~4학년만 되어도 이 습관을 교정하기 어려워짐을 기억하십시오.

남김없이와 관련해 충격적인 기억이 있습니다. 제가 청소년 수련회에 갔는데 그곳에는 독특한 식사 규칙이 있었습니다. 같은 조의 남은 음식은 그 조가 알아서 처리해야 한다'였습니다. 주로 어린 중학생들이 남긴 밥과 반찬을 고등학생들이 다 먹어줬습니다. 요즘 아이들은 편식을 넘어 음식을 너무 쉽게 버립니다. 음식에 대한 소중함과 감사함으로 쉽게 버리지 않도록 해야 합니다. 처음 음식을 담을 때부터 욕심을 부리지 않고 먹을 양만 가져가고, 부족할 때 더 먹는 습관을 들여야 합니다. 먹고 남기라고 하거나 남은 음식이 아까워 엄마가 먹는 행동은 좋지 않습니다. 아이들의 불순종을 가만히 두고 보면 안 됩니다.

나누며는 형제, 자매가 있는 가정에서 가장 힘든 일 중 하나입니다. 아이가 혼자 크는 경우, 자기 것을 다른 사람에게 나눠주는 일은 많이 경험하기 어렵습니다. 저희 큰애도 8년간 동생 없이 지내다보니 다 자기 것이었습니다. 나누는 습관을 집에서 익히지 않으면 밖에서는 눈치를 보며 할 뿐, 즐거움과 기쁨으로 나누지 못합니다. 저희는 아이가 혼자였을 때도 아이 간식을 같이 먹었습니다. 5-6개 들어있는 젤리도, 단 2개가 있어도, 아이가 저와 아내랑 나눠 먹도록 지도했습니다. 아이가 어려서 나눠 먹는 것을 이해하지 못해 눈물을 글썽이고 억울해하기도 했지만, 나눠 먹을 때는 순종에 대해 보상을 해주는 것으로 지도했습니다. 우리의 죄성이 생각보다 세기 때문에 나누는 기쁨이 무엇인지 계속해서 교육해야 합니다. 꼭 기억하십시오.

그렇다면 이상과 같이 훈련받은 저희 아이들은 "감사하며 주는 대로 남김없이 나누며" 먹고 있을까요? 여전히 쉽지 않습니다. 이 글을 쓰고 있는 어제도 다투었습니다. 정말 끈질기게 안 되는 지점이 분명히 있습니다. 노력한 만큼의 결과가 크지 않아서 중도 포기하는 부모님이 있습니다. 그래도 해야 합니다. 아이들의 연약함을 인정해주고, 부족함을 다양한 방법으로 채우도록 지도해야 합니다. 이런 훈련은 아이들이 하나님의 선하심을 알아가도록 우리에게 맡겨주신 부모의 일이니까요.

2) 듣고 말하는 것

고등학교 문법책을 보면 '언어는 생각(사고)의 그릇'이라고 합니다. 자기 생각이 생기고 말이 늘어나는 나이가 되면서 아이들이 떼를 쓰거나 소리 지르는 경우가 생깁니다. 자기 욕구를 정확히 표현하는 방법을 알지 못해서 그렇습니다. 이때 부모의 양육 태도는 다양합니다. 여성가족부와 보건복지부, 교육부에서 제작한 〈당신은 어떤 부모입니까?〉[6]라는 팸플릿을 보시면 네 종류의 부모 형태가 나옵니다. 아이가 원하는 건 무엇이든 들어주는 허용적인 부모, 늘 피곤해서 아이를 그대로 방치하는 방임적인 부모, 일방적으로 규칙을 정해놓고 절대복종을 강요하는 권위적인 부모, 규칙을 따르도록 통제하지만 동시에 애정을 표현하는 민주적인 부모로 분류합니다.

이중 가장 이상적인 부모로 민주적인 부모를 이야기합니다. 아이의 말을 잘 들어주고, 대화를 많이 하는 부모가 가장 좋은 부모인 셈이지요. 하지만 문제는 아이들과 대화가 잘 안 됩니다. 아이들이 대화할 때는 자신들의 요구에 부모가 응답할 때입니다. 부모가 자신들의 생각과 다른 이야기를 하는 순간 대화 단절입니다. 부모는 부모 대로, 아이는 아이대로 뿔이 단단히 납니다. 대화하는 민주적인 부모가 되려고 해도 잘되지 않습니다. 이 모든 게 부모든 아이든 아직 완전한 사람이 아니라서 그렇습니다. 아직은 성화의 과정 중에 있으니까요.

자녀양육에 있어 중요한 건 하나님의 뜻입니다. 하나님의 뜻은 민주적인 부모로 아이들의 의견과 일치를 이루거나 타협하는 것이 아니라, 하나님이 주신 권위를 가진 부모에게 순종하는 아이로 훈련하는 일입니다. 물론 모든 것을 명령하는 말투로 하거나 시키면 시키는 대로 하라는 식은 안 됩니다. 아이에게 친절하게 설명해주고, 이해시켜야 하는 부분도 많습니다. 때론 부탁과 감사의 말도 곁들여야 합니다. 그래야 아이들이 사건과 사물을 이해하는 지혜가 자라고 생각하는 힘이 세집니다. 다만, 아이들은 어른과 같지 않기에 이유 없이 감정대로 하는 경우가 많습니다. 그래서 "왜요?", "싫어요", "몰라요"를 입에 달고 살지요. 이때 부모는 자녀에게 순종을 가르쳐야 합니다. 먼저 언어 습관부터 훈련하여 순종하는 자녀가 되도록 해야 합니다.

---

6. 공공기관이나 주민센터에서 확인할 수 있고, 여성가족부 홈페이지에서 다운 받으실 수 있습니다.

저는 아이들의 언어훈련의 대원칙을 이렇게 세웠습니다.

"즉각적으로, 천천히, 또박또박, 존댓말로, 분명한 의사 표현을 한다."

반대로 하면 "뜸 들이고, 빠르게, 발음을 흘리면서, 반말로, 애매하게 의사 표현을 한다"가 되겠네요. 말하는 훈련이 중요한 이유는 인간관계의 훈련일 뿐 아니라 듣는 훈련이기 때문입니다. 말을 잘해야 듣기를 잘하니까요. 말을 잘 듣는 자세(경청)는 설교 말씀을 듣는 것과 관련이 있어서 하나님의 사랑의 중요한 수단이며, 말을 잘하는 것은 이웃과 평화롭게 지내는 것과 관련이 있어서 이웃 사랑의 중요한 수단이 됩니다. 우리 자녀가 말을 잘하고, 다른 사람의 말을 제대로 듣기만 해도 가장 큰 계명을 실천할 수 있습니다.

즉각적으로 말해야 합니다. 부모가 부르거나 심부름을 시킬 때 자기가 하던 일을 멈추고 바로 대답하도록 훈련해야 합니다. 아이 편에서는 자기 일이 가장 중요할 것입니다. 하지만 즉각 순종하도록 해야 합니다. 순종은 이해와 상관이 없습니다. 아브라함이 이삭을 제물로 바치러 그를 데리고 갔을 때, 이삭이 이해가 안 된다고 따지거나 불순종하지 않았던 것처럼요. 즉각 순종하도록 가르치십시오.

천천히 말하도록 훈련해야 합니다. 아이들은 말이 계속 빨라집니다. 빠르게 말하고 싶어 말을 줄입니다. 쫓아가기 힘들 정도로 알 수 없는 신조어들이 많이 생깁니다. 그 자체의 가치평가를 떠나서 말을 천천히 하는 것은 중요합니다. 소리가 선명하지 않기 때문입니다. 하나님께서 인간에게 언어를 주셔서 서로 소통하게 하셨습니다. 언어에는 감정을 실을 수 있어 다양한 기분을 담을 수 있습니다. 그러나 말이 빨라지면 감정 표현도 충분히 안 되고 시끄러운 소리만 남습니다. 말 습관 역시 나이 들어서는 교정이 어렵습니다. 어릴 때부터 분명하고 정확하게 천천히 말하는 습관을 길러주셔야 합니다.

또박또박 말하는 것은 천천히 말하는 것과 관련이 있습니다. 자기 의사 표현을 정확하게 하기 위해 또박또박 말하는 것이 필수입니다. 많은 초등학생이 말을 흘려서 발음합니다. 그러다 보니 의사 표현이 두루뭉술할 때가 많습니다. 그러나 또박또박 말을 하면 자기 의사 표현이 분명해지고, 왜 그런 생각과 표현을 했는지에 대해 충분히 설명할 수 있습니다.

존댓말을 하도록 해야 합니다. 기도를 잘 하지 않는 아이의 경우 부모가 많은 것을 다 채워주기 때문이라 말씀드렸죠. 자녀들이 부모에게 요구하는 자체를 넘어 그 태도가 언어에서도 나타납니다. 자녀가 부모에게 명령조로 말을 합니다. "해줘", "싫어", "안 해", "몰라" 같은 표현을 아무렇게나 합니다. 부모는 하나님의 권위를 입은 자입니다. 그런데 부모가 아랫사람이 되어버렸죠. 순종은 언어부터 시작해야 합니다.

분명한 의사 표현으로 자기 생각을 말하게 해야 합니다. 부모가 묻는 말에 몸짓으로 대답하는 아이들이 제법 많습니다. "예"라 하지 않고 끄덕끄덕한다든지, "아니요" 대신에 절레절레합니다. 이런 자세는 교정해주어야 합니다. 분명한 언어로 자기 의사를 표현하는 방법을 반복하여 교육하십시오. 부모가 아이를 부르면 "왜요"가 아니라 "예, 네"로 대답할 수 있도록 해야 합니다.

마지막으로 "감사합니다", "고맙습니다", '다녀오세요', "다녀왔습니다"를 줄기차게 교육하십시오. 식사를 마치면 반드시 "감사합니다. 잘 먹었습니다"를 외치도록 아빠부터 시작하십시오. 아빠 엄마가 먼저 하셔야 합니다. 선물을 받거나 도움을 받으면 반드시 "고맙습니다"를 하고요. 아빠가 출근하거나 외출하면 반드시 현관에 나와 머리를 숙여 "다녀오세요"를 하도록 하십시오. 이 인사는 어렸을 때는 많이 시키지만 조금만 커도 하지 않습니다. 그러나 같이 사는 한 계속하도록 하십시오. 인사는 아이의 귀여움과 비례하지 않습니다. 아이가 외출하고 돌아오면 "다녀왔습니다"를 외치도록 해주세요. 이렇게 습관이 되면 모두가 외출하여 함께 들어와 집어 아무도 없는데도 현관만 들어서면 "다녀왔습니다"를 외치는 아이를 보게 될 것입니다.

선한 것에 순종하고 악한 것에 불순종하게 하라

레위기 19장에서 하나님은 자녀가 부모를 공경하는 일을 주일을 지키는 것과 관련하여 설명하셨습니다(레 19:3). 부모를 공경하지 않는 자녀들이 주일 성수도 하지 않는 것을 볼 수 있습니다. 유아세례를 받아 입교 교육을 하는 어린 나이에는 비교적 부모를 따라 교회에 잘 출석할 겁니다. 하지만 초등학교 3-4학년만 되어도 교회에 가기 싫어하는 아이들이 제법 많습니다. 중학교, 고등학교로 올라가면 그 수는 훨씬 많아집니다. 교회에 나가기 싫어하는 이유는 다양합니다. 그런데도 교회를 떠나는 다수의 아이는 평소에 부모의 말을 즉각, 전부 순종하지 않을 가능성이 큽니다. 보이는 부모도 순종하지 않는 아이들이 보이지 않는 하나님을 경외하고 말씀에 순종하겠습니까?

언약의 부모는 자녀가 가능한 한 어렸을 때부터, 자기 생각과 의지를 포기하고 하나님의 뜻에 따라 생각하는 법을 가르쳐야 합니다. 자기 마음대로 하려는 아이는 악한 성향이 더 강해지기 때문입니다. 만약 아이가 서툰 말이라도 할 줄 안다면 자기 생각을 말로 표현하도록 도와야 합니다. 바르고 선한 말을 인내로써 가르쳐야 합니다. 그 입에서 하나님을 찬송하고 말씀을 암송하도록 도와야 합니다. 악한 말과 행동을 할 때마다 즉각 큰 소리로 혼내기보다는 하나님께서 그 죄들을 얼마나 미워하시는지 알려주어야 합니다. 하나님은 그런 죄들을 미워하셔서 벌을 내리신다는 것도 말해주어야 합니다. 잘못에 대한 징계도 하나님의 명령에 따라 부모가 대신하는 일이라는 것도 잊지 말고 말해야 합니다. 최고의 권위는 하나님으로부터 왔음을 강조하길 바랍니다.

아이들이 자기 고집대로 행동하도록 내버려두면 안 됩니다. 특별히 완고하게 자기의 뜻을 나타내면 반드시 꺾어야 합니다. 왜냐하면 자기 뜻에 굴복해버린 부모를 이용하여 더 많은 욕구를 채우려는 악한 마음 때문입니다. 부모에게 순종하는 것은 하나님의 뜻입니다(잠 23:22, 골 3:20, 엡 6:1). 부모는 하나님이 세워주신 공경의 대상이지 자기 필요를 채워주는 사람이 아닙니다(잠 1:8,9). 부모는 자식이 불순종의 태도를 보일 때마다 하나님께서 왜 금지하시는지 잘 알려주어야 하는 의무가 있습니다. 부모의 입술과 행동이 먼저 하나님의 말씀에 순종함으로 경건의 모범을 보여야 합니다.

하나님의 뜻에 맞는 부모의 말에 순종하도록 자녀를 지도하는 것은 부모의 의무입니다. 자녀들이 부모의 거룩하고 합당한 지시에 순종할 것을 지도해야 합니다. 성경의 많은 인물 중에서 부모의 사랑을 듬뿍 받으며 자란 자녀 중에도 악한 자녀가 있었다는 사실을 잊지 마십시오. 대표적인 예가 다윗이 사랑한 압살롬입니다. 부모가 가장 사랑하여 기쁨이 되고 세상에 자랑스러운 아이가 도리어 큰 근심거리가 될 수 있음을 기억하십시오. 압살롬은 이스라엘 가운데서 아름답고 크게 칭찬 받는 자였습니다(삼하 14:25). 하지만 그가 반역자가 되고, 하나님의 나라를 파괴하는 인물이 되었습니다. 세상에서 인정받고, 부모에게 사랑받는 자녀로 키우면 안 됩니다. 하나님을 사랑하여 부모에게 순종하고, 교회를 사랑하는 자녀로 키워야 합니다.

13장 가정예배 절대 사수하기

신학자이자 목회자인 조엘 비키는 『하나님의 약속을 따르는 자녀양육』에서 부모의 역할과 책임을 선지자, 제사장, 왕으로 설명합니다. 선지자로서 부모는 하나님의 대변자가 되어 하나님의 생각과 뜻을 알려주어야 합니다. 하나님에 관해 무엇을 믿어야 하고, 하나님이 우리에게 요구하는 것이 무엇인지를 알려주어야 하며 그리스도 안에 주어진 하나님의 구원을 가르쳐야 합니다. 제사장으로서 부모는 대제사장이신 그리스도의 종이요, 대리자로서 그분이 우리 자녀에게 복을 주시도록 해야 합니다. 왕으로서 부모는 하나님의 권위를 위임받아 명령에 따라 말씀을 가르치고 그분을 공경하며 훈육해야 할 의무를 다해야 한다고 말합니다.[1]

언약의 부모는 이 직임을 성실하고도 책임 있게 감당해야 합니다. 아이들의 일상적인 보살핌도 힘든데 어떻게 이 많은 일을 감당할 수 있을까요? 가정예배가 답입니다. 가정예배를 하면 됩니다. 웨스트민스터 예배 모범이 공예배의 지침에 해당한다면 사적 예배 지침은 1647년 스코틀랜드 총회에서 승인한 가정예배 지침입니다. 총회는 지침서를 만든 이유를 다음과 같이 설명합니다.

---

1. 비키, 『하나님의 약속을 따르는 자녀양육』, 109-122.

"개인적 예배와 성도 간의 상호 교화를 위하여 그리고 가정예배를 소홀히 하는 일들을 책망하기 위해 아래의 지침을 마련하여 준수하도록 결의하는 바이다."

지침서는 총 14항으로 구성되어 있는데, 가장이 매일 아침, 저녁마다 아니면 하루 중 다른 시간에 성실하고 책임감 있게 시행해야 하며 경건회의 주요 요소는 기도와 찬양, 말씀 읽기와 말씀의 교훈에 따른 실제적 유익을 주는 토론 등을 이야기하고 있습니다.[2]

가정예배는 부모가 선지자, 제사장, 왕의 직무를 성실히 수행할 수 있는 시간입니다. 물론 평상시에도 언약의 부모로서 해야 할 일이 있지만, 가정예배 때는 세 가지 직임이 가장 분명하고도 확실하게 드러납니다. 언약의 부모들이여, 반드시 가정예배를 드리시기 바랍니다. 가정예배는 의무입니다. 이미 1부에서 살펴봤듯이 웨스트민스터 신앙고백서 21장 6항에서도 "매일 가정에서나 은밀하게 홀로, 그리고 어디서나 영과 진리로 하나님을 예배하여야 한다"라고 했습니다.[3]

예배자로 준비시키기

가정예배는 신앙생활의 최고 훈련장입니다. 가정예배의 요소가 말씀 읽기, 말씀 듣기, 기도하기, 찬송하기 등등 예배 기본 요소들로 이루어져 있기 때문입니다. 먼저 말씀 읽기를 통해 낭독 훈련과 듣기 훈련을 시킵니다. 앞서 소개한 어린이 성경을 나이에 맞게 읽어주면 위대한 하나님의 이야기를 경청하여

---

2. Ross, Confession of Faith, 418-422.
3. Ross, Confession of Faith, 94.

듣는 것이죠. 말씀이 선포될 때 편하게 듣도록 하되 바른 자세를 하고 장난치거나 돌아다니지 않도록 훈련합니다. 그래야 공예배 때도 제자리에 앉아 바른 자세로 하나님의 말씀을 경청하게 됩니다. 아이가 글을 읽을 수 있는 나이가 되면 번갈아가면서 읽거나 특정 부분을 낭독하게 합니다. 그런 후에 방금 낭독한 말씀에 대해 질문하고 대답하는 과정을 통해 차근차근 훈련합니다. 이렇게 가정예배에서 반복 훈련을 하면 예배 때 함께 성경을 낭독하고, 말씀을 들을 때 아는 내용이 나와 흥미롭게 설교를 들을 수 있습니다.

가정예배 때 조용히 앉아 손을 모으고 눈을 감고 기도하는 법을 알려주십시오. 자녀는 부모의 기도 소리를 통해 기도를 배웁니다. 그런 아이가 주일 예배 때 기도자의 기도를 듣고 함께 기도합니다. 주로 아이들은 기도할 때 멀뚱멀뚱 눈을 뜨고 딴짓을 하는 경우가 많습니다. 왜냐하면 기도 내용에 관심이 없고 주의를 기울이지 않기 때문이죠. 하지만 가정예배에서 기도훈련이 되면 기도자로 변할 겁니다. 더불어 가정예배 때 주일 기도자(목회자 포함)의 기도 내용을 물어보십시오. 어떤 표현을 사용했는지, 회개는 어떻게 했는지, 주님께 어떤 은혜를 구했는지, 교단과 다른 교회, 선교사님과 불쌍한 사람들을 위해 어떻게 기도했는지 물어보십시오. 이때 채근하듯이 묻지 않도록 주의해야 합니다.

찬송 시간을 통해 하나님을 송영하며 영화롭게 하도록 훈련하십시오. 우리 교회에서는 시편 찬송을 부르는데, 곡조가 낯설어 익히기 힘든 곡들이 있습니다. 요즘 곡들과 달리 느리고 단조의 슬픈 곡조들도 있어 아이들이 흥미를 잃기도 합니다. 하지만 가정예배를 통해 반복해서 부르면 어른들보다 아이들이 더 빨리 익히고 좋아하는 곡도 생깁니다. 부모가 자주 즐겁게 찬송을 부르면 아이들도 덩달아 따라 부릅니다. 계속 부르다보면 가정예배 때 자신들이 좋아하는 곡을 신청하는 일들이 많아집니다. 익숙한 찬송은 예배 때 크게 부르기도 하는데, 그 소리는 온 교회 성도들의 마음을 즐겁게 합니다.

이렇게 보면 아이들이 예배에서 말씀에 집중하지 못하고, 잘 듣지도 않고, 기도는 왜 하는지 모르고, 찬송할 때 영혼 없이 했던 것이 부모인 나 때문은 아닌지 조심스레 생각해봅니다. 신기하게도 어떤 아이는 나이와 상관없이 예배에 집중하고 설교를 경청하며 열중하여 함께 기도하고, 찬송을 크고 즐겁게 부르거든요. 무슨 차이일까요? 내향적인 아이와 활력이 넘치는 외양적인 성향 차이 때문일까요? 전혀 없지는 않겠지만 익숙함과 반복 훈련 차이가 아닐까요? 일주일 동안 한 번도 말씀을 듣거나 보지 않고, 우리의 삶을 인도해주시길 기도하지 않고 찬송이 없이 살다가, 주일에는 아이들이 예배에 집중하도록 바라는 건 무리한 요구 아닐까요?

사랑하는 언약의 부모님들이여! 사랑스러운 언약의 자녀들이 하나님의 사랑받는 자녀가 되길 바란다면 가정예배를 통해 예배자로 준비시키길 바랍니다.

자녀들을 구원으로 이끄는 기회

우리 자녀들에게는 죄 사함과 거듭남이 필요합니다. 자신의 회개와 믿음이 없이는 구원받을 수 없습니다. 부모가 대신 회개하고 죄 사함을 받을 수는 없습니다. 그러나 부모가 할 수 있는 역할이 있습니다. 바로 자녀들을 그리스도께로 인도하는 일입니다. 그리고 가정예배는 최고의 기회입니다. 부모가 다른 어떤 중요한 일보다 하나님을 예배하는 일에 최고의 우선순위를 두고 있다는 것을 보여주기 때문입니다. 가정예배를 통해서 삼위 하나님의 약속을 신뢰하는 가정의 모습을 보여줍니다. 진정한 복이 하나님에게 있고, 하나님이 가장 선한 분이심을 가정 경건회로 보여줍니다. 하나님을 예배하고 경배하는 자가 행복자라는 사실을 가정예배를 통해 보여줍니다.

하나님의 말씀에 따라 살려고 했으나 실패하고 다시 하나님의 은혜로우심을 구하는 부모의 모습을 보여줍니다. 아이들은 말과 행동이 다른 어른을 신뢰하지 않습니다. 신앙과 생활이 분리된 부모를 존경하지 않는 경우가 많습니다. 하지만 가정예배를 하면 부모의 실패를 연약함으로 인정하고 돕고자 힘쓰게 됩니다. 가장 신뢰하는 부모가 사랑하는 하나님을 자녀도 똑같이 사랑하게 됩니다. 보이지 않는 하나님을 믿게 되고 그리스도를 사랑하고 삼위 하나님의 영광을 위해 사는 자녀가 됩니다.

가정예배를 통해 하나님의 기뻐하시는 뜻을 깨닫습니다. 특히 세상에서 일어나는 수많은 일을 삼위 하나님의 관점으로 어떻게 바라봐야 하는지도 설명해주어야 합니다. 저는 가정예배 때 말씀과 나라 안팎의 각종 사건 사고와 연결하여 그리스도인으로서 올바른 생각과 태도를 보이도록 도전하고 있습니다. 정치 취향을 가지고 판단하는 것이 아니라 하나님이 원하시는 것이 무엇인지를 찾는 일을 가정예배에서 의논합니다.

더 나아가 아이의 삶에 불경건하고 불건전한 일들이 무엇인지를 분별하여 선택하도록 많은 대화를 합니다. 아이의 의견을 묻기도 하지만 부모의 생각과 감정이 기준이 아니라 하나님 말씀에 순종하도록 권면합니다. 그래야 나중에 아이가 성장하여 자신의 문제를 판단하고 선택할 때 상황과 형편, 사람과 이익을 추구하지 않고 하나님의 말씀에 순종하여 결단할 수 있습니다. 입교 전 나이의 아이들이 하는 선택은 큰 문제이기보다는 언제든 변경이 가능한 선택인 경우가 많습니다. 그러니 이때부터 분명하게 하나님의 뜻을 구하며 말씀 앞에 순종하는 선택을 하도록 교육해야 더 큰 일에 순종할 수 있습니다.

가정 경건회의 구체적인 제안

시간	순서	내용
매일 아침	가벼운 맨손운동 ⇨ 식사 ⇨ 성경 한 장 낭독	- 큐티책 또는 성경읽기표에 따라 매일 해당 본문을 읽습니다. - 공과를 사용하는 경우 암송구절 외우기
매일 저녁	식사 ⇨ 찬송 ⇨ 성경 읽기, 요리문답 암송 ⇨ 기도 ⇨ 주기도문	- 성경을 읽는 날은 연령별 성경 읽기 - 요리문답 날은 요리문답 공부
일주일 한 번 가정기도회	식사 ⇨ 찬송 ⇨ 가위바위보 순서대로 기도 제목(자신, 다른 사람, 공동체) 나누기 ⇨ 전체 마무리 기도 ⇨ 주기도문	- 기도 제목으로 기도하기 - 서로의 기도 제목에 관심 갖기 - 기도 응답에 대해 감사하기
공과공부/요리문답	식사 ⇨ 찬송 ⇨ 해당 공과, 요리문답 공부하기 ⇨ 기도 ⇨ 주기도문	- 공과는 순서에 따라 요리문답은 묻고 답하는 것을 중심으로 하되 개념 설명을 중심으로 한다.

가정예배는 매일 아침, 저녁으로 식사를 마치고 합니다. 식탁을 대충 정리한 후에 바로 시작하는 것이 좋습니다. 육의 양식을 먹었으니 영의 양식을 먹을 차례지요. 설거지는 나중에 하시는 것이 좋습니다. 아침에는 온 가족이 함께 국민 체조나 새천년 체조 같은 경쾌한 음악과 함께 체조로 시작하십시오. 간단하게 운동하고, 식사 후에 오늘 해당 성경 본문을 짧게 읽습니다. 바쁜 아침이라면 함께 암송 구절을 크게 외우는 것을 권장합니다.

만약 아침이 분주하고 함께 모이기가 어렵다면 저녁을 선택하십시오. 저녁에 식사를 마친 후 바로 시작합니다. 시편 찬송, 기도 제목으로 기도하기, 아이가 좋아하는 찬송 또는 주일학교에서 배운 찬송 등을 크게 부릅니다. 아이들이 찬송을 모르면 부모가 많이 알려주셔야 합니다. 특별히 찬송가 앞에 있는 송영과 경배송을 중심으로 연습하면 좋습니다. 그런 후에 나이별 맞춤 성경을 함께 읽습니다. 그리고 요일에 따라 공과 공부, 뉴시티 교리문답 키즈, 소요리문답, 하이델베르크 요리문답을 함께 암송합니다. 요리문답은 글자를 배우기 시작할 때부터 하는 것이 좋습니다.

아침은 10분 내외로 하고, 저녁은 여유 있게 약 15-30분 정도가 좋습니다. 긴 시간은 모두에게 부담스럽습니다. 부담스럽지 않게 하는 것도 중요합니다. 앞서 누누이 말씀드린 것과 같이 가정예배는 의지에 따라 많이 좌우됩니다. 하지만 아무리 강한 의지가 있어도 상황과 형편이 안 되는 경우도 많습니다. 그렇다면 기회를 따라 하십시오. 일주일에 하루를 정하거나 되는 날은 꼭 하십시오. 상황과 형편이 변명이 될 수는 없습니다. 이 의무에 태만해서는 안 됩니다.

가정예배를 통해서 자녀를 하나님을 경외하는 아이로 키울 수 있습니다. 경건한 자녀가 되기 위해서는 날마다 하나님의 뜻에 관하여 묻고, 하나님이 기뻐하시는 것과 싫어하시는 것이 무엇인지를 분별하도록 교육을 받아야 합니다. 자녀들에게 말과 행동으로 복음을 전해야 합니다. 회개하고 예수 그리스도를 믿으라고 권면해야 합니다. 하나님이 심으신 씨앗에 물을 주고, 그들에게 하나님의 진리를 가르쳐야 합니다.[4] 루터는 부모를 "가정의 주교Hauss-Bischoffe" 혹은 "가정의 설교자Hauss-Prediger"라고 표현하기도 했습니다. 부모는 매일 아침과 저녁에 가정예배를 해야 했으며, 일주일에 한 번은 교리문답 교육을 해야 했습니다. 부모는 가정에서 자녀에게 하나님의 말씀을 가르치고 삶에서 구체화하도록 훈련해야 했습니다.[5]

이 모든 일에는 기다림과 인내가 필수입니다. 순종하여 잘 따라오는 아이

---

4. 비키, 『하나님의 약속을 따르는 자녀양육』, 85.
5. 임경근, 『종교개혁과 가정』 (서울: SFC출판부, 2016), 81.

가 있는 반면, 불순종하여 반항하는 아이도 있습니다. 부모는 먼저 자신이 꾸준함과 성실로 사랑하는 마음으로 임무를 완수해야 합니다. 부모의 의무는 쉽지 않습니다. 그러니 주님의 은혜를 간구해야 함을 잊지 맙시다.

14장 성경적이고 올바른 징계

당신은 언약의 부모로서 자녀의 유아세례를 통해 그를 언약의 자손으로 키우기로 서약했습니다. 그래서 당신에게는 이 아이가 자신의 신앙을 공적으로 표시하고, 성인이 될 때까지 신앙으로 교육해야 할 책임이 있습니다. 영적 유산의 위대함과 부유함을 알도록 어린 시절부터 부지런히 가르쳐야 합니다. 자녀들이 언약의 축복을 풍성하게 누리고 하나님 나라의 영광스러운 삶을 살도록 교육해야 합니다.[1]

옛날에는 부모가 서당 훈장에게 자식을 맡기면서 싸리나무로 만든 회초리를 한 아름 주었다고 합니다. 회초리가 다 없어지도록 종아리를 쳐서 자식을 사람으로 만들어달라는 의미였습니다. 이 전통은 우리에게 '사랑의 매'라고 미화되어 계속 이어져 왔습니다. 당신은 부모님에게 많은 사랑을 받았나요?

자녀가 자라면서 자연스레 어린이집, 유치원, 학교에 갑니다. 그러면서 교육을 학교나 학원에 위탁하게 됩니다. 바쁘기도 하고 주의를 기울이기도 어려우니 그렇습니다. 신앙교육도 교회 주일학교에 맡깁니다. 하지만 언약의 자녀를 교육하는 것은 철저히 부모의 책임입니다. 교회나 학교에 보내 교육을 할

---

1. 임경근, 『기독교 학교 이야기』, 134-136.

때도 부모의 책임을 교회에 전적으로 위임하면 안 됩니다. 학교 교사, 주일학교 교사 등과 유기적인 관계를 맺고 아이의 상태와 교육 상황을 판단해야 합니다. 그에 따라 말씀으로 잘 지도해야 합니다.[2]

여기서 한 가지 어려움이 있습니다. 서두에 회초리 얘기를 꺼냈습니다만, 바로 '징계와 체벌' 문제입니다.[3] 흔히 '교육의 책임이 부모에게 있다'는 것을 '자녀는 내 소유'라는 뜻으로 오해합니다. 그래서 자녀의 몸과 마음을 부모 마음대로 좌우할 수 있다고 생각합니다. 강하게 체벌하든 말든, 그건 부모 소관이라고 생각합니다. 하지만 자녀들의 생명과 삶은 그것을 허락하신 하나님에게만 있습니다. 하나님께서 부모에게 자녀를 선물로 주셨고 양육을 맡기셨다는 사실을 잊으면 안 됩니다.[4] 그렇다면 부모는 아이를 어떤 때, 어떤 방식으로 징계(체벌)해야 할까요? 하나님이 우리에게 주신 한계는 어디까지일까요?

인격을 존중하면서 징계하기

존중과 징계는 둘 다 인격을 높이고자 하는 수단입니다. 나보다 더 나은 사람을 만나면 우리는 그 사람을 존중하고 우러러봅니다. 반대로 나보다 부족한 사람은 무시합니다. 그러다 보니 아이들을 교육할 때, 부모인 내가 기준이 되어 나보다 못하다고 생각한 자녀를 무시합니다. 그리고 징계합니다. 이것이

---

2. 임경근, 『기독교 학교 이야기』, 136-139.
3. 비키는 징계를 둘로 나눠 '예방하는 징계'와 '교정하는 징계'로 설명하고 있습니다. 예방하는 징계는 순종적인 태도를 유지하도록 확실한 지침을 두는 것이죠. 교정하는 징계는 불순종에 대하여 회개를 독려함으로 교정과 교육을 목적으로 체벌하는 것을 말합니다. 조엘 비키, 『하나님의 약속을 따르는 자녀 양육』, 217-247.
4. 박진경, 『하나님 우리 아이 어떻게 키울까요?』 (서울: 도서출판 CUP, 2006), 42.

큰 실수입니다. 대부분 부모는 자녀를 독립된 인격체로 존중하지 않습니다. 오히려 존중받을 인격체로 만들기 위해 내 마음대로, 나만의 방법으로 교육하는 실수를 저지릅니다. 주요 수단은 징계입니다. 상을 주기도 하지만, 대부분은 벌입니다. 신체에 벌을 가하기도 하고 언어로 벌을 가하기도 합니다.

자녀를 독립된 인격으로 보지 않는 교육은 자기 자녀를 넘어 다른 아이에게까지 피해를 줍니다. 왜냐하면, 인격적 훈련과 교육이 되지 않은 아이들이 성장하면 나중에 인격적 폭력을 가하는 가해자로 변하기 때문입니다. 지금은 피해자이지만 훗날 잠재적 가해자를 부모가 만들고 있는 꼴입니다. 부모의 양육 태도에 따라 아이들은 얼마든지 변합니다. 부모가 폭력을 행사하면 자녀들이 학교에서 친구들을 때리는 것을 정당화할 가능성이 크고, 부모에게 맞지 않은 아이들은 친구들을 때리지 않을 가능성이 큽니다. 언어적 폭력도 마찬가지입니다. 육체적, 언어적 폭력이 난무하는 가정에서 상대방의 인격을 존중하는 아이가 나오기를 기대하기 어렵습니다.

순종에는 기쁨을 불순종에는 고통을

자녀를 양육할 때, 아직 인격적으로 미성숙한 아이를 다룰 때, 어떻게 징계해야 할까요? 성경에서는 매가 필요하다고 합니다. 분명히 할 것은 폭력과 징계는 다릅니다. 매는 건전한 징계입니다. 징계를 받는 사람에게 벌을 가하면서 순종에는 기쁨이, 불순종에는 심한 고통이 있다는 것을 알립니다.[5] 잠언 13

---

5. 대표적으로 마이클 펄, 데비 펄 부부를 들 수 있다. 이들은 징계 즉, '매'가 아이들 훈련에 얼마나 효과적이고 필수인지를 잘 설명했다. 마이클 펄, 데비 펄, 『온전한 훈련, 기쁨으로 크는 자녀』, 최에스더, 구현경 역(서울: 홈앤스쿨, 2009).

장 24절에는 "매를 아끼는 자는 그의 자식을 미워함이라 자식을 사랑하는 자는 근실히 징계하느니라"라고 했고, 22장 15절에는 "아이의 마음에는 미련한 것이 얽혔으나 징계하는 채찍이 이를 멀리 쫓아내리라"라고 합니다. 심지어 23장 13, 14절에는 "아이를 훈계하지 아니하려고 하지 말라 채찍으로 그를 때릴지라도 그가 죽지 아니하리라. 네가 그를 채찍으로 때리면 그 영혼을 스올에서 구원하리라"라고 합니다. 29장 15절에는 "채찍과 꾸지람이 지혜를 주거늘 임의로 행하게 버려 둔 자식은 어미를 욕되게 하느니라"라고 합니다. 이처럼 성경은 자녀를 징계할 때 '매'를 들어야 함을 말씀하십니다.

그렇다고 체벌에 무한 자유가 있는 것은 아닙니다. 징계하는 사람의 실수를 항상 기억해야 합니다.[6] 고도로 훈련된 수양자를 제외한 대부분 사람은 감정 문제를 쉽게 통제하지 못합니다. 자기 감정을 관리하는 훈련을 받은 적이 없는 데다가, 높은 경쟁 상황에 부닥친 우리나라 부모는 감정 통제에서 상당한 어려움을 겪습니다. 그러다 보니 자녀들의 반항적 태도에 민감하게 반응해 과도한 징계를 가하는 경우가 흔합니다. 체벌로 가해지는 징계에서는 사랑과 절제가 필수입니다. 교육을 위한 체벌을 위해서는 징계에 대해 정확히 배우는 것이 필요합니다.

정당한 체벌에는 사랑과 절제가 있습니다. 징벌의 차원이 아닌 하나님이 기뻐하시는 성품 훈련의 차원임을 잊으면 안 됩니다. 펄 부부는 언약의 자녀

---

6. 이 점에 대해서 안양대 이은규는 9가지 대책을 제시합니다. ① 부모의 기준이 되어서는 안 된다. 홍분된 상태에서 매를 사용해서는 안 된다. ② 매를 대는 것은 불순종하는 행동 직후가 가장 효과적이며, 왜 때리는지를 반드시 설명해주어야 한다. ③ 징계 후 사랑의 표시를 해주어야 한다. 훈계하는 이유는 사랑 때문이다. ④ 손으로 때려서는 안 되며 회초리를 사용해야 한다. ⑤칭찬은 공개적으로 해주고, 꾸중은 은밀한 곳에서 사적으로 하는 것이 효과적이다. ⑥칭찬과 꾸중은 일관성이 있어야 하고 합리적인 기준으로 해야 한다. ⑦ 사랑의 관계가 형성된 사람이 사랑 안에서 진실을 말해야 한다. ⑧ 부모가 오해했거나 잘못했으면 잘못했다고 솔직히 말해야 한다. ⑨부모는 위반(죄)에 대해 슬픔을 전해야 한다. 이은규, "기독교 가정교육의 이해와 교회의 과제", 『신학 지평』, 7집(1998): 56-57.

양육에 있어서 체벌의 목적을 다음과 같이 말합니다.

"부모 밑에서 교육을 받으며 자라나는 어린 시절은 하나님 나라의 시민이 되기 위해 하나님의 성품 실습장에서 보내는 시간이다. 아이의 성장 과정에서 부모는 거룩하신 하나님이 모든 품성이나 드덕의 통치자이심을 정확히 알려 주어야 한다. 매야말로 하나님의 심판을 이해하고 또 그래서 하나님의 은혜를 이해하도록 키우는 데 확실한 도움의 도구인 것이다."[7]

체벌로 얻으려는 태도의 변화는 언약의 자녀로서 하나님의 성품을 배우는 것이어야 합니다.

훈육의 방법을 선택하자

훈육의 방법을 선택합시다. 훈육은 기본적으로 사후 대책이 아닌 사전에 방비하는 태도로 접근해야 합니다.[8] 체벌이 필요하기 전에 모든 문제를 해결하는 지혜를 가지시길 바랍니다. 아이들을 좌절시키는 원인을 먼저 면밀하게 살펴야 합니다. 아이들의 개인적인 특성, 성향, 기질을 잘 살펴서 획일적인 방식에서 벗어나야 합니다. 첫째와 둘째가 다르고 셋째는 또 다른 아이일 수 있습니다. 아이의 특성에 맞지 않는 구조적이거나 일방적인 원칙 때문에 아이가

---

7. 마이클 펄, 데비 펄, 『온전한 훈련, 기쁨으로 크는 자녀』, 109.
8. 비키는 우리가 자녀를 징계할 때 어떤 마음을 가지고 해야 하는지 좋은 지침을 알려줍니다. 첫째, 남편과 아내는 징계와 사랑에 관해 서로 의견을 나누고 합의를 해야 합니다. 둘째, 부모는 자녀들의 의지를 일찍 정복해야 합니다. 어릴수록 좋습니다. 셋째, 부모는 규칙을 분명히 제시할 뿐 아니라 규칙을 어겼을 때의 징벌을 명확히 규정해야 합니다. 이것이 일관성 있는 태도입니다. "한 번 더", "다음에"를 사용하지 않도록 해야 합니다. 넷째, 부모는 자녀들이 밖에서 하는 일에도 사랑의 관심을 기울여야 합니다. 다섯째, 부모는 사랑으로 징계해야 합니다. 비키, 『하나님의 약속을 따르는 자녀양육』, 226-227.

반항적 태도를 보일 수 있습니다. 따라서 말씀에 대한 반항인지 부모의 양육 태도에 대한 반항인지를 구분하는 눈이 필요합니다.

특히 사춘기에 접어들면 아이 스스로 신체적 정신적 변화를 감당하지 못합니다. 그래서 더 예민하고 권위에 도전하고 반항합니다. 이런 시기에 아이들이 반항하고 불량한 태도를 보이는 것은 아주 정상입니다. 정도 차이만 있을 뿐 보통의 아이들이 겪습니다. 그렇다고 이런 신체적 변화로 인한 정서적 변화를 무조건 수용하고 이해할 것은 아닙니다. 타락한 죄성이 사춘기라는 핑계 속에서 불순종의 똬리를 틀기 때문입니다. 아이가 아픈 경우에야 치료를 위해 도울 수 있지만, 어떤 경우든 하나님의 법을 앞설 수는 없습니다. 모든 권위에 대한 반항과 불순종은 범죄라는 사실을 잊으면 안 됩니다.

더불어 부모는 자녀에게 문제가 생길 때 항상 냉철하게 자신을 먼저 돌아보아야 합니다. 자신의 문제를 살펴서 고치는 것이 먼저입니다. 이런 태도는 자녀가 부모를 존중하고 있음을 느끼게 하는 장치입니다. 이럴 때 자녀는 부모의 권위를 존중할 것이고, 하나님께서 자녀의 마음을 만져주시는 일이 일어납니다.

사춘기 아이뿐 아니라 정도만 다를 뿐 아이들의 불순종은 단순히 행동이 아니라 마음의 문제입니다. 자존심과 반항심, 자기 마음대로 하고 싶은 욕구와 혼자로도 충분하다는 자만심이 마음속에 꽉 들어차 있습니다. 말도 못 하는 아이들이 소리 지르고 반항하는 경우가 대부분 자기 마음대로 하고 싶을 때가 아닙니까? 이때, 부모가 단순히 '너가 잘못했으니 합당한 벌을 받아야 한다'고 하는 것은 아무런 도움이 되지 않습니다. 바로 지금이 부모가 아이의 마음에 관해 이야기할 수 있는 절호의 기회입니다.

"너가 왜 이런 못된 마음을 가지게 되었는지 생각해봐."

"마음대로 되지 않을 때 왜 그렇게 화를 내는 것 같니?"

"무엇이 그렇게 너를 속상하게 했어?"

이때 부모의 경험담과 더불어 지금도 실수하는 부모의 이야기를 해주는 것도 도움이 됩니다. 그런 후에 인간의 부패하고 타락한 마음이 얼마나 어그러지고 잘못된 자아를 만들게 되었는지 확인하게 한 다음, 예수 그리스도를 통해 변화된 우리의 참된 자아의 정체성을 발견하도록 도와주십시오.[9] 예수 그리스도의 구원과 용서, 은혜와 능력이 없이는 우리 마음에 변화가 있을 수 없음을 말해주십시오. 우리에게 새 마음을 주시는 성령의 은혜를 함께 간구하시길 바랍니다.

사랑하는 부모 여러분! 부모는 자녀를 훈육하라는 명령을 받았지, 그들의 죄를 징벌하라고 위임받지 않았음을 기억해야 합니다. 찰스 셀은 『가정사역』에서 징벌과 훈육의 차이점을 다음과 같이 구별합니다. '징벌은 위반에 벌을 가합니다.' 그러다 보니 과거의 잘못에 초점을 맞춰 아이에게 두려움과 죄의식을 갖게 합니다. 하지만 '훈육은 교정과 성숙을 위한 훈련'입니다. 과거가 아닌 미래에 바른 행위를 할 것을 기대하므로 아이에게 안정감을 줍니다.[10] 결국, 훈련으로 양육하는 부모는 사랑과 관심으로 아이를 대하게 됩니다.

하나님이 부모인 우리에게 가정을 주신 의도를 기억하면서 청지기적 사명을 잊지 말아야 하겠습니다. 언약의 자손을 잘 기를 수 있게 징계와 체벌에도 지혜를 주시도록 기도하면서 잘 양육해야 할 것입니다.

---

9. 폴 트립, 『완벽한 부모는 없다』, 164-168.
10. 찰스 셀, 『가정사역』, 양은순, 송헌복 공역 (서울: 생명의말씀사, 1988), 218.

『온유하고 겸손하니』
데인 오틀런드 저, 조계광 역(개혁된실천사, 2022)

마지막으로 자녀양육으로 고군분투하는 당신을 위한 책을 소개합니다. 자녀양육에 관한 책은 수없이 많습니다. 저마다 '이렇게 하면 된다', '이 방법이 최선이다'라고 합니다. 우리는 이런 책들을 많이 읽어도 훌륭하게 실천하기 어렵습니다. 결국 어느 지점에서 다시 실패의 쓴잔을 계속해서 마실 수밖에 없는 것이 우리의 삶입니다. 이 글을 거의 마무리할 즈음에 이 책을 만났습니다. 책장이 넘어가는 순간, 이 책은 저의 마음을 사로잡았고 꼭 소개해야겠다는 생각이 들었습니다. 자녀양육의 길을 걸어가는 부모의 마음에 유일한 위로이신 그리스도에게 소망을 두도록 하는 책이기 때문입니다. 제가 부모로서 아이들을 양육하며 느끼는 낙심과 절망, 가끔 차오르는 자신에 대한 환멸, 공허한 시소게임과 같은 문제를 어떻게 해결할 수 있는지 보여주기 때문입니다. 자녀양육 가운데서 답답하여 무너져내리는 우리 마음과 달리 온유하고 겸손하신 주님의 마음은 조금도 변하지 않습니다. 우리가 실패하고 큰 좌절에 부딪힌 순간, 어디에서 소망과 기쁨을 얻어야 할까요? 우리의 고통 가운데 온유함과 겸손함으로 한결같이 함께하시는 우리 주 예수 그리스도입니다. 우리 함께 위로의 주님을 누립시다. 자녀양육의 현장 가운데 가까이 두고 여러 번 읽으시기 바랍니다.

마치며

사랑하는 언약의 부모인 당신!

지금까지 우리는 태어날 아이의 유아세례를 위해 교육을 받고, 서약한 대로 어떻게 양육할지를 살펴봤습니다. 그런데 이 글을 마치며 굉장한 부담과 무거운 마음이 듭니다. 유아세례 교육과 달리 유아세례 교인 교육은 매우 어려운 과정이기 때문입니다. 정말로, 진실로 어렵습니다. 큰 용기와 굳건한 믿음이 없이는 감당하기 힘듭니다. '내가 어떻게 이 모든 큰일을 감당할 수 있을까?' 한숨만 나올지 모릅니다. 마음은 있지만, 몸이 피곤하고, 시간이 도저히 나지 않는다고 생각할지도 모르겠습니다.

그래서 우리에게는 더욱 큰 은혜가 필요합니다. 더욱 큰 격려가 필요합니다. 하나님이 자녀양육으로 고군분투하는 당신에게 큰 위로를 주십니다. 다음을 꼭 기억하십시오. 하나님이 우리에게 자녀양육이라는 큰 임무를 주셔서 교육 방법과 내용까지 맡겨주셨지만, 나의 애씀과 달리 자녀양육에 실패한 책임을 묻지 않는다는 사실입니다. 생각해보십시오. 부모인 우리가 얼마나 변화하기 어렵습니까? 나는 얼마나 많은 순종의 열매를 맺고 있습니까? 그런데도 하나님은 나를 인내하시고, 자비의 사랑으로 받아주시고, 인정해주시지 않습니까?

마찬가지로 하나님은 우리의 가슴자로 자녀양육의 성공과 실패를 다루지 않습니다. 삼위 하나님은 정말 따뜻한 자비의 손길로 당신을 바라보십니다. 우리를 정말 많이 기다려주십니다. 그러니 자녀가 말을 잘 듣지 않고, 반항심을 가지고, 자기 뜻을 굳히지 않더라도 인내와 자비의 마음을 잃지 마시길 바랍니다. 기다리고 기다리며 인내로 은혜를 구하십시오. 부모인 나의 실패와 완고함에도 인자하심을 잊지 않고 따뜻하게 품어주시는 하나님의 사랑을 돌아보십시오.

하나님은 당신에게 자녀양육에 필요한 은혜를 주실 것입니다. 하나님은 부모에게 자녀양육의 거대한 산에서 만나주시고, 사랑이 무엇인지를 깨닫게 해주시고, 하나님의 은혜가 없이는 한 순간도 살아갈 수 없음을 철저하게 깨닫게 해주실 것입니다. 내 힘으로 감당하기 힘든 어려움은 자녀양육을 통해서 우리가 더욱더 하나님을 찾고, 그분을 의지하고, 하나님의 은혜없이 살아갈 수 없도록 하실 것입니다. 이 달콤한 교제를 자녀양육을 통해 하나님과 나누시길 바랍니다.

그러므로 사랑하는 여러분! 우리 모두 용감한 아빠와 현숙한 엄마가 됩시다. 언약의 자녀를 훌륭하게 키워낼 힘이 생길 것입니다. 존 맥아더는 용감한 아빠란 '예수 믿는 가장답게 사는 남자'라고 합니다. 그러면서 잠언 1-10장을 통해 용감한 아빠가 가르칠 10가지 교훈과 자녀를 지도하는 데 실패하면 일어날 일을 다음과 같이 소개합니다. 꼭 기억하여 되새길 필요가 있습니다.

첫째, 하나님 경외하기를 가르치라. 하나님은 위대하시며 우리의 예배와 순종을 받으시기에 합당한 분임을 부모의 삶으로 보여주어야 합니다. 주일을 성실하게 보내고 순간마다 하나님을 경외함을 보여주어야 합니다. 그렇지 않으면 마귀가 자녀로 하여금 하나님을 거역하고 미워하게 할 것입니다.

둘째, 자기 마음을 지키도록 가르치라. 세속적이고 해로운 환경에서 아이들의 마음을 진리, 덕, 신뢰, 신의, 정직, 성실, 충성, 사랑과 온유로 채울 수 있도록 지도해야 합니다. 그렇지 않으면 마귀가 야금야금 헛된 마음이 들게 할 것입니다.

셋째, 부모에게 순종하기를 가르치라. 그렇지 않으면 마귀가 그들에게 반항심으로 부모 마음을 찢어놓게 할 것입니다.

넷째, 친구를 삼가서 사귀도록 가르치라. 친구 사귀는 법을 알려줘야 합니다. 그렇지 않으면 마귀가 낄낄거리면서 자기 맘에 드는 애들하고만 사귀게 할 것입니다.

다섯째, 바른 몸가짐을 가르치라. 자식의 기를 꺾지 않으려고 마음대로 하도록 두는 것은 죄를 짓도록 하는 것과 같습니다. 특히 성적 유혹으로부터 자신의 생명과 가정을 지키도록 가르쳐야 합니다. 성적 순결을 위해 유혹에서 떠나고 눈과 귀와 발을 지키라고 강조해야 합니다. 그렇지 않으면 마귀가 그들이 욕정에 빠져 살게 할 것입니다.

여섯째, 자기 배필을 즐거워하라고 가르치라. 우리 자녀들이 자기 아내나 남편과 만족스러운 결혼생활을 보내길 원한다면, 부모 자신부터 배우자에게 생각 있는 언어와 행동을 해야 합니다. 그렇지 않으면 마귀가 그들에게 불륜과 음행으로 그들의 결혼을 파멸에 이르게 할 것입니다.

일곱째, 말조심을 가르치라. 상대방을 세워주고, 교훈이 되며, 유익이 되는 말을 하도록 해야 합니다. 욕이나 험담이나 어리석은 말을 하는 즉시 교정해주어야 합니다. 그렇지 않으면 마귀가 그들의 입에 험담, 욕, 거짓말, 상스러운 말을 가득 채워놓을 것입니다.

여덟째, 열심히 일하라고 가르치라. 누가 보지 않아도 무슨 일이든 성실하게 하도록 해야 합니다. 계획 있는 삶을 살도록 가르치고, 게으르지 않고 핑계 대며 일하지 않고, 뒤로 미루는 습관을 교정해주어야 합니다. 그렇지 않으면 마귀가 가난을 면치 못할 게으름을 쥐어줄 것입니다.

아홉째, 재정 관리 요령을 가르치라. 돈은 잘 쓰고 잘 관리해야 합니다. 돈은 유용하면서도 근심거리입니다. 돈을 쓸 때는 하나님께 영광이 되어야 합니다. 모든 돈이 주님의 소유임을 알아야 합니다. 헌금에 인색함이 없어야 합니다. 함부로 연대보증을 서지 않도록 가르쳐야 합니다. 그렇지 않으면 마귀가 쓸데없이 낭비하고 채무에 시달리게 할 것입니다.

열째로 이웃 사랑을 가르치라. 도움이 필요한 이웃을 돕는 자가 되어야 합니다. 그렇지 않으면 마귀가 기뻐하면서 그들에게 오직 자기 자신만 사랑하도록 가르칠 것입니다.[1]

믿음의 가장들이여 힘과 용기를 내십시오. 믿음으로 굳건하게 서서 예수님을 믿는 남자로서 강인한 인내와 경건을 보여주시길 바랍니다. 이 책을 읽는 당신에게 삼위 하나님의 은혜가 풍성하게 임하기를 기도합니다.

사랑하는 엄마들에게 꼭 말씀드리고 싶습니다. 엄마라는 이름을 가진 여러분들의 수고와 노동은 돈으로 환산할 수 없는 무한한 가치입니다. 잊히기 쉽고, 계산이 안 되다 보니 세상의 가치는 일명 전업주부를 헐뜯습니다. 그러나 절대 그렇지 않습니다. 여러분이 헌신하고 봉사하는 가정의 일은 하나님께서 주신 고유한 자리이며 영광스러운 자리입니다. 엄마라는 이름은 청소부나 가정부를 일컫는 말이 아닙니다. 가정을 돌보는 고귀한 헌신을 밥하고 청소하며 빨래하는 일로 생각하는 것이 잘못입니다. 오히려 더 영광스러운 이름입니다. 당신에게 주신 엄마의 이름을 지키시기를 바랍니다. 아이들의 언어 발달과 사회성과 정서적인 안정감, 성공의 기쁨을 누리는 방법, 실패와 좌절에서 일어서는 방법을 가르치는 것은 엄마에게 주신 하나님의 선물입니다. 이것을 잊지 마

---

1. 존 맥아더, 『용감한 아빠』, 오찬규 역(서울: 넥서스 CROSS, 2016), 127-153.

십시오. 이 임무는 세상에서 가장 귀한 최고의 일입니다. 그러니 열심히, 부지런히, 최선을 다해 봉사하시길 바랍니다.

   삼위 하나님께서 여러분의 가정을 보호하시고, 인도하시고, 동행해주시기를 기도합니다.

감사의 글

어렸을 때부터 결혼을 빨리하고 싶었습니다. 부모를 떠나 독립도 하고 싶었지만 가장 큰 이유는 아이를 많이 낳고 싶었기 때문입니다. 철부지 시절, 아이를 낳아서 키운다는 게 무엇인지도 모르면서 생물학적으로 세 명 이상, 가슴으로 한 명은 키우고 싶다고 했습니다. 그러나 하나님은 저희 부부에게 8년이라는 둘째 난임을 허락하셨고, 셋째는 40줄이 넘어서 어렵게 낳을 수 있었습니다. 하나님은 누구보다 정확하게 저와 아내의 그릇을 알고 계셨던 것입니다. 아이는 나의 기쁨이 주목적이 아니라 하나님의 사람으로 어떻게 키우는지가 중요하다는 것을 매 순간 가르쳐주셨습니다.

이 모든 과정을 정리하여 책을 내놓는 지금, 저의 무디고 더딘 깨달음의 시간을 함께해준 동역자들이 생각납니다. 누가 뭐래도 저와 한 길을 걸어가면서 발걸음을 맞춰주는 아내 송미나에게 무한 감사를 전합니다. 당신은 나를 남편으로 또 부모로서 더욱 성장하게 했습니다. 첫째 아이는 제가 하나님의 선하신 뜻을 깨달아 부모로서 자라가도록 도운 스승입니다. 이 책의 대부분은 저와 첫째와의 추억이 깃들어 있습니다. 둘째는 첫째와 또 다른 방식으로 저를 자극하는 친구 같습니다. 제가 부모로서 좌절하지 않도록 도와주고 있습니다. 셋째는 존재 자체로 마냥 귀엽고 감사하기만 합니다.

이 책과 관련해서 여러 모양으로 도움을 주신 분들이 있습니다. 늘 저를 노심초사하시는 사랑하는 부모님과 장인, 장모님에게 감사를 전합니다. 무엇보다 이 책의 기초가 되었던 예음교회 주말학교 학부모들과 현재 고덕장로교회 지체들에게 감사를 드립니다. 그리고 이 책을 처음 기획하여 저자로 참여할 수 있도록 격려와 힘을 주신 총회교육원의 김은덕 실장님, 원고를 다듬어 주시고 질문지를 만들어 주신 윤웅렬 목사님, 책의 출간과 관련해서 아낌없는 격려와 책 방향에 있어서 도움을 주신 '그책의사람들'의 한재술 형제님께 감사를 드립니다. 또한 귀한 시간을 내서 정성스럽게 책을 읽어주시고 추천사를 써주신 합동신학대학원대학교 이동열 교수님, 평생의 친구이자 동역자인 이정규 목사님, 누구보다 유쾌하고 마음이 너무나 따뜻한 이현철 교수님, 설교가 무엇인지를 제대로 가르쳐주셨을 뿐 아니라 목회자로서 바로 서도록 격려해주시는 스승이신 샘물교회 채경락 목사님에게 감사드립니다.

마지막으로 이 책을 집어서 읽기 시작한, 아이들의 양육을 위해서 고군분투하는 모든 언약의 부모들에게 감사를 드립니다. 모든 영광을 주님께만 돌려 드립니다!

2022년 12월
저자 조약돌

부록

1. 유아세례 준비 매뉴얼
2. 성경과 요리문답을 이용한 입교 교육 매뉴얼
3. 꼬마 요리문답

부록 1. 유아세례 준비 매뉴얼

부모나 교회가 유아 세례와 관련하여 어떻게 준비하면 좋을지 유아세례 교육 및 예식 준비 일정을 구체적으로 안내해보겠습니다. 먼저 유아세례식을 언제 할지 정하는 일입니다. 예수님이나 구약 시대 할례를 근거로 유아가 태어난 즉시 해야 한다는 주장이 있습니다(눅 2:21; 창 17:23; 출 4:25).[1] 또는 오늘날 산후조리와 비슷해 보이는 구약 시대 정결 예식에 따라서 기한을 정하자고 주장할 수 있습니다. 가장 좋은 시기는 산모와 아이의 상황에 따라 가능한 한 빨리 받는 것입니다. 네덜란드 개혁교회는 산후조리가 끝나고 처음 출석하는 예배 때 유아세례를 받도록 권장하는데 이 지침이 가장 좋습니다.[2]

그러므로 유아세례를 준비하는 적당할 때는 출산예정일로부터 15주 전입니다. 이 책의 1부 내용을 교육하려면 약 6-8주 정도가 필요합니다. 산모가 연속해서 공부하기에 버거울 수도 있으므로 여유를 가지고 진행해야 합니다. 또한, 유아세례는 교회의 일정이 아니라 개인의 일정에 따라 진행되므로 개인과 교회 상황을 잘 고려해 미리 준비하는 것이 좋습니다.

---

1. 오래된 주장입니다. 키프리아누스가 의장이었던 252년 카르타고 회의에서는 유아들이 출생 후 둘째 날 또는 셋째 날에 세례를 받아야 한다고 결정했습니다. 바빙크, 『개혁교의학 4권』, 633. 참고로 로마 가톨릭의 경우, "부모는 아기의 출생 후 될 수 있는 대로 빨리 세례를 받게 해야 하고 100일을 넘기지 말아야 한다"고 규정합니다(한국 천주교 사목 지침서, 제47조) 세례 중생론에 따라 '세례받은 모든 사람은 중생한 사람이다' 는 믿음에 따라 유아세례를 빨리 요구하는 겁니다.
2. 박윤선, 『대한예수교장로회 헌법주석: 정치 예배모범』 (서울:영음사, 1983), 201. 유아세례 예식문의 기초인 도르트 교회법(1619년)을 사용하고 있는 캐나다 개혁교회, 호주자유개혁교회는 가능한 한 빨리 세례를 받도록 하고 있습니다.

1. 유아세례 교육

1) 유아세례 교육 신청

출산예정일을 계산하여 약 15주 전에 신청서를 작성해 목사에게 전달합니다. 유아세례 교육은 교회 지침에 따라 하되, 이 책에 따라 하면 대략 6-8주가 걸립니다. 내용을 미리 읽고, 질문에 따라 나눔을 진행합니다. 둘째, 셋째 이상의 출산 경험이 있더라도 재차 반복해서 공부합니다. 여러 번 하면 할수록 좋습니다. 신청서 예시는 아래에 있습니다.

유아세례 신청서 예시

유아세례 교육 신청서(제출용)

부모 성명	부:	신급)	모:	신급)
전화번호	부)		모)	
출산 예정일				

유아세례 교육 신청서(보관용)

유아세례를 받기 원하는 부모는 아래 안내 사항을 기억하시기 바랍니다.

1. 유아세례 자격
1) 양편 또는 부모 중 한편이라도 세례 교인(입교인)이어야 합니다(헌법 예배지침 5장 제20조).
2) 아이는 만 2세 이하여야 합니다(헌법 교회정치 3장 제23조).

2. 부모 준비 사항
1) 부모는 출생한 언약의 아이가 삼위 하나님의 약속과 위로가 있음을 믿고, 신자로서 필요한 모든 권리와 의무를 성실히 수행할 수 있도록 준비해야 합니다.
2) 부모는 **출산예정일 15주 전** 유아세례 신청서를 작성하여 교회에서 유아세례 받기를 목사에게 알려야 합니다.
3) 부모는 유아세례 교육을 총 6-8주에 걸쳐서 성실히 받아야 합니다.
4) 유아세례 예식 일정은 당회(목사)와 협의 후 결정합니다.

2) 유아세례 교육 일정

신청서를 접수한 교회는 곧바로 유아세례 교육 일정을 부모와 조율합니다. 산모의 상황에 맞춰 여유 있게 진행하는 것이 좋습니다. 출산예정일 15주 전인데도 신청하지 않은 부모가 있다면 신청하도록 독려합니다.

3) 유아세례 교육 과정

유아세례 교육은 총 6-8주에 걸쳐 진행하는 것이 좋습니다. 다음의 예시를 보고 적절하게 진행하길 바랍니다. 부모는 진도에 따라 이 책을 미리 읽어오고, 교육 시간에는 목사가 내용을 간략히 요약해서 설명한 뒤에 질문 중심으로 나누는 것이 좋습니다. 퀴즈를 만들어 풀거나 내용 요약을 숙제로 내주어도 됩니다.

주차	순서	교육 내용	중점 사항	숙제
1주	유아세례를 받아야 하는 이유	오리엔테이션, 가정예배 안내	유아세례의 필요성과 유익을 이해하기	• 유아세례 받아야 하는 이유 정리 • 2장 요약, 정리 • 가정예배 하기
2주	언약 안에 있는 유아세례	할례와 세례의 차이	은혜언약에 대한 분명한 이해	• 3장 요약, 정리 • 가정예배 하기
3주	언약의 표와 인으로서 유아세례	언약의 표와 인	약속을 표시하고 보증하는 하나님의 은혜	• 4장 요약, 정리 • 가정예배 하기
4주	명령에 따른 유아세례	삼위 하나님의 약속	하나님의 약속과 위로	• 5장 요약, 정리 • 가정예배 하기
5주	교인의 의무를 행하는 유아세례	언약의 의무인 사랑	의무를 성실하게 행하며 하나님을 경외하는 삶을 살도록	• 6장 요약, 정리 • 가정예배 하기
6주	양육과 보호를 받는 유아세례	교인의 의무와 권리	참다운 신자가 되도록 양육하고 보호하는 교회 공동체	• 소감문 작성 • 가정예배 하기
7주	다짐과 결심	정리 및 결단	자녀를 향한 결심과 도전, 은혜를 구함	• 식사 및 다과

4) 부모의 다짐과 결단 (가정예배와 소감문 작성)

부모는 유아세례 교육이 시작됨과 동시에 가정예배를 합니다. 결혼과 동시에 하고 있다면 계속해서 하면 됩니다. 만약 지금까지 가정예배를 하지 않았다면 이제부터는 마음을 잡고 합시다. 특별히 교육 기간에는 부부가 아이를 위한 기도를 합니다.

가정예배 예시

가정예배 순서	구체적인 방법
시 간	금요일 저녁 또는 주일 저녁 (일주일에 한 번 이상)
기 도	태아를 위해 / 첫째, 둘째 다른 자녀를 위해 / 부부가 서로를 위해 / 주기도문 암송
찬 송	좋아하는 찬송 / 축복송 종류
말 씀	신명기 통독

유아세례 교육 마지막 주에는 지금까지 공부한 내용을 바탕으로 소감문을 작성합니다. 가정에 아이를 선물해주신 하나님 은혜에 대한 감사, 아이를 언약의 자녀로 키우고자 하는 결심과 다짐 등을 담아서 작성하도록 합니다. 분량은 A4 용지 기준으로 절반은 아빠가, 절반은 엄마가 작성합니다. 아이에게 남기고 싶은 말을 넣으면 좋습니다.

소감문 예시

은혜와 감사	선물로 아이를 주신 하나님의 은혜, 아이를 가지기까지 어려움이 있었으면 더 감사
결심과 다짐	자녀를 노엽게 하지 않고 주의 교훈과 훈계로 양육 무슨 일이든지 하나님의 영광을 위해 교육
아이에게	삶의 제일 목적을 삼위 하나님의 영광과 찬송과 기쁨으로 삼고 살아가길
아내에게 남편에게	존경하며, 아끼며, 언약의 부모로서 서로를 세워주길

2. 유아세례식

1) 유아세례 신청서 작성

언약의 자녀가 태어난 후 산모의 몸조리가 끝나면 교회에 처음 출석할 날짜를 조율하여 최소 2주 전에 유아세례 신청서를 작성합니다. 신청서 예시는 아래에 있습니다.

유아세례 신청서 예시

유아세례 신청서(제출용)

아기 이름	(남/여)	구 분	부모 이름	연락처
아기 생일	년 월 일	부		
		모		
유아세례 희망 일자	년 월			

위와 같이 유아세례를 신청하오니 허락해주시기 바랍니다.

20 년 월 일
부_____(확인), 모_____(확인)

유아세례 신청서(보관용)

유아세례를 받기 원하는 부모는 다음 안내에 따라 작성해주시길 바랍니다.

1. 유아세례 자격
1) 양편 또는 부모 중 한편이라도 세례 교인(입교인)이어야 합니다(헌법 예배지침 5장 제20조).
2) 아이는 만 2세 이하여야 합니다(헌법 교회 정치 3장 제23조).
3) 유아세례 교육을 이수해야 합니다.

2. 부모 준비 사항
1) 부모는 아이가 출석하는 첫 주에 유아세례를 받도록 준비합니다.
2) 부모는 아이 독사진 1매를 미리 제출하시길 바랍니다.
3) 부모는 유아세례 예식문의 서약을 미리 읽고 준비하시길 바랍니다.
4) 부모는 유아세례 교육 소감문을 작성하여 세례식 때 낭독합니다.

2) 교회의 준비

유아세례 신청서가 들어오면 교회는 곧바로 광고합니다(최소 2주 전). 유아세례식은 교회에 새로운 회원이 가입하는 감사의 날입니다. 당회와 교인들은 정성을 다해 준비해야 합니다. 모든 과정을 동영상으로 촬영하고, 사진 찍을 사람을 미리 정하시길 바랍니다. 특히, 사진은 목사와 세례받은 사람뿐 아니라 가족과 온 교우들이 함께 찍도록 합니다. 준비 사항은 다음과 같습니다.

준비 사항	자세한 내용
베이비 샤워[3]	부모가 아이에게 필요한 물품을 정리하여 목록을 보내오면 교우들이 각자 형편에 맞게 선물을 준비합니다. 서로 겹치지 않게 잘 조율합니다.[4]
아이에게 바라는 소망의 편지	교인들은 한 몸이 된 아이를 기대하며 한 줄 편지를 작성합니다. 큰 종이를 준비해 작성하면 됩니다.
교회의 환영 편지	교인 중 한 사람이 환영 편지를 준비합니다. 입교를 준비하는 부모, 자녀 결혼을 준비하는 부모와 같이 특별한 사연을 가진 교인이 하면 좋습니다.
교회의 선물	교회는 부모가 오랫동안 키울 수 있는 꽃 화분, 어린이 성경책을 선물로 준비합니다.
유아세례 증명서	아이의 사진, 유아세례 장면, 부모의 간증문, 교회의 환영 편지, 교우들의 한 줄 편지 등을 모아 유아세례 증명서를 만들어줍니다.

---

3. 베이비 샤워는 서구 사회에서 아이가 태어나기 전에 지인들이 부모에게 기저귀, 담요, 젖병, 옷, 장난감 등을 선물로 주고 음식을 나누는 파티를 부르는 말이었습니다. 결혼 준비를 돕는 웨딩 샤워가 확장된 모습입니다. 교회에서 유아세례 때 베이비 샤워를 제안하는 것은 유아세례 교인이 교회의 회원으로서 가입하는 것을 축하하며 환영의 선물을 나누는 행사로 적용한 것입니다.
4. 교회의 형편에 따라서 구역별(셀, 목장별)로 준비하는 것도 좋습니다. 교회는 베이비 샤워 담당자를 선정하여 유아세례 가정에서 필요한 물품 목록을 받아 겹치지 않도록 조율합니다.

3) 유아세례식 당일

유아세례식은 유아세계 예식문에 따라 진행합니다. 순서에 따라 목사가 세례의 본질, 세례의 근거, 세례의 교훈 낭독이 끝나면 부모는 아이를 데리고 앞으로 나와 교우들을 향하여 바로 서도록 합니다. 보통의 경우 세례식은 말씀이 끝난 후에 진행되므로 미리 앞에 앉아 있을 이유가 없습니다. 미리 앞에 앉으면 세례식 전에 아이와 부모가 지치게 됩니다. 목사가 나오라고 하면 그때 준비해서 나오는 것이 좋습니다. 세례받는 아이는 아빠가 안고, 다른 자녀는 엄마와 함께 섭니다. 서약 시간에는 큰 소리로 대답합니다.

교우들의 서약 시간이 있습니다. 이 부분이 약간 어색할지도 모르겠습니다. 그러나 유아세례식은 교회로 보면, 새 회원이 가입하는 순간입니다. 세례받는 아이는 교회의 보살핌과 양육이 필요합니다. 교회에 주신 하나님의 선물인 아이를 보호하고 양육하는 데 부모와 함께 노력할 것을 서약합니다.

4) 감사 고백과 환영식

유아세례식이 끝나면 목사는 아이를 안고 앞장서고, 부모는 뒤따르도록 합니다. 세례를 마친 아이가 모든 교인과 한 명도 빠짐없이 인사를 나누도록 한 바퀴 돕니다. 이때 모든 교인은 아이에게 눈 맞춤의 인사를, 부모에게는 따뜻한 격려를 해주시면 됩니다. 이어서 감사와 유아세례 교인 환영식을 합니다. 먼저 부모는 미리 작성한 유아세례 소감문을 차례로 낭독합니다. 답사로 담당자가 환영 편지를 낭독합니다. 그리고 목사는 교우들이 작성한 소망의 편지에서 몇 줄을 골라 읽은 후, 교회에서 준비한 축하 선물을 증정합니다. 이어서 베이비 샤워를 하면서 기념사진을 촬영합니다. 마지막으로 아이와 부모를 위해 함께 기도한 다음 목사의 기도로 마치면 됩니다.

부록 2. 성경과 요리문답을 이용한 입교 교육 매뉴얼

1) 성경 읽기 교육

연령	추천 성경	교육 방법
유아세례 이후	『두란노 어린이 그림성경』	부모님이 아이와 눈을 맞추며 낭독해줍니다.
4세 - 6세	『큰 그림 이야기 성경』 (『두란노 어린이 그림성경』 + 『놀이북』)	성경의 그림을 펴놓고 이야기하듯이 낭독해줍니다. 의성어 의태어들을 많이 곁들어 읽어주면 좋습니다.
7세 - 초1	『두란노 이야기 성경』	부모님이 낭독해주고, 오디오 파일로 반복하십시오. 읽고 난 후에는 아이들과 퀴즈 시간을 가져도 좋습니다.
초2 - 초3	『두란노 이야기 성경』 『만화 바이블』 『어린이 성경 이야기』	『어린이 성경 이야기』를 읽어주고 아이는 『만화 바이블』을 읽습니다. 다른 이야기 성경과 비교하면서 빠진 이야기도 찾고, 덧붙여진 이야기도 찾으면서 읽습니다.
초4 - 초5	『큰 그림 이야기 성경』(영어본) 『주니어지평 이야기 성경』	아이에게 익숙한 『큰 그림 이야기 성경』을 영어로 듣고 따라서 읽도록 지도합니다. 부모님은 『주니어지평 이야기 성경』을 읽어줍니다.
초6 - 중1	『우리말 성경』 『새번역 성경』 『큰 그림 이야기 성경』 영어번역	이제부터는 아이가 스스로 성경을 읽도록 지도해야 합니다. 모르는 단어는 찾고, 어려운 것은 부모가 도와주어 말씀의 영양분을 먹도록 해야 합니다.
중1- 입교 전	『래디컬 북』 『바이블 인포그래픽』 『비주얼 성경 읽기』 『바이블 프로젝트』	그래픽과 유튜브에 익숙한 아이들에게 적당한 교재입니다. 성경 개관, 지도, 풍습 등을 쉽게 배우며, 복음과 신앙의 질문, 삶의 적용, 재미까지 풍성합니다.
중2 -입교 전	『개역개정판 성경』 『성경 2.0』	입교 전까지 통독 1회를 목표로 도전하십시오. 목표를 달성하면 아이가 좋아하는 것으로 보상해주면 좋습니다.

2) 요리문답 교육

연령	추천 요리문답	교육 방법
4세 - 8세	꼬마 요리문답	아이에게 편하게 질문하고 답하고를 무한 반복하면 됩니다. 가정경건회 때 1문씩 묻고 답하다 보면 어느덧 외우게 됩니다.
초1 - 초2	『뉴시티 교리문답 키즈』	요리문답을 필사하면서 한글 교육을 하는 겁니다. 총 4-5회 필사하면 좋습니다. 한자어를 설명해주시면 단어의 뜻도 잘 이해합니다.
초3 - 초4	『어린이들이 꼭 알아야 할 교리문답 77』	가정경건회 때 하루는 이 책으로 온 가족이 함께 하시면 됩니다. 매 장마다 활동이 있어서 재미있게 할 수 있습니다.
초5	『휴대용 소요리문답』	꼬마 요리문답과 『어린이 요리문답』을 한 친구들은 소요리문답도 곧잘 합니다. 암기를 목표로 하되, 완벽하게 하기보다는 개념 중심으로 암기하면 됩니다. 격려와 보상을 적절하게 해주세요.
초6	『특강 하이델베르크 요리문답』	설교를 바탕으로 만들어진 책입니다. 편하고 쉽게 읽으며 위로와 감동을 받을 수 있습니다. 한 과씩 읽고 나누면 됩니다.
중1 - 중2	『특강 소요리문답』	2년을 계획해서 하면 됩니다. 이 책의 활용 방법은 『지금 다시 시작하는 교리교육』(지평서원)을 참고하세요.[5]
입교 전	『교리문답으로 배우는 장로교 신앙』	매 과 끝에 있는 〈우리의 기도〉에 따라 기도한다면, 교리가 가슴과 삶에 깊이 뿌리내릴 겁니다.

---

5. 더 구체적인 방법을 원하시면 아이부터 어른까지 교리교육의 다양한 사례를 엮은 『가슴 뛰는 교리교육 현장보고서』(지평서원, 2015)를 참고하십시오.

부록 3. 꼬마 요리문답[6]

1. 문: 여러분은 누가 만드셨나요?
   답: 하나님께서요.

2. 문: 하나님께서 다른 것도 만드셨나요?
   답: 하나님께서 모든 것을 만드셨어요.

3. 문: 왜 하나님은 세상의 모든 것을 만드셨을까요?
   답: 하나님의 영광을 위해서요.

4. 문: 왜 하나님이 만드신 모든 것이 움직일 수 있을까요?
   답: 하나님이 그렇게 하라고 하셨으니까요.

5. 문: 어떻게 우리는 하나님을 알 수 있을까요?
   답: 하나님께서 직접 보여주세요.

6. 문: 어디서 하나님은 자신을 직접 보여주셨나요?
   답: 하나님의 말씀과 자연에서요.

7. 문: 하나님은 자연에서 무엇을 보여주셨나요?
   답: 하나님이 어떤 분이신지와 하나님의 법과 하나님의 큰 벌을 보여주셨어요.

8. 문: 하나님은 말씀에서 무엇을 더 보여주셨나요?
   답: 하나님 백성에게 베푸시는 자비예요.

---

6. Small Children's Catechism은 Matthew MCMahon의 The Children's Shorter Catechism을 어린 아이들이(취학 전) 쉽게 공부할 수 있도록 간단하게 50문답으로 작성한 요리문답입니다. 원문은 다음을 참고 바랍니다. http://www.apuritansmind.com/creeds-and-confessions/small-childrens-catechism/

9. 문: 오늘날 하나님의 말씀은 어디에 있을까요?
답: 성경이 하나님 말씀이에요.

10. 문: 하나님은 많이 계실까요?
답: 참되신 하나님은 한 분만 계세요.

11. 문: 하나님은 얼마나 많은 위격이 있을까요?
답: 셋이요.

12. 문: 세 위격은 누구를 말할까요?
답: 아버지, 아들과 성령님이세요.

13. 문: 하나님은 어디에 계실까요?
답: 하나님은 어디나 계세요.

14. 문: 하나님께서는 얼마나 오랫동안 계셨을까요?
답: 하나님은 항상 계셨어요.

15. 문: 사람은 왜 특별한 걸까요?
답: 사람이 하나님의 형상으로 만들어졌기 때문이에요.

16. 문: 첫 번째 사람은 누구였나요?
답: 아담이요.

17. 문: 하나님께서 아담을 만드신 후에 무엇이라 하셨나요?
답: "하나님 보시기에 좋았더라" 하셨어요.

18. 문: 아담은 하나님이 보시기에 좋은 모습 그대로 계속 있었나요?
답: 아니요. 아담은 죄를 지었어요.

19. 문: 무슨 죄를 지었나요?
답: 하나님의 법에 순종하지 않는 죄를 지었어요.

20. 문: 죄를 지은 아담이 받은 벌은 무엇이었나요?
답: 죽음이요.

21. 문: 아담의 죄는 무슨 일이 일어나게 했을까요?
    답: 모든 사람이 죽게 되었어요.

22. 문: 왜 아담의 죄 때문에 모든 사람이 죽어야 할까요?
    답: 우리 모두가 아담 안에서 죄를 지었기 때문이에요.

23. 문: 모든 사람이 죄 때문에 죽어야 하나요?
    답: 아니요. 하나님께서 몇몇 사람들은 생명을 주시기로 선택하셨어요.

24. 문: 우리가 죄와 죽음으로부터 구원을 받을 수 있는 방법은 무엇이 있을까요?
    답: 오직 예수 그리스도를 통해서만 구원을 받을 수 있어요.

25. 문: 예수 그리스도는 어떤 분이죠?
    답: 하나님의 아들이세요.

26. 문: 예수님도 죄를 지으실까요?
    답: 아니요 예수님만이 죄를 짓지 않는 의로운 분이세요

27. 문: 예수님께서 자기 백성들을 위해 무엇을 하셨나요?
    답: 예수님은 죽음을 이기셨어요.

28. 문: 예수님께서 어떻게 죽음을 이기셨을까요?
    답: 예수님은 죽으시고 다시 부활하심으로 죽음을 이기셨어요.

29. 문: 예수님께서 또 다른 것도 이기셨나요?
    답: 예수님은 모든 적들을 이기셨어요.

30. 문: 예수님의 적들은 힘이 세지 않나요?
    답: 예수님의 적들은 아무것도 못할 거예요.

31. 문: 예수님은 자기 백성에게 무엇을 주셨나요?
답: 예수님의 의로우심을 주셨어요.

32. 문: 예수님은 자기 백성을 위해 무엇을 없애주셨나요?
답: 그들의 죄를 없애주셨어요.

33. 문: 예수님께서 하신 일이 자기 백성에게 어떻게 전달될까요?
답: 성령님께서 전달해주세요.

34. 문: 성령님께서 무슨 일을 하시나요?
답: 성령님은 믿음을 주세요.

35. 문: 믿음은 무엇일까요?
답: 구원을 위해 예수님을 의지하는 거예요.

36. 문: 우리의 믿음이 참된 믿음인지 아닌지 어떻게 알 수 있나요?
답: 참된 믿음이 있는 사람은 착한 일을 해요.

37. 문: 누가 예수님의 백성이죠?
답: 예수님의 몸된 교회를 만들어가는 사람들이에요.

38. 문: 교회는 어떤 특별함traits이 있나요?
답: 말씀과 권징(훈련하고 꾸짖고 징계하는)과 성례(세례와 성찬)가 있어서 특별해요.

39. 문: 어떻게 말씀이 교회의 특별함이 될까요?
답: 하나님의 모든 말씀이 설교됨으로 특별해요.

40. 문: 어떻게 권징이 교회의 특별함이 될까요?
답: 하나님의 백성이 권징으로 보호받아 특별해요.

41. 문: 성례는 무엇이죠?
답: 하나님의 언약을 보여주고 (signs) 보증(seals)해요.

42. 문: 성례에는 무엇 무엇이 있나요?
답: 세례와 주님의 만찬인 성찬이 있어요.

43. 문: 교회의 머리는 누구인가요?
답: 교회의 머리는 예수 그리스도세요.

44. 문: 예수님은 자신의 일을 누구에게 맡기셨나요?
답: 장로overseers, 감독와 집사예요.

45. 문: 교회는 완전할까요?
답: 완전해지고 있는 중이에요.

46. 문: 그렇다면 언제 완전해질까요?
답: 우리가 부활할 때 완전해져요.

47. 문: 우리가 부활할 때 무슨 일이 일어날까요?
답: 예수님께서 모든 사람들이 해왔던 일을 심판하세요.

48. 문: 예수님이 심판하실 때 의롭다고 하신 사람들은 어떻게 되나요?
답: 의로운 사람들은 예수님과 영원히 함께 살게 되요.

49. 문: 예수님이 심판하실 때 죄가 있다고 하신 사람은 어떻게 되나요?
답: 죄 있는 사람들은 영원히 멸망해요.

50. 문: 이런 심판들은 예수님에게 어떤 의미가 있을까요?
답: 심판들은 예수님의 영광을 찬양해요.